II Colóquio de Processo Civil de Santo Tirso

II Colóquio de Processo Civil de Santo Tirso

Coordenação
Paulo Pimenta

ALMEDINA

II COLÓQUIO DE PROCESSO CIVIL DE SANTO TIRSO

COORDENAÇÃO
Paulo Pimenta
EDITOR
EDIÇÕES ALMEDINA, S.A.
Rua Fernandes Tomás, nºs 76-80
3000-167 Coimbra
Tel.: 239 851 904 · Fax: 239 851 901
www.almedina.net · editora@almedina.net
DESIGN DE CAPA
FBA.
PRÉ-IMPRESSÃO
EDIÇÕES ALMEDINA, S.A.
IMPRESSÃO E ACABAMENTO
PENTAEDRO, LDA.
Setembro, 2016
DEPÓSITO LEGAL
414838/16

ALMEDINA | GRUPOALMEDINA

BIBLIOTECA NACIONAL DE PORTUGAL – CATALOGAÇÃO NA PUBLICAÇÃO
COLÓQUIO DE PROCESSO CIVIL
DE SANTO TIRSO, 2, Lisboa, 2015
II Colóquio de Processo Civil de
Santo Tirso / coord. Paulo Pimenta
ISBN 978-972-40-6739-1
I – PIMENTA, Paulo
CDU 347

PREFÁCIO

Em Março de 2013, quando se ultimava o processo legislativo que viria a culminar no Código de Processo de Civil de 2013, fui orador num colóquio que a Almedina promoveu em Lisboa, dedicado precisamente ao Processo Civil e às alterações que se avizinhavam. Nesse colóquio, além de outros processualistas, foram intervenientes sete dos dez membros da Comissão de Revisão do Processo Civil, que tive o privilégio de integrar.

Entre a assistência estava a minha querida colega e amiga Dra. Maria Paula Rodrigues, presidente da Delegação de Santo Tirso da Ordem dos Advogados, que depois me perguntou se não seria sonhar demasiado alto pensar em organizar um colóquio daquela envergadura em Santo Tirso. Apropriando-me das palavras do Poeta, respondi lhe que *tudo vale a pena quando a alma não é pequena*, em face do que logo fiquei indigitado para dar forma ao projecto.

E foi assim que, nos dias 12 e 13 de Julho de 2013, teve lugar o Colóquio de Processo Civil de Santo Tirso, numa altura em que estava publicado havia poucos dias o diploma que aprovara o novo Código. O colóquio foi um sucesso, seja pela qualidade dos onze conferencistas presentes, com a particularidade de cinco deles terem sido membros da Comissão de Revisão, seja pela enorme adesão da assistência, que esgotou a lotação do auditório. Concluídos os trabalhos, ficou assente que seria uma experiência a repetir.

Cerca de dois anos depois, nos dias 29 e 30 de Maio de 2015, realizou-se o II Colóquio de Processo Civil de Santo Tirso, com uma estrutura similar à do anterior, também com onze conferencistas, cinco dos quais membros da Comissão de Revisão, e novamente com sala cheia.

Desta vez, foi pedido aos oradores que disponibilizassem um suporte escrito das suas intervenções, com vista à respectiva publicação. A publicação aqui está, sendo integrada por textos de grande interesse e qualidade, que darão um relevante contributo para a adequada implementação do novo regime processual civil no quotidiano forense.

Enquanto coordenador científico, cabe-me agradecer a todos quantos, conferencistas e moderadores, se dispuseram a participar no(s) Colóquio(s) e aos quais se deve o sucesso do(s) evento(s).

É também de realçar toda a colaboração que, desde o primeiro momento, foi dispensada pelo Conselho Distrital do Porto da Ordem dos Advogados, a quem agradeço na pessoa dos respectivos presidentes, o Dr. Guilherme Figueiredo, em 2013, e a Dra. Elisabete Grangeia, em 2015.

Igualmente digna de registo é a circunstância de a Almedina se ter associado ao(s) Colóquio(s) e de assegurar a presente publicação.

O agradecimento principal deve, todavia, ser dirigido à Dra. Maria Paula Rodrigues, cuja visão e perseverança, cujo empenho e sentido de serviço lhe permitem idealizar e concretizar eventos que, em princípio, não estariam no horizonte de uma Delegação da Ordem dos Advogados como a de Santo Tirso, o que faz desta Delegação um exemplo a seguir.

Porto, Maio de 2016

PAULO PIMENTA

ORDEM DOS ADVOGADOS

II COLÓQUIO DE PROCESSO CIVIL DE SANTO TIRSO

29 E 30 DE MAIO DE 2015

Coordenação Científica:
PAULO PIMENTA

PROGRAMA

29 DE MAIO, SEXTA-FEIRA – 1º DIA

10h00 – Recepção

10h15 – Abertura
Maria Paula Rodrigues (Advogada, Presidente da Delegação de Santo Tirso da Ordem dos Advogados)
Paulo Pimenta (Coordenador científico do colóquio)

10h30 – MESA I
Moderação: *Paulo de Tarso Domingues* (Advogado, Professor da Faculdade de Direito da Universidade do Porto)

O ADVOGADO NO CPC DE 2013
João Correia (Advogado)

O PRINCÍPIO DO INQUISITÓRIO: UM PODER-DEVER OU UM PODER DISCRICIONÁRIO DO JUIZ?
Luís Lameiras (Juiz Desembargador do Tribunal da Relação de Lisboa)

A INVERSÃO DO CONTENCIOSO NOS PROCEDIMENTOS CAUTELARES
Rui Darlindo (Advogado, Assistente da Universidade Portucalense)

Debate

Almoço

14h30 – MESA 2

Moderação: *Paulo Duarte* (Advogado, Vice-Presidente do Conselho Distrital do Porto da Ordem dos Advogados)

GESTÃO PROCESSUAL, PRINCÍPIO DA COOPERAÇÃO E GARANTIAS DAS PARTES
José Lebre de Freitas (Advogado, Professor Catedrático da Faculdade de Direito da Universidade Nova de Lisboa)

ÓNUS DE ALEGAÇÃO E DE IMPUGNAÇÃO DAS PARTES E PODERES DE COGNIÇÃO DO TRIBUNAL
Paulo Pimenta (Advogado, Professor da Universidade Portucalense)

A SENTENÇA CÍVEL, EM ESPECIAL A DECISÃO DE FACTO
Nuno de Lemos Jorge (Juiz de Direito)

Debate

Pausa

17h00 – MESA 3

Moderação: *Márcia Passos* (Advogada, Vogal do Conselho Distrital do Porto da Ordem dos Advogados)

OPOSIÇÃO À EXECUÇÃO E OPOSIÇÃO À PENHORA: REFLEXOS NA ACÇÃO EXECUTIVA
Lurdes Mesquita (Professora da Universidade Portucalense e do Instituto Politécnico do Cávado e do Ave)

JUIZ DE EXECUÇÃO E AGENTE DE EXECUÇÃO: REPARTIÇÃO DE COMPETÊNCIAS NA FASE INTRODUTÓRIA DA EXECUÇÃO
Virgínio da Costa Ribeiro (Juiz de Direito)

Debate

Encerramento do primeiro dia do Colóquio

30 DE MAIO, SÁBADO – 2º DIA

10h30 – MESA 4

Moderação: *Elisabete Grangeia* (Advogada, Presidente do Conselho Distrital do Porto da Ordem dos Advogados)

DÍVIDAS CONJUGAIS E ACÇÃO EXECUTIVA
João Paulo Remédio Marques (Professor da Faculdade de Direito da Universidade de Coimbra)

A INSTRUÇÃO, EM ESPECIAL OS NOVOS MEIOS DE PROVA
Gabriela Cunha Rodrigues (Juíza de Direito, Docente do Centro de Estudos Judiciários)

QUESTÕES DE CONSTITUCIONALIDADE NO CPC DE 2013
Carlos Lopes do Rego (Juiz Conselheiro do Supremo Tribunal de Justiça)

Debate

Encerramento do Colóquio
Paulo Pimenta (Coordenador científico do colóquio)
Elisabete Grangeia (Advogada, Presidente do Conselho Distrital do Porto da Ordem dos Advogados)

ABERTURA DO COLÓQUIO

Há um ano, na abertura no I Colóquio do Direito da Insolvência, terminei a minha intervenção com estas palavras: "Faço votos para que amanhã, no fim da manhã, todos saiam de Santo Tirso ansiosos por cá voltar". Disse ainda que acalentava a esperança de que partissem com um sentimento de que tinha valido a pena. Aquele colóquio teve a visita, nos seus dois dias, de 187 profissionais da justiça.

O II Colóquio de Processo Civil que vai agora começar tem 204 inscritos e recebemos um sem número de mensagens de Colegas que lamentavam a sua ausência, em virtude de compromissos profissionais inadiáveis.

Numa época em que tanto se fala de estatísticas, não refiro estes números a não ser por uma única razão: a vossa presença, meus caros Colegas, é a prova de que valeu a pena o esforço, a persistência, o acreditar. A vossa presença é a razão maior para esta e outras iniciativas científicas que têm sido promovidas pela Delegação de Santo Tirso da Ordem dos Advogados.

Aproveito para salientar que, valorizando ainda mais a qualidade das sessões de trabalho deste colóquio, estarão connosco cinco membros da Comissão de Revisão do Processo Civil. Também estarão connosco os académicos e os magistrados que vieram ao I Colóquio de Processo Civil, realizado em 2013.

Aproveito para me dirigir aos nossos ilustres conferencistas (aos repetentes e àqueles que nos visitam pela primeira vez). A todos, e cada um, agradeço a gentiliza e a disponibilidade que demonstraram: aceitando o convite; tratando os temas sugeridos; convivendo connosco; partilhando o conhecimento. São cada vez mais raros gestos assim, num tempo de egoísmos, em que as centralidades maiores são os interesses individuais e cada vez menos o colectivo.

Agradeço igualmente aos ilustres moderadores a sua presença nos trabalhos.

Vivemos uma época de grandes desafios. O Código de Processo Civil não pode ser dissociado de outras realidades que estão a mudar o perfil do nosso quotidiano forense, como a nova organização judiciária.

Os novos tempos são também tempos de novas exigências. De aprofundamento do saber. De alargamento de competências. Ainda por cima quando a organização judiciária parece investir na especialização dos tribunais, o que naturalmente impele todos nós – advogados, magistrados, académicos – para outros patamares de conhecimento. Daí o relevo acrescido de Colóquios como os que a Delegação de Santo Tirso da Ordem dos Advogados vem organizando.

Não posso terminar sem uma referência especial ao Coordenador Científico do Colóquio. Como é sabido, o Dr. Paulo Pimenta está ligado, desde o primeiro momento, a estas iniciativas da nossa Delegação.

Ainda decorriam os trabalhos da reforma do Código de Processo Civil e já o Dr. Paulo Pimenta, um dos ilustres membros da Comissão, se disponibilizava para vir até nós, antecipando algumas notas daquelas que seriam as grandes alterações da lei processual. Recordo bem que o meu amigo Paulo Pimenta sempre afirmou ser pedra de toque da reforma a pretensão de privilegiar a descoberta da verdade material, libertando a lide de espartilhos processuais.

Foi, por isso, com naturalidade que lancei ao Dr. Paulo Pimenta o desafio de organizar em Santo Tirso aquele que veio a ser o I Colóquio de Processo Civil, realizado em Julho de 2013, já depois de publicada a lei de aprovação do novo código, cuja entrada em vigor estava prevista para depois das férias judiciais. O principal objectivo desse colóquio foi apreender o sentido da alteração legislativa.

Decorridos quase dois anos, realizadas, por todos nós, dezenas de diligências ao abrigo da nova lei, o Dr. Paulo Pimenta voltou a disponibilizar-se para reunir um conjunto de temas e de palestrantes, com vista a um primeiro balanço sobre o novo código.

É obra: regressar três vezes à mesma praia, sempre com o mesmo empenho e dedicação – meu caro Paulo Pimenta, um abraço forte de gratidão.

Boas vindas dadas, agradecimentos feitos, está na hora de dar início aos trabalhos – vamos a isso!

MARIA PAULA RODRIGUES
Presidente da Delegação de Santo Tirso da Ordem dos Advogados

O contencioso entre o Estado e os cidadãos

JOÃO CORREIA
Advogado. Coordenador da Comissão de Revisão do Processo Civil.

Não sei – sinceramente não sei – o que é, nos nossos dias, um advogado, assim como sou incapaz de desenhar o conceito de tribunal.

No que à advocacia diz respeito, a minha insuportável ignorância emerge de uma miríade de causas, umas sociológicas, outras económicas, algumas científicas, mas todas oriundas de sucessivas soluções legais que paulatinamente e em cascata foram concorrendo para a dissolução de uma profissão de elite cívica, profissional, deontológica, científica e, até, política.

Eu diria que a confluência de causas quase que permite antever alguma predeterminação que terá visado o branqueamento da cidadania judiciária face ao revigoramento de um Estado cada vez mais hercúleo, sob o manto de uma falsa postura liberal. De facto, ao mesmo tempo que se municiavam os tribunais de agentes competentes, com vocação autocrática, omniscientes, infalíveis e irresponsáveis, mesmo quando agem sem lei e contra a lei, enxameava-se a advocacia de profissionais sem clientes, sem preparação, sem estatuto profissional judiciário, em suma, menorizando-a como se de uma consequência natural do regime democrático se tratasse. A conhecida recusa de juízes e procuradores receberem advogados nos seus gabinetes não é, nem foi, produto da avalanche de profissionais de foro, embora isso servisse de pretexto para tal conduta.

Manda a verdade que se diga que o Centro de Estudos Judiciários, logo na sua fundação, formou profissionais vocacionados para o monopólio da virtude e, ao mesmo tempo, impregnou-os de uma vocação e de uma atitude profissional que tinha como consequência natural a imputação à advocacia da parte putrefacta da maçã judiciária.

Tudo foi construído como se o mundo judiciário fosse integrado por três parcelas: uma, intocada e sã, irresponsável, deificada; outra, a segunda, portadora ainda de virtudes, mas parceira menor do universo forense; e, uma terceira, a advocacia, violentamente subalternizada, desprovida de direitos de cidadania nesse mundo que é insusceptível de definição.

Por outro lado, no que concerne aos tribunais, não sou capaz e ninguém nesta sala está em condições de definir o conceito de Tribunal.

A pergunta é simples: o que é um Tribunal? É o edifício? É o juiz? É o conjunto de intervenientes processuais, desde o juiz, ao procurador, ao advogado, ao funcionário, podendo abarcar as partes e as testemunhas?

Diga-me quem souber o que é um Tribunal, pois que desde o Código de Processo Civil de 1939 se fundiram politicamente dois conceitos: o de juiz e o de tribunal. Eis a razão por que a lei fala em tribunal e não em juiz e eis a razão por que as decisões judiciais não são personalizadas: não é o juiz que decide, é o tribunal. Não é o juiz que se acha convencido de uma solução, é o tribunal.

Mas a Ordem dos Advogados colaborou e colabora, activa e passivamente, nessa desfocagem entre o poder reforçado do Estado e a debilitação acentuada da cidadania judiciária, quer dos advogados, quer dos cidadãos.

O CPC de 1939/61 foi e é o magma ideológico da judicatura portuguesa e, ainda hoje, apesar das normas de 1995/96 e de 2013, encontramos violentas resistências a uma ideologia e a uma praxis democratizante propiciada pelos princípios da cooperação, da verdade material, da igualdade substancial e da proibição das decisões-surpresa.

Para muitos juízes, a norma legal é interpretada à luz dos princípios do Código de 39, seja qual for o texto em presença. E parece que nada há a fazer...

Aliás, o revigoramento da gestão processual, que ora se consagrou, é tido e havido por muitos juízes como reforço do seu poder perante as partes e perante os advogados, esquecendo-se que a gestão processual é, antes, um reforço dos seus deveres funcionais e o meio processual de aproximar o juiz da realidade extra processual e de alcançar, em tempo útil, uma concreta solução para um concreto dissídio que as partes legitimamente lhe colocaram.

Basta recuar no tempo, poucos anos por mero acaso, para se concluir nesse sentido. De facto, as reformas de 1995/96 vieram convidar juízes e advogados a uma postura dialogante, aproximada, onde se diluísse o princípio da eventualidade e se destruísse a compartimentação e estanquicidade na tramitação, onde não coubesse mais a *ficta confessio*. No entanto, poucos foram os que viram na audiência preliminar e nos artigos 508º e 508º-A, por exemplo, o centro nervoso de uma solução substantiva, justa e em tempo útil.

Todas as demandas – ou quase todas – passaram a ser havidas como simples e susceptíveis de dispensar a "vexatória" reunião, que teria a virtude de preparar uma escorreita audiência final.

Nós sabemos que a resistência proveio – e fortemente – de alguma advocacia, que se encostou indolentemente numa especificação e num questionário, sem se interrogar sobre a natureza perversa do pré-juízo que tais figuras implicavam em termos de antecipação da solução bem antes da realização da diligência adequada e própria para ser obtida tal solução, ou seja, antes da audiência final de discussão e julgamento.

Grande parte da advocacia e da magistratura concorreu, pois, para a sobrevigência do Código de 39, pois é ainda à sua luz que os novos institutos vão sendo interpretados e aplicados.

Sejamos claros: todos os juízes que se bateram pela reforma de 1995/96, sem excepção, louvaram os benefícios do diálogo, da clarificação das pretensões, da transformação da própria natureza da audiência final. Em suma: concluíram pela dignificação da justiça.

Manda a verdade que se diga que as instituições encarregadas de incentivar os benefícios das reformas dormiram indolentes sobre a frustração da revolução que se mostrava necessária para a dignificação da justiça e dos seus agentes e, acima de tudo, para a satisfação das necessidades de todos quantos recorrem a juízo.

Eis que estamos perante a reforma de 2013, agora menos com o intuito de *convidar* os intervenientes processuais a moldarem as suas condutas àquilo que é necessário para os conflitos serem resolvidos segundo critérios adequados à realidade que os gerou, mas sim com o claro propósito de *impor* uma praxis que discipline os intérpretes e protagonistas, em termos de ritmar a tramitação processual não já como um sincopado e estanque conjunto de fases, mas como um universo único, em que os diversos momentos da tramitação se justifiquem reciprocamente, tudo havendo de culminar na audiência final que, essa sim, passará a significar o centro nervoso, a apoteose do único acto da peça teatral em que todos eram actores, ou seja, onde se reuniria, agora sim, o Tribunal.

Nesse quadro, as cominações e preclusões são praticamente banidas, arrastando consigo a diluição do fetiche do articulado, da impugnação especificada, dos incidentes e acidentes, em suma, formalizou-se um trilho processual hábil destinado a culminar na audiência final.

Mas há mais e muito mais relevante. Abandonou-se a especificação e o questionário, ultimamente travestidos de factos assentes e de base instrutória, figuras criadas em 1995/96 com a finalidade aparentar uma ruptura com o Código de 39, ou seja, fingindo que se eliminara a especificação e o questionário.

Em sintonia com esses propósitos dá-se especial ênfase à audiência prévia, tendencialmente obrigatória, com a principal finalidade de sanear tudo o que possa inviabilizar o sucesso da realização da audiência final. Como se compreende, este sucesso da audiência final não se esgotava na sua realização no momento previamente fixado por acordo de agendas. De facto, a audiência prévia e a audiência final são teleologicamente uma só diligência ou, dito de outra forma, dois momentos com a mesma finalidade processual, sendo desejável que tudo se desenrole no âmbito de um processo cuja tramitação seja dúctil, maleável e adequada à natureza do dissídio.

Na realidade, a simbiose da verdade material com a gestão processual, dum lado, e a conexão entre a cooperação e simplificação, em segundo lugar, tudo isto revestido de uma disciplina relacional e comportamental, conducente às audiências prévia e final, todos estes institutos levar-nos-iam para um diferente paradigma do contencioso e para uma democratização da vida judiciária, em suma, para a transparência processual e para a responsabilização de todos os protagonistas.

Mas parece que assim não é e que assim não será. Achamo-nos enleados nos mais perversos vícios ideológicos e institucionais dos quais só sairemos quando se ousar formalizar um pacto para 10 ou 15 anos, desde que os diversos componentes do poder político tenham coragem para assumir uma visão de conjunto, fazendo-o libertos da sectarização partidária que lhes tolhe os movimentos.

Se quisermos elencar as fragilidades e os buracos negros da nossa justiça, ousemos radiografar as seguintes matérias:

1. A formação inicial e contínua de magistrados;
2. Os critérios de selecção para ingresso nessas carreiras;

3. O funcionamento, a eficácia e a legitimidade constitucional das instituições encarregadas de governar as magistraturas;
4. A consabida irresponsabilidade deontológica dos actores judiciários;
5. O sistema de apoio judiciário;
6. A privatização da acção executiva e o desastre económico e funcional emergente dessa privatização (a título de curiosidade: passámos de 220.988 execuções em 2005 para 942.025 em 2013 e para 1.054.957 em 31/03/2014; a duração média de uma execução em 2001 era de 24 meses, tendo passado para 49 meses em 2013; tudo isto sem tomar em linha de consideração os elevados e insuportáveis custos deste gravíssimo dano para os cidadãos e para as empresas).
7. A organização judiciária, cujos contornos iniciais e cuja filosofia de base se mostram adequados, mas cuja execução pecou por excesso e por defeito. De facto, embora se aceite que a área de Comarca coincida com a do Distrito Administrativo, não se compreende a razão da extinção dos Tribunais, dos Juízos e das Secções. Ao eliminar-se o Tribunal, destruiu-se a sua função simbólica, tão cara às populações e que integra uma das suas nucleares razões de existência. Na realidade, substituir o conceito de Tribunal pelo conceito de Instância não tem qualquer razão de ser e mostra evidente insensibilidade cultural, social e política. Além disso, se a especialização é essencial, isso só pode ser alcançado num quadro que a dimensione ao estritamente necessário, segundo critérios de valor e complexidade. Por outro lado, os portugueses estão desprovidos de qualquer protecção jurisdicional para as pequenas causas (as *small claims*), sendo urgente criar tribunais municipais, desprovidos de formalidades e absolutamente gratuitos.
8. A propósito da gratuitidade, afigura-se ostensiva a necessidade de reduzir a tributação judiciária para um máximo de um quarto dos valores em vigor.

Muito mais haveria para dizer, até no plano de investigação criminal e no absurdo papel dos JIC, bem assim no das nas relações entre o MP e a PJ, e entre os JIC's e o MP, etc., etc.

Mas ficará para outras ocasiões, que não hão-de faltar.

O princípio do inquisitório: um *poder-dever* ou um *poder discricionário* do juiz?

LUÍS LAMEIRAS
Juiz Desembargador do Tribunal da Relação de Lisboa.

1. A ponderação sobre o tema que me foi proposto, e a preparação desta intervenção, levaram-me a reflectir acerca do impacto que o Novo Código de Processo Civil[1] terá produzido sobre os contornos da intervenção oficiosa do juiz no desenrolar do processo.

Afinal, qual o reflexo que o *renovado* enquadramento processual civil trouxe ao princípio do inquisitório?

Como se configurava este até 1 de Setembro de 2013 e como é que ele se impõe após esse dia?

Que mudanças, em suma, se descortinam?

A resposta que julgo adequada é esta: o código de processo na sua versão emergente da reforma de 1995 já comportava, também nesta matéria, o essencial das soluções que agora se contêm na versão de 2013.

A novidade, *salvo um outro aspecto pontual mais inovatório,* foi tornar essas (já pré-existentes) mais expressivas e aprofundá-las, tudo de molde a não deixar a menor dúvida acerca do que foram os objectivos assumidos de política adjectiva do legislador.

2. Dito isto.

A temática que aqui é proposta convoca aquilo que, do meu ponto de vista, constitui a centralidade do processo civil, e que é o escrutínio dos *segmentos da vida* geradores potenciais de efeitos jurídicos, a reconstrução judiciária de uma realidade ou, dito de um modo mais comum, a *aquisição da matéria de facto* para o processo.

[1] Aprovado pela Lei nº 41/2013, de 26 de Junho.

O princípio de que ao direito subjectivo corresponde a acção adequada a fazê-lo reconhecer mantém-se, inevitavelmente (no artigo 2º, nº 2); mas a constatação de que essa garantia judiciária supõe o encontro da *verdade* transporta-nos para a tentativa de busca do modelo adjectivo que maior fiabilidade dê a essa descoberta.

A justa composição do litígio, em prazo razoável, constitui o desígnio e o propósito do processo (é o que consta nos segmentos finais dos artigos 6º, nº 1, e 7º, nº 1); e tem que ver exactamente com a obtenção pelo interessado de uma pronúncia jurisdicional sobre o seu assunto, com a força de caso julgado material (artigo 2º, nº 1).

É esse desígnio que constitui a condicionante primordial do modelo de processo e das opções concretas que nele se contêm.

3. Quando é que a composição do litígio é justa?

A um modelo de cariz liberal muito ligado à natureza privada dos interesses em disputa e, por consequência, com uma valorização da primazia do *princípio do dispositivo*, não choca que a justeza da composição se quede a um nível estritamente formal, sem correspondência com a realidade substantiva.

O protagonismo centra-se nas partes e o papel do juiz é comprimido. Na medida em que aquelas deixem de cumprir os sucessivos ónus que se lhe impõem e deixem precludir as oportunidades em aberto, suportam as decorrentes consequências desvantajosas, ao juiz apenas competindo reconhecê-lo e declará-lo.

À medida que se abandona este tipo de modelo e a evolução tende no sentido da maior adesão da *verdade judiciária* à *realidade da vida*, comprime-se o *princípio do dispositivo* e expande-se o *princípio do inquisitório*.

Sem prejuízo da iniciativa e do impulso, que são privados, dos titulares dos interesses particulares e disponíveis, floresce, aqui e ali, a possibilidade de um comportamento moderador, e modelador, do tribunal, na medida em que tal comportamento se mostre adequado a ajustar o exercício do poder jurisdicional a um proveito assaz substantivo, com a virtualidade de superar ilações meramente formais.

Com esta matriz, competirá ao tribunal, por exemplo, o esforço de suplantar as excepções dilatórias supríveis ou, por outro lado, de recentrar o acervo das proposições de facto no processo à *porção de realidade* que a vida moldou.

A tudo isto acresce que a busca da exactidão das coisas, a *justa composição* como adesão da verdade *judiciária* à verdade *histórica* da vida, só pode ser galvanizadora da credibilidade do sistema de justiça.

O exercício do *poder jurisdicional* suportado numa *justiça de forma*, desligada da realidade, corre o risco do descrédito e da incompreensão daqueles que são, afinal, a justificação da sua existência e os seus destinatários finais.

4. Em Portugal o enfraquecimento do *princípio do dispositivo*, e a consequente expansão do *princípio do inquisitório*, deu-se com primordial notoriedade na revisão que entrou em vigor no dia 1 de Janeiro de 1997[2].

Foi por essa altura que se afirmou com clareza a prevalência das decisões de mérito sobre as decisões de forma (artigo 288º, nº 3, na redacção de 1997; hoje artigo 278º, nº 3); para lá disso, atenuou-se o ónus da alegação dos factos, mesmo essenciais, até então incidente exclusivamente sobre as partes, permitindo agora a sua aquisição (dos essenciais) em certas condições, desde que salvaguardada a vontade do interessado e o contraditório da parte contrária (artigo 264º, nº 3, na redacção de 1997); e reconfigurou-se a redacção da *regra-quadro* do inquisitório, antes contida no artigos 264º, nº 3, sob a epígrafe "*poder inquisitório do juiz*", e agora transposta para o artigo 265º, nº 3, sob a epígrafe "*princípio do inquisitório*".

Em particular, quanto a esta mudança da *regra-quadro* do inquisitório, deixou de se dizer que "*o juiz tem o poder*" para se passar a estabelecer que "*incumbe ao juiz*", deixaram de se referir as diligências a realizar ou ordenar como aquelas que ele "*considere necessárias*" para se passar a apontar que elas são "*todas as diligências necessárias*" e aditou-se ao objectivo do "*apuramento da verdade*" o referencial da "*justa composição do litígio*".

5. A reforma de 2013 quis-se ainda, como disse, mais marcante.

Ao passo que, quer antes, quer depois, de 1 de Janeiro de 1997, o artigo 264º enunciava, e anunciava em qualquer das redacções, na sua epígrafe, o "*princípio dispositivo*", em 2013 essa enunciação foi suprimida e substituída, no artigo 5º do nCPC, pela epígrafe "*ónus de alegação das partes*".

[2] Revisão aprovada pelo Decreto-Lei nº 329-A/95, de 12 de Dezembro, depois complementado pelo Decreto-Lei nº 180/96, de 25 de Setembro.

E realmente a reforma de 2013, em matéria de alegação de *factos essenciais* atenuou, de caso pensado, mais ainda, a *regra dispositiva*, ordenando que o juiz considere, à margem dos factos articulados pelas partes, *e mesmo oficiosamente*, os complementares e concretizadores que a instrução permita enxergar bastando, para o efeito, que as partes "*sobre eles tenham tido a possibilidade de se pronunciar*" (artigo 5º, nº 2, alínea b)). À instrução passou, desta maneira, a reconhecer-se um relevante e reforçado papel de *fonte de factos essenciais* à viabilização das pretensões das partes.

Ainda assim, esta notória inovação não tem a virtualidade ou alcance que aparenta.

A verdade é que às partes há-de continuar a competir alegar os *factos essenciais*, mesmo os complementares e concretizadores; constituindo o mecanismo oficioso estabelecido um modo de salvaguardar toda a petição ou contestação minimamente aptas, mas que contudo enfermem de vícios ou incorrecções substantivas capazes de comprometerem o êxito da acção ou da excepção.

Portanto, apenas decaem as peças viciadas por ineptidão, estas envolvendo nulidade insanável; todas as outras passam a ser passíveis, mais tarde ou mais cedo, de correcção e de aproveitamento.

Suprime-se o rigor dos precedentes *efeitos preclusivos*, próprios de um processo liberal, e deixa-se em aberto a possibilidade de rectificação subsequente mesmo quando aos interessados falhou a alegação de um ou outro facto importante para a viabilidade da tese por si propugnada.

Acontece é que, não sendo tais factos alegados, continuam a subsistir as oportunidades naturais para o respectivo suprimento, de filtro das insuficiências ou imprecisões que haja, ora em *despacho pré-saneador* (artigo 590º, nº 2, alínea b), e nº 4), ora ainda em *audiência prévia* (artigo 591º, nº 1, alínea c))[3].

A consequência, deste ponto de vista e num registo de normalidade processual, é a de que em tal assunto será difícil encontrar, salvo porventura alguma situação de franja, rara e pontual, a *persistência*, até ao momento instrutório, de um articulado facticamente imperfeito ou insuficiente até então *indetectado, seja pela parte interessada, seja pelo juiz.*

[3] E até, *a montante dessas oportunidades*, em momento de *despacho liminar*, quando o haja, como se estabelece no nº 1, do artigo 590º.

Seja como for, e à margem disso opera aí uma acrescida *válvula de escape* destinada a salvar a acção ou a excepção, *em desespero de causa*; que constitui para o juiz um *poder vinculado*, ao menos por identidade de razão com o actual regime do despacho pré-saneador, que hoje creio inequívoco[4]; e cuja omissão não deixa de acarretar, dentro de certas condições, uma possibilidade de reacção ou impugnação pela parte prejudicada.

Ora, é esta *supressão de um efeito preclusivo* gerado pela falta da alegação, no momento próprio, dos factos essenciais à procedência da acção ou da excepção, *convocando iniciativas oficiosas do juiz*, que precisamente constitui, a meu ver, o principal alcance da inovação do regime instituído pelo nCPC[5].

6. Em termos de *inquisitório propriamente dito*, ao menos no seu sentido mais estrito, o nCPC destacou-o, como princípio, da lista dos outros "*princípios fundamentais*", que elencou nos seus primeiros nove artigos; e transportou-o para o *capítulo geral* do título dedicado à *instrução do processo*, matéria aliás removida também para fora do seio da marcha da acção declarativa, onde antes se situava, para passar a constituir um título do processo em geral.

Desta maneira, depois de aí estabelecer que o objecto da instrução são por regra os *temas da prova* (artigo 410º), *e os temas da prova constituem uma espécie de nuvem à sombra da qual pairam e se escondem os factos reais da vida*, o nCPC enuncia o *princípio do inquisitório* numa norma que se limita a reproduzir a redacção do artigo 265º, nº 3, pretérito e, nos termos da qual, "*incumbe ao juiz realizar ou ordenar, mesmo oficiosamente, todas as diligências necessárias ao apuramento da verdade e à justa composição do litígio, quanto aos factos de que lhe é lícito conhecer*" (artigo 411º).

[4] O regime do *despacho pré-saneador* foi clarificado pela redacção normativa dos nºs 2 a 4, do artigo 590º.

[5] Há depois um outro, e importante, alcance deste novo regime, que se traduz na admissibilidade das que, no quadro pretérito, seriam *respostas excessivas* no julgamento de facto. Ao passo que no direito anterior o julgamento de facto se mostrava balizado pelo estrito conteúdo da base instrutória – esta, por sua vez, obtida a partir dos articulados das partes –, com o novo código, onde o guião instrutório se contém em temas de prova, torna-se possível julgar *provados* factos não alegados, desde que encontrem cobertura nos temas e constituam desenvolvimento dos factos que foram alegados.

A ideia óbvia que aqui é transportada é a de fazer acentuar que o *princípio do inquisitório*, na sua óptica mais rigorosa, se convoca *primordialmente* a pretexto dos momentos instrutórios; por outro lado, que essa convocatória está absolutamente condicionada pelo fim do "*apuramento da verdade*" e da "*justa composição do litígio*", com um claro sentido de adesão à realidade substantiva das coisas, e em evidente sobreposição a qualquer tipo de ilação meramente formal.

A óptica liberal é, nesta medida, completamente superada.

E com estes contornos o *princípio do inquisitório* evidencia-se como referencial e *quadro de fundo* de orientação do juiz, em sede de investigação dos factos.

Isto é, sem prejuízo da capacidade de iniciativa das partes, e dos encargos que sobre elas continuam a incidir nesta matéria, *cabendo-lhes primeiramente propor as provas adequadas ao apuramento dos reais factos jurídicos*, o juiz reforça-se com faculdades que lhe permitem uma capacidade particular de iniciativa a qual, exactamente com esse objectivo, e contando com a cooperação e a boa-fé de todos os actores (principalmente estabelecidas pelos artigos 7º e 8º), deverá ser operativa e exercitada sempre e logo que as condições estabelecidas se mostrem verificadas.

Que o mesmo é dizer, enquanto persistirem factos jurídicos relevantes e controversos – em princípio, suporte de *temas da prova* enunciados –, sobre os quais não foi, ainda, possível formar-se uma convicção judiciária consistente, para lá de uma dúvida razoável, e na medida em que seja expectável, com sensata probabilidade, consolidar essa convicção a partir de certa diligência ou acto instrutório, deve essa diligência ou esse acto ser oficiosamente assumido e prosseguido.

Assim se prosseguindo também uma justiça material, em detrimento de uma outra estritamente de forma, operativa a partir apenas de ilações intra-processo e desligadas, porventura, da realidade das coisas.

7. De todo o modo, sobre as partes continua a incumbir a *iniciativa da prova*. São elas, como maiores conhecedoras da realidade das coisas, que hão-de propor os instrumentos melhor vocacionados para revelar essa realidade; que o mesmo é dizer, que é de todo o interesse, para o autor ou para o réu, trazer ao juiz o material probatório que mais eficazmente permita assentar, edificar e consolidar a sua convicção a respeito dos factos essenciais à procedência do efeito por cada um sustentado, ora da acção, ora da excepção (ou da reconvenção).

O *direito potestativo à prova* foi entretanto também reposicionado no nCPC.

O autor requer os meios de prova na petição inicial, que pode alterar se o réu contestar (artigo 552º, nº 2), o réu requere-os na contestação e pode alterá-los se, havendo reconvenção, o autor replicar (artigo 572º, alínea d)); além disso os requerimentos probatórios ainda podem ser alterados na audiência prévia (artigo 598º, nº 1).

Estes meios de prova podem, contudo, mostrar-se insuficientes para consolidar uma convicção segura sobre os factos; deixando a descoberto a chamada dúvida razoável – porventura indutora de uma decisão apenas sustentada no critério decisório do ónus da prova.

Ora, acontece que, na vida, a verdade não prescreve.

A busca da realidade certa das coisas eleva-se a valor maior do que deve ser o objectivo de uma tarefa pública fundamental do Estado. E a consequência é a da *supressão de efeitos preclusivos*, também em tema instrutório, e o atravessamento, nos poderes de que nessa matéria dispõem os interessados, de *vínculos jurisdicionais* concernentes.

À margem da *proposta potestativa* das partes, e sem preocupação de exaustividade, por exemplo, em sede de *prova por documentos*, ao tribunal *incumbe*, mesmo *por sua iniciativa*, requisitar aqueles que sejam *necessários ao esclarecimento da verdade* (artigo 436°, n° 1), em sede de *prova pericial* é-lhe atribuído o poder de a determinar inicial e oficiosamente (artigos 467º, nº 1, e 477º), movido sempre pela *necessidade* do *apuramento da verdade* (artigo 476º, nº 2), e o poder de ordenar uma segunda perícia *oficiosamente e a todo o tempo, desde que a julgue necessária ao apuramento da verdade* (artigo 487º, nº 2); por fim, em matéria de *prova testemunhal* – talvez a mais impressiva situação – *quando, no decurso da acção, haja razões para presumir que determinada pessoa, não oferecida como testemunha, tem conhecimento de factos importantes para a boa decisão da causa, deve o juiz ordenar que seja notificada para depor* (é o actual artigo 526º, nº 1).

O atravessamento do princípio do inquisitório com estes contornos, e finalidade clara, é mais ainda confirmado no momento da *audiência final* a respeito da qual se corrobora que o juiz aí goza de todos os poderes necessários *para assegurar a justa decisão da causa* (artigo 602º, nº 1); e mesmo ainda no momento da *feitura da sentença* a respeito do qual se concede, *mesmo depois de encerrada a audiência e quando o processo se ache já concluso ao juiz para proferir sentença*, ainda aí, *se não se julgar suficientemente esclarecido*, que possa *ordenar a reabertura da audiência, ouvir as pessoas que entender e ordenar as demais diligências necessárias* (segmento final do artigo 607º, nº 1).

8. Constituem estas prerrogativas atribuídas ao juiz pelo nCPC um poder seu de matriz discricionária?

É a questão central a que vou tentar responder, embora com a noção de que as palavras ditas permitem já antever uma resposta.

Habitualmente fala-se dos despachos proferidos no uso de um poder discricionário do juiz a respeito da sua irrecorribilidade (que constitui uma regra tradicional que emerge hoje do artigo 630º, nº 1); esclarecendo o artigo 152º, nº 4, segmento final, que como tal se consideram *os despachos que decidam matérias confiadas ao prudente arbítrio do julgador*.

Alberto dos Reis, com a sua habitual clareza, escreveu que o poder discricionário se caracteriza pela ausência de limites; o tribunal está investido nesse poder quando lhe é lícito *fazer* ou *deixar de fazer*, quando depende exclusivamente de acto da sua vontade determinar-se num ou noutro sentido; poder discricionário quer dizer poder absolutamente livre, subtraído a quaisquer limitações objectivas ou subjectivas[6].

Coberto pelo quadro legal estabelecido, o juiz escolhe; e qualquer que seja a sua escolha ela é juridicamente válida, certa e aceitável.

Nos nossos dias, com muita actualidade, diríamos encontrar o exercício de um poder deste tipo, por exemplo, quando o juiz opta, como sucedâneo de *inspecção judicial* por si assumida, por uma *verificação não judicial qualificada* (artigo 494º, nº 1).

Para focar apenas neste exemplo, na medida em que a *verificação não judicial* comporte a virtude, atenta a concreta natureza do acto, de poder realizar os fins próprios da prova por inspecção, abre-se ao juiz a *livre faculdade* de escolher entre realizar a *inspecção* ou incumbir outra *pessoa qualificada* da verificação.

E como, naquele pressuposto, a escolha é livre a opção que faça é insindicável.

Será algo semelhante a isto o que subjaz ao exercício do poder inquisitório?

[6] Revista de Legislação e de Jurisprudência, ano 79º, nºs 2828 a 2830 (Agosto de 1946), página 107.

A resposta é, a meu ver, obviamente negativa.

O princípio do inquisitório onera o juiz com um poder vinculado ou poder-dever, que não um poder discricionário. Por consequência com uma operatividade que a não existir viola a lei; coisa que o exercício do poder discricionário, *operativo dentro do quadro legal estabelecido*, não comporta.

9. Razões para esta resposta ou solução.

A argumentação *estritamente formal* relacionada com a redacção dos preceitos, que pode ser convocada nesta matéria, aponta em direcções diversas e por isso, face a essa ambiguidade, não pode senão ser desvalorizada (só para dar alguns exemplos, os artigos 411º e 436º, nº 1, dizem que ao juiz *incumbe*, o artigo 487º, nº 2, diz que o juiz *pode* e o artigo 526º, nº 1, diz que o juiz *deve*).

A questão é verdadeiramente de fundo e, como tal, é em *argumentação substantiva e consistente* que a solução tem de assentar.

O objectivo que o juiz tem em vista é primordialmente o de, em face de um universo de factualidade controversa e que está encoberto pela nuvem dos temas da prova, enunciar os *factos essenciais* que possa apurar, como provados, e que sustenta na sua prudente convicção (artigo 607º, nºs 4 e 5).

A justa composição do litígio enquanto apuramento da verdade substancial das coisas é o fim maior do processo civil. Compete ao juiz, mais do que tudo, aspirar a este desiderato absolutamente fundamental.

Donde, *mesmo à margem da iniciativa probatória das partes*, se persiste em *1º lugar* a controvérsia do facto, se em *2º lugar* a dúvida razoável se não mostra ainda superada, e se, a mais disto, em *3º lugar* se prefiguram instrumentos probatórios previsivelmente adequados a esclarecer e a dissipar a indesejável incerteza, estao reunidas as condições de operacionalidade do inquisitório – à qual o juiz não pode fugir.

Concorrendo os três factores – um *facto controverso*, uma *dúvida que persiste* (*uma convicção ainda não solidamente conformada portanto*) e uma *prova* (*provavelmente*) *adequada* – não cabe ao juiz escolher, em liberdade, o *fazer* ou o *não fazer*.

Como o critério que se lhe impõe é o da *verdade substantiva* ele tem obrigatoriamente de *fazer*, certo que viola a lei se assim não for.

Esta regra é transversal ao momento instrutório da acção e vale para todos e qualquer um dos meios de prova que a lei enuncia.

Mesmo a *prova por inspecção judicial*, o exemplo tradicional do exercício do poder discricionário do juiz, por dizer a lei que o tribunal a realiza *sempre que o julgue conveniente* (artigo 490º, nº 1), tem hoje de ter uma leitura moderna e actual, em função do nível de intensidade da sua adequação.

O quadro de fundo é sempre – repito – o do apuramento da verdade.

E daí que confrontado um caso em que para esse apuramento, *para a edificação de uma convicção sólida numa situação que ainda é de dúvida*, seja a *observação directa* do tribunal essencial (*porque, por exemplo, as provas produzidas foram inconcludentes sobre o facto e não se afiguram outras com vocação para o poder esclarecer, constituindo a inspecção por sua natureza um meio ajustado a obter esse esclarecimento*), não pode essa observação inspectiva ser dispensada – exactamente por imposição inquisitória do artigo 411º.

Mas já se essa essencialidade se não impuser (*porque, por exemplo, outros meios probatórios houver que, ao menos previsivelmente, permitem a sustentação esclarecida da convicção judiciária*), pode então operar o *juízo de conveniência* (este, creio eu, discricionário).

10. A justa composição do litígio e a obtenção da verdade material constituem nesta óptica os valores maiores e, por isso, permitem superar o que num processo de matriz mais liberal seria a concepção normal emergente dos princípios do *dispositivo* e da *auto-responsabilidade* das partes.

Há, por consequência, compressão destes princípios; embora, ainda assim, sem uma superação que possa ultrapassar os que seriam, a meu ver, os limites do razoável.

O princípio da *auto-responsabilidade* significa que o processo e o seu impulso correm, ao menos até certa dimensão, a custo e risco das partes. Se o juiz tem o seu papel moderador e correctivo, em função da descoberta da verdade, o certo é também que as partes não podem ser, no seu todo, descomprometidas desse compromisso.

A publicização não pode ir ao ponto de uma total desresponsabilização.

11. Suponha-se, por isso, que em certo processo decorre do momento instrutório, com a probabilidade aceitável, a superveniência de um meio de prova adequado a revelar, com a necessária consistência, um facto ainda controvertido.

Ainda assim, nem as partes, nem o juiz tomam qualquer atitude; prosseguindo no conforto da produção da prova potestativamente requerida, e sem qualquer nota de reparo. Chegado ao momento da sentença o tal facto merece o juízo de "*não provado*".

Quid juris nesta hipótese? Ter-se-á cumprido a lei?

E a parte a quem o facto é favorável pode, nessas circunstâncias, impu-gnar aquela omissão do juiz?

Na medida em que a convicção sobre o facto era ainda incerta ao tempo do momento da instrução e esta permitia intuir a nova prova, é certo que se não cumpriu a lei. O juiz, se não estava convencido pela prova *inconsistente* produzida, podia, e devia, assumindo as suas faculdades instrutórias (vinculadas) ordenar oficiosamente a produção da prova capaz de o convencer – se, por exemplo, esta fosse testemunhal, a coberto do artigo 526º, nº 1, ou, noutra qualquer hipótese e na falta de outra norma de enquadramento, pelo menos, no tipo normativo geral do artigo 411º; embora sempre dando às partes a prévia possibilidade de se pronunciarem acerca dessa sua intenção (nos termos dos incontornáveis artigos 3º, nº 3, e 4º; e também do artigo 415º), e ademais disso proferindo o competente despacho determinativo.

Não o fazendo, dúvidas não pode haver de que seguiu uma opção errada com potencial reflexo na decisão de mérito; gerando que a decisão do facto fosse a de *não provado*, porventura com fundamento na regra decisória do ónus da prova (artigo 414º).

Ora, se ainda assim a parte interessada nada fez, em tempo útil, já não poderá após o julgamento suscitar questão alguma a esse respeito; nesta medida se projectando, do meu ponto de vista, a natureza auto-responsável do seu comportamento.

Dir-se-á que a supremacia essencial do valor de busca da verdade efectiva no processo tendo largos e maximizados limites não vai porém ao ponto de fazer renovar uma instrução, quando a própria parte interessada compactuou com a sua omissão que foi assumida pelo juiz.

A esta – à parte interessada – restará, todavia, ainda a possibilidade de apelar para a Relação daquela decisão de facto (mas então nos termos do artigo 640º); impugnação essa que, em certas circunstâncias, lhe viabilizará junto do tribunal de recurso "*a produção de novos meios de prova*" (artigo 662º, nº 2, alínea b)).

12. *Mas que poderia a parte ter feito em face da omissão do inquisitório pelo juiz*? Arguir uma nulidade? Tomar algum outro tipo de comportamento?

Afigura-se-me duvidosa a configuração da omissão do inquisitório como *nulidade no processo* consistente na omissão de um acto prescrito na lei. A nulidade constitui, em si mesmo, um *vício de forma*, embora (é certo) com potencial influência no exame ou na decisão da causa (artigo 195º, nº 1) – mas sempre *vício de forma*.

Ora o exercício (ou não) do inquisitório não tem reflexo em *razões de forma* mas imediatamente se repercute em *motivos de conteúdo* – trata-se de assumir, *de acordo com uma avaliação que tem de ser objectivamente feita*, o comportamento processual (probatório) mais adequado ao prosseguimento de um objectivo, que é o da descoberta da verdade.

A génese do vício, que constitui a omissão do inquisitório, encontra-se em razões de avaliação de mérito[7]. *E daí que não pareça ajustada, neste caso, a invocação de uma invalidade formal consistente em nulidade.*

Ainda assim vejo com proximidade as condições de reacção de um interessado quer se considere como nulidade a inércia do juiz, ou mais acertadamente como julgo se se considerar essa inércia directamente como um erro de mérito.

Perante a omissão do juiz afigura-se-me que à parte assiste a faculdade de *requerer* – ou mais acertadamente *sugerir* – que sejam desencadeados os mecanismos inquisitórios que a lei prevê.

Algo assemelhado, pois, a um requerimento arguindo invalidade.

Se, por exemplo, se indicia, com razões objectivas e sustentadas, que alguém, não oferecido como testemunha, tem conhecimento de factos importantes para a boa decisão causa, provavelmente a permitir esclarecer matéria controvertida que a demais prova ainda não permitiu clarificar, *justifica-se a reacção da parte* suscitando expressa e formalmente o assunto ao juiz.

Este cumprirá o contraditório, permitindo à parte contrária que se pronuncie (artigos 3º, nº 3, e 415º); e, após isso, terá de expressamente se pronunciar sobre a questão; ora acolhendo o requerimento / sugestão e

[7] Nessa medida aproxima-se daquilo que pode designar-se por *erro de julgamento*.

portanto ordenando oficiosamente a prova; ou então rejeitando-o e por consequência mantendo a omissão do procedimento probatório – decisões que, quer uma quer outra, creio recorríveis, por contenderem com a *admissibilidade de meios probatórios* e nessa medida inexistir alguma razão válida de irrecorribilidade[8]; e, bem assim, com a autonomia própria da apelação emergente do artigo 644º, nº 2, alínea d).

Em qualquer das hipóteses desencadeou-se *decisão judicial expressa*; que acolheu ou recusou operar o princípio do inquisitório.

E em que momento pode / deve a parte lavrar o seu requerimento / sugestão destinado a apelar ao exercício inquisitório do juiz, e até quando é que ele é aceitável?

O momento natural será o da *instrução da causa*, por ser nele que se posiciona a *centralidade do inquisitório*.

Mas convém não esquecer que, *espontaneamente*, o juiz ainda pode exercer o inquisitório mesmo depois de *encerrada a audiência final* e quando já tem *o processo concluso para ser proferida sentença*, desde que se não julgue *suficientemente esclarecido* (artigo 607º, nº 1); por outro lado, ainda, que com o nCPC se acentuou a extinção dos tempos preclusivos em homenagem a uma rigorosa e adequada descoberta da verdade.

Por consequência, enquanto não tenha lugar o proferimento da sentença, com a consequente extinção do poder jurisdicional (artigo 613º, nº 1), *tem de se admitir, do meu ponto de vista, a chamada de atenção da parte, com o fim de fazer operar os poderes inquisitórios do juiz; fazendo desencadear a este, após o contraditório das partes, uma pronúncia expressa sobre o assunto.*

A razão será sempre a da supremacia na descoberta acertada da verdade.

13. Se não operar a prova por falta de determinação oficiosa, mesmo depois de um requerimento / sugestão que se fez, e após trânsito da decisão de rejeição, quer dizer se o juiz rejeitar, *expressa* ou *tacitamente*, fazer operar o inquisitório, restará ao interessado o predito *recurso em matéria de facto* do julgamento que, nesse segmento, lhe seja desfavorável.

[8] As decisões proferidas sobre nulidades secundárias (artigo 195º, nº 1) não são, regra geral, recorríveis; todavia, se contenderem com os princípios da igualdade ou do contraditório, com a aquisição processual de factos ou com a *admissibilidade de meios probatórios*, já admitirão recurso (artigo 630º, nº 2).

E é sobre este assunto – o do recurso em matéria de facto – que importa ainda frisar o que constituem também as *válvulas de escape* contidas no artigo 662º, nº 2, alíneas a) e b).

Aí se diz que *a Relação deve, mesmo* oficiosamente, em certas circunstâncias, *renovar a produção da prova* ou, até mesmo, *produzir novos meios de prova.*

O que quero sublinhar é que, igualmente aí, se reconhece o inquisitório agora em tema de recurso de apelação sobre matéria de facto.

A letra da lei abre margem a que *um requerimento da parte recorrente* sugira, justifique ou convença que ocorrem as condições para a renovação ou para a produção nova de prova.

Note-se: *não está em tempo um requerimento potestativo de prova.*

Do que se trata é de suscitar, por via da formulação de um anseio, ao juiz desembargador as *dúvidas sérias* ou *fundadas* em que assenta a (inédita) produção da prova em 2.ª instância.

A Relação decidirá, sem possibilidade de recurso (artigo 662º, nº 4); mas o certo é que, como que em complemento do inquisitório em 1.ª instância, em particular desde que haja aquela *dúvida fundada* sobre a prova nesta realizada, abre-se ao tribunal de apelação, com o nCPC, a possibilidade – *aqui também verdadeiro poder-dever vinculado* – de ordenar a produção de novos meios de prova.

Para tanto havendo de se mostrar que a prova, antes feita, não permite esclarecer os factos impugnados e que há outra, não produzida, que com toda a probabilidade o permite – demonstração que pode ser *espontânea* e *oficiosa* mas que pode também ser *provocada* e *argumentada* pelo recorrente; constituindo, neste caso, porventura um *capítulo (novo) da alegação de recurso*, nos termos dos artigos 639º, nº 1, e 640º, nº 1.

14. Para findar, uma última nota como complemento do argumentário acerca do inquisitório, pela referência à situação dos factos essenciais *não alegados* pelas partes, mas de que o juiz deve *mesmo oficiosamente* conhecer, nos termos do artigo 5º, nº 2, alínea b).

É um tema sobre o qual os poderes interventivos do juiz mais se reforçaram.

E que, em sentido lato, convoca também o princípio do inquisitório.

A seu respeito o objectivo assumido foi igualmente o de suprimir preclusões.

À instrução foi atribuído um papel colateral de ser *fonte de factos novos essenciais* não alegados pelas partes e nem antes sinalizados.

Que o juiz está obrigado a conhecer destes factos, mesmo espontaneamente, está à margem de qualquer dúvida. O poder-dever existe e é vinculado; se o juiz não considerar estes factos, não alegados mas assim revelados não está a cumprir a lei.

Ainda assim; a existência de *facto essencial* que a instrução permite sinalizar também viabiliza o requerimento / sugestão da parte a solicitar ao juiz que o adquira e conheça, se este espontaneamente o não quiser fazer (*como é seu dever*).

O nCPC não exige, como no pretérito, a *manifestação de vontade* no aproveitamento do facto.

Em qualquer caso, a *proibição de decisões-surpresa* não deixa que um facto desta natureza, sinalizado pela instrução, seja introduzido, sem mais, na sentença; por isso, a lei acrescenta que *as partes hão-de ter a oportunidade de se pronunciar*[9].

Quando da instrução da causa resultar um facto essencial não alegado, é dever do juiz atendê-lo, dar-lhe a devida atenção; explicitando o seu relevo para a boa decisão da acção (ou reconvenção) ou da excepção; e concedendo às partes a possibilidade de se pronunciarem[10]. É a forma que, a meu ver, deve ser seguida como propedêutica da sua inserção na sentença final, seja como *facto provado*, seja como *não provado* (artigo 607º, nº 4); é, por outro lado, a operatividade correcta do artigo 5º, nº 2, alínea b).

A necessidade de um momento autónomo, no processo, *desencadeado espontaneamente ou de forma provocada*, para invocar este tipo de factos (essenciais e não alegados) como condição para a sua aquisição na sentença, é imposto por razões de rigor, de clareza e de transparência;

[9] Na minha óptica esta *possibilidade de pronúncia* apresenta um alcance duplo. *Por um lado*, traduz a faculdade que tem de ser concedida aos interessados de previamente enunciarem os respectivos pontos de vista acerca da tomada de posição do juiz; *por outro lado*, e por estar em causa a aquisição de um facto novo para o processo, abre margem a que os mesmos interessados, sustentados na controvérsia desse facto, possam *sugerir*, *requerer* ou *propor* ao juiz que ordene os concretos meios de prova ajustados ao seu esclarecimento, desencadeando neste particular o exercício dos respectivos poderes oficiosos e inquisitórios em matéria probatória.

[10] Na dupla vertente assinalada, de *exercício do contraditório* e de *sugestão probatória*.

e revela-se com nitidez se tivermos em conta o confronto com os *factos instrumentais não alegados* que resultem também da instrução da causa, e dispensam a mesma necessidade (artigo 5º, nº 2, alínea a)).

Se o juiz não atende ao *facto essencial não alegado* será tempo de a parte interessada requerer / sugerir que o faça; desencadeando, desse modo, o exercício do contraditório da parte contrária; e, por fim, uma decisão expressa sobre o tema. Nesta hipótese será caso de o tribunal de apelação poder ser convocado a avaliar o acerto da cognição, ou da falta dela, acompanhando o recurso que assim haja aquele que for interposto da decisão final (artigo 644º, nº 3)[11].

Se o juiz não atende ao *facto essencial não alegado* e a parte não reage, não vindo ele a ser adquirido para a sentença (com a consequente improcedência da acção ou da excepção), só a apelação desta será passível de rectificar a falta e suprir o erro (*que o juiz cometeu*). Nesta hipótese, o suprimento da falha operará por via de uma ampliação da matéria de facto, nos termos do artigo 662º, nº 2, alínea c), segmento final; ou, nalgum caso mais expressivo, mediante a aquisição pelo próprio tribunal de recurso, nos termos do nº 1, do mesmo artigo 662º.

15. Para concluir, então, diria que a primordial novidade do nCPC é, por consequência, mais a de um inquisitório (ou, melhor dito, oficiosidade) ao nível da aquisição e cognição da matéria de facto; persistindo ao nível da prova o essencial dos mecanismos provenientes do pretérito.

16. E agora, mesmo para finalizar, e em súmula, acrescentaria que é, por consequência, o valor supremo da busca da verdade material que condiciona, no nCPC, e em termos decisivos, o exercício do princípio do inquisitório; que tem um campo natural, e tradicional, de operatividade, no momento instrutório da causa; e hoje, com um alcance bem mais amplo e profundo, ainda nas inovatórias possibilidades de aquisição de factos essenciais, complementares e concretizadores, não alegados.

[11] Embora tenda a considerar que se trata aqui de uma apelação *não autónoma*, admito que, numa interpretação extensiva do trecho inicial da alínea d), do artigo 644º, nº 2, se possa entender que o recurso acerca do assunto da *admissão* ou *rejeição* de factos essenciais não alegados emergentes da instrução se constitui em *apelação autónoma*.

Os tradicionais princípios do dispositivo e da auto-responsabilidade, embora ainda persistentes, vêem assim o seu conteúdo fortemente comprimido.

Trata-se, em qualquer dos casos, de um poder-dever vinculado, quer aquele que adstringe o tribunal a adquirir factos essenciais não alegados, em certas circunstâncias, quer aquele que o adstringe a determinar as diligências necessárias à justa composição do litígio quanto aos factos de que lhe é lícito conhecer.

Como tal, salvo situações limites não aceitáveis, salvaguardadas pelo dispositivo e pela auto-responsabilidade, as situações vinculadas do inquisitório hão-de comportar, por princípio e para o interessado postergado, a apreciação recursória e o respectivo suprimento pelo tribunal da Relação.

A inversão do contencioso no CPC de 2013

RUI DARLINDO
Advogado. Assistente do Departamento de Direito da Universidade Portucalense.

1. Enquadramento geral

A litigância em massa, a crise económica – que potencia o aumento de litígios –, o número escasso de juízes, a tramitação processual e até a falta de condições logísticas de muitos tribunais: talvez sejam estas algumas das razões que justificam a lentidão e o elevado número de processos pendentes em Portugal. Devido a tal realidade, que poderá levar à inoperância do sistema judicial, temos assistido a algumas tentativas no sentido de tornar o processo civil mais rápido e eficaz, mas sempre justo, garantístico e equitativo.

Este problema geral do processo civil, como não poderia deixar de ser, manifesta-se também no âmbito dos procedimentos cautelares. Verificava-se, e talvez ainda se verifique, um uso exagerado – e muitas vezes injustificado – dos procedimentos cautelares *"como sucedâneo de acções principais, e de modo a contornar as demoras sentidas no desenrolar das acções"*[1], sendo tal realidade, por si só, mais penalizadora para o sistema judicial uma vez que – por força da consagração da chamada instrumentalidade necessária no revogado CPC – além do procedimento cautelar, existia sempre a chamada acção principal. Esta duplicação de acções não era, também ela, favorável à celeridade processual.

Entretanto, verificou-se que, em algumas situações, era completamente inútil a instauração da acção principal que se seguia ao procedimento cautelar, ora porque o réu não a contestava, ora porque as partes estavam satisfeitas com a decisão que advinha do procedimento cautelar,

[1] LAMEIRAS, Luís Filipe Brites, *"Comentário ao Regime Processual Civil Experimental"*, ob. cit., página 25.

ora porque o *resultado* da acção era precisamente igual ao obtido em sede cautelar.

Assim, constatou-se que, regularmente, não se justificava a instauração da acção principal uma vez que esta representava, apenas, uma duplicação de acções exigida por lei e sem qualquer interesse prático.

Tendo em conta esta ideia e uma preocupação de economia de meios, o legislador entendeu introduzir uma importante e relevante alteração no âmbito dos procedimentos cautelares: a consagração do regime da inversão do contencioso, previsto no artigo 369º do CPC de 2013[2] (doravante designado por CPC).

Nos termos da exposição de motivos da Proposta de Lei nº 113/XII é consignado que através do regime da inversão do contencioso *"o juiz, na decisão que decrete a providência e mediante requerimento, pode dispensar o requerente do ónus de propositura da ação principal se a matéria adquirida no procedimento lhe permitir formar convicção segura acerca da existência do direito acautelado e se a natureza da providência decretada for adequada a realizar a composição definitiva do litígio"*. Deste modo, este regime prevê uma importante derrogação a um princípio essencial no âmbito dos procedimentos cautelares: o requerente pode ser dispensado do ónus de instauração da acção principal, ficando a *cargo* do requerido esse mesmo ónus, sendo certo que, se nada fizer, o requerido vê a decisão cautelar *transformar-se* em definitiva.

É exactamente este o traço característico da inversão do contencioso: se essa inversão for decretada, o requerente não terá de instaurar a acção principal para evitar a caducidade da providência cautelar. Será o requerido a instaurar a acção principal se pretender *impugnar a existência do direito acautelado*, sendo certo que, se não o fizer, a providência cautelar *ganha* um carácter definitivo.

Com a inversão do contencioso, há uma verdadeira inversão das posições típicas das partes, já que o requerente da providência cautelar – usualmente autor na acção principal – irá assumir a posição de réu na acção

[2] Note-se que o regime ora consagrado no artigo 369º do CPC já se encontrava previsto no CPC de 1995/96 (na redacção proposta pela Comissão de Revisão do CPC no momento em que apenas era previsível a existência de uma alteração ao mencionado código), bem como na Proposta de Lei nº 113/XII, sendo certo que sempre que se justifique serão apontadas as diferenças que existiam nos diferentes diplomas.

(possivelmente) instaurada pelo requerido – usualmente réu na acção principal – que, como tal, irá ocupar a posição de autor.

Com base na definição enunciada, podemos dizer que a inversão do contencioso não é completamente nova no nosso sistema processual, apesar de ser nova no âmbito cautelar[3]. Na realidade, no procedimento de injunção há uma verdadeira inversão do contencioso na medida em que o requerido é notificado para pagar, sem que tenha havido qualquer decisão judicial que apreciasse a existência do crédito. Assim, é claro que existe uma verdadeira inversão das fases processuais, uma vez que o requerido é notificado para pagar, presumindo-se que esse crédito existe, sendo certo que apenas irá existir apreciação judicial relativa à existência desse crédito na hipótese de aquele deduzir oposição à injunção.

O regime ora descrito tem a sua base nos *référés* Franceses e também no sistema Alemão, mas não representa uma *cópia* de qualquer deles já que abarca em si novidades significativas. Numa palavra: o legislador Português inspirou-se noutros regimes legais idênticos, mas não deixou de incluir no seu próprio regime uma *inovação Portuguesa.*

Na Alemanha, com um *Arrest* ou uma *einstweilige Verfugung*, e na França, com os *référés* de conteúdo antecipatório, não é previsto qualquer ónus de instauração da acção principal pelo requerente. Contudo, no sistema Alemão é prevista a possibilidade de o requerido peticionar a fixação de um prazo para que o requerente da providência cautelar instaure a acção principal, havendo sempre a possibilidade de o requerido instaurar uma acção de simples apreciação negativa contra o requerente da dita providência. Na França, os *référés* com conteúdo antecipatório mantêm-se até que, na possível acção principal, haja uma decisão final que afaste essas providências. Neste regime não existe qualquer prazo para que a acção principal seja instaurada[4], pelo que a providência cautelar poder-se-á

[3] Já no longínquo ano de 2000, LEBRE DE FREITAS abordava a inversão do contencioso escrevendo que em determinados países discutia-se a necessidade da inversão do contencioso, *"nomeadamente a postergação para a acção executiva da defesa do devedor que, notificado para pagar não se oponha"*, dando ainda nota de que alguns autores estrangeiros mencionavam a inversão do contencioso, *"designadamente, a propósito da criação de um processo de injunção unificado que permita a formação de um título executivo europeu"* (FREITAS, José Lebre de, *"Os paradigmas da acção executiva"*, Revista da Ordem dos Advogados, Ano 61, Volume II, Abril 2001, páginas 546 e seguintes).

[4] Sem prejuízos dos casos de prescrição e de caducidade existentes no direito substantivo.

manter no tempo até que seja afastada por uma decisão tomada na acção principal, sendo certo que esta nunca irá formar caso julgado (cfr. os artigos 484º e 488º do CPC Francês).

Da breve análise que fizemos ao regime previsto no artigo 369º do CPC, podemos apontar algumas e importantes diferenças relativamente aos regimes estrangeiros sumariamente elencados: em primeiro lugar, no nosso regime é necessário que o requerente da providência cautelar peticione a inversão do contencioso, pelo que esta assume um carácter excepcional; em segundo lugar, no regime português, e uma vez decretada a inversão do contencioso, o requerido poderá instaurar a acção principal no prazo de 30 dias contados da notificação do trânsito em julgado da decisão que decretou a inversão do contencioso, o que demonstra que é curto e peremptório o prazo dentro do qual tem de ser instaurada a acção principal (cfr. o artigo 371º do CPC); em terceiro e último lugar, se uma vez decretada a inversão do contencioso e uma vez não instaurada a acção principal, a providência cautelar ganha carácter definitivo e, consequentemente, é-lhe conferida a natureza de caso julgado material.

Em suma, com o regime da inversão do contencioso, o legislador pretendeu conferir às providências cautelares a *susceptibilidade* ou a *vocação* de resolver definitivamente o litígio, mas não visou conferir a possibilidade de antecipar a resolução definitiva para a sede cautelar.

2. Âmbito de aplicabilidade

Com a criação do regime da inversão do contencioso o legislador não pretendeu criar um mecanismo aplicável a todos os procedimentos cautelares. Na verdade, o seu âmbito de aplicabilidade é extremamente limitado, o que demonstra que se pretendeu criar um regime verdadeiramente excepcional.

O âmbito de aplicabilidade deste regime é limitado de duas formas: pelo momento em que é instaurado o procedimento cautelar e pelo conteúdo da providência cautelar decretada.

2.1 Procedimento cautelar instaurado como preliminar da (possível) acção principal

Entendemos que o regime previsto no artigo 369º do CPC apenas é aplicável às situações em que o procedimento cautelar é instaurado como preliminar da acção principal e já não quando é instaurado na pendência da acção principal. Assim, apenas é possível existir o decretamento da inversão do contencioso quando o requerente da providência cautelar instaura um procedimento cautelar antes da existência da chamada acção principal.

Note-se que o artigo 369º do CPC consagra que o *"juiz pode dispensar o requerente do ónus de propositura da ação principal"*, sendo certo que tal ónus apenas existe quando o procedimento cautelar é instaurado como preliminar da acção principal (cfr. o artigo 373º do CPC)[5]; ou seja, o requerente é dispensado do ónus de instaurar a acção que, tipicamente, existe após o decretamento da providência cautelar.

A lei é clara, pretende que o requerente seja dispensado do ónus de instauração da acção principal, sendo certo que só pode haver dispensa desse ónus no caso de essa acção não existir, porque só nesse caso ele tradicionalmente existe. Assim, não podemos entender que seja possível decretar a inversão do contencioso quando o procedimento cautelar seja instaurado na pendência de uma acção principal.

2.2 Providência cautelar com a *natureza adequada a realizar a composição definitiva do litígio*

Nos termos do nº 1 do artigo 369º do CPC, apenas nas providências cautelares com a *natureza adequada a realizar a composição definitiva do litígio* existe a susceptibilidade de ser decretada a inversão do contencioso que, desta forma, tem um âmbito de aplicabilidade delimitado.

Note-se que, com o decretamento da inversão do contencioso, pretende-se atribuir às providências cautelares a susceptibilidade de resolverem definitivamente o litígio, pelo que apenas pode ser conferida essa *vocação* às providências cautelares que tenham susceptibilidade de realizar a composição definitiva do litígio.

Tendo em conta o que afirmámos, podemos excluir do âmbito de aplicabilidade da inversão do contencioso todas as providências cautelares

[5] É igualmente neste sentido que aponta a exposição de motivos da Proposta de Lei nº 113/ /XII ao consignar que com tal solução pretende-se quebrar com o princípio segundo o qual os procedimentos cautelares *"são sempre dependência de uma causa principal, proposta pelo requerente para evitar a caducidade da providência cautelar decretada em seu benefício, evitando que tenha de se repetir inteiramente, no âmbito da ação principal"*. O texto é claro quanto à intenção do legislador: pretende-se consagrar um meio que evite a repetição de acções nas situações em que a acção principal é instaurada apenas para evitar a caducidade da providência cautelar.

cujo conteúdo seja conservatório[6], uma vez que estas não são susceptíveis de realizar a composição definitiva do litígio já que a sua função é, precisamente, garantir utilidade e eficácia da futura decisão da acção principal. Assim, estas providências cautelares, pela sua própria função e conteúdo, não são susceptíveis de resolver definitivamente o litígio, pois que apenas asseguram a manutenção de uma certa situação (de facto ou de direito)[7] e, por isso mesmo, é inevitável a existência da chamada acção principal. Isto é, estas providências cautelares apenas garantem a eficácia da acção principal, sendo puramente instrumentais daquelas, e, por isso mesmo, é imprescindível a existência da acção principal.

Ou seja, como bem afirma Teixeira de Sousa, *"nos casos em que a tutela definitiva e a tutela cautelar cumprem uma função totalmente distinta e prosseguem objectivos completamente diferentes, nunca se pode verificar a inversão do contencioso"*[8]. É exactamente isto que temos vindo a dizer: existe uma nítida diferença entre a função das providências cautelares conservatórias e a função que se pretende ver cumprida através da tutela definitiva e, por isso mesmo, temos de concluir que as providências cautelares conservatórias não têm a *natureza adequada a realizar a composição definitiva do litígio*.

Concretizando: na providência cautelar de arresto (prevista nos artigos 391º e seguintes do CPC), o requerente pretende, com fundamento no receio de perda de garantia patrimonial, a apreensão judicial de bens (cfr. o nº 2 do artigo 391º do CPC). Ou seja, a função desta providência cautelar é a de apreender os bens de modo a que estes sirvam de garantia de pagamento perante o (suposto) crédito do requerente. Assim, sendo decretada a providência cautelar e uma vez apreendidos os respectivos bens, o requerente da providência cautelar apenas vê a garantia do seu crédito acautelada. Contudo, a pretensão do requerente não fica ainda satisfeita com o mero decretamento da providência cautelar de arresto.

[6] As providências cautelares conservatórias são aquelas que visam manter uma certa situação, de facto ou de direito, anterior ou não a uma acção principal, procurando, por um lado, fazer com que eventos ulteriores não sejam susceptíveis de afectar essa factualidade e, por outro, garantir a utilidade da decisão a ser proferida na chamada acção principal.

[7] Exemplos típicos destas providências cautelares são o arresto e o arrolamento.

[8] Sousa, Miguel Teixeira de, *"As providências cautelares e a inversão do contencioso"*, 2012, disponível em www.docs.google.com/viewer?a=v&pid=sites&srcid=ZGVmYXVsdGRvbWFpbnxpcHBjaXZpbHxneDo3ZTM0MDIyMTRhMmQ5YmU4, página 11.

Na verdade, o requerente da providência cautelar pretende, além do peticionado em sede cautelar, que o devedor – requerido no procedimento cautelar – seja condenado a pagar a dívida, sendo certo que a providência cautelar de arresto não tem essa virtualidade. Deste modo, podemos afirmar que a providência cautelar de arresto nunca terá a *natureza adequada a realizar a composição definitiva do litígio*, uma vez que será inevitável o recurso à instauração da acção principal de modo a obter a composição definitiva do litígio e, consequentemente, não deverá ser decretada a inversão do contencioso nesta sede.

Por outro lado, temos ainda as chamadas providências cautelares antecipatórias[9], que se caracterizam pelo facto de através delas se antecipar a satisfação do direito ameaçado, sendo maioritariamente neste âmbito que a inversão do contencioso tem aplicabilidade[10]. O que releva neste âmbito é o facto de *"a tutela solicitada na providência poder ser obtida como tutela definitiva numa acção definitiva"*[11], ou seja, para sabermos se uma determinada providência cautelar tem a *natureza adequada a realizar a composição definitiva do litígio* temos de analisar o conteúdo da mesma e, depois dessa análise, verificar se o peticionado na providência cautelar antecipa o que poderia ser obtido na acção definitiva. Ou, dizendo por outras palavras, para que a providência cautelar tenha a *natureza adequada a realizar a composição definitiva do litígio* será necessário que com o decretamento daquela o litígio fique definitivamente resolvido, nada restando para discutir, resolver ou peticionar[12].

[9] Através destas providências cautelares o tribunal não se limita a garantir a preservação de uma determinada situação fáctica, vai muito além disso uma vez que garante a realização (imediata) do próprio direito que será apreciado ulteriormente.

[10] Neste sentido, cfr. Faria, Rita Lynce de, *"Apreciação da proposta de inversão do contencioso cautelar apresentada pela Comissão de Reforma do Código de Processo Civil"*, ob. cit., página 56, Silva, Lucinda Dias da, *"Contencioso: Redução, conversão e inversão"*, ob. cit., página 86, e Sousa, Miguel Teixeira de, *"As providências cautelares e a inversão do contencioso"*, ob. cit., página 12.

[11] Sousa, Miguel Teixeira de, *"As providências cautelares e a inversão do contencioso"*, ob. cit., página 12.

[12] Nem todas as providências cautelares que usualmente são classificadas como antecipatórias têm a *natureza adequada a realizar a composição definitiva do litígio*; pense-se, por exemplo, no arbitramento de reparação provisória: nos termos do artigo 388º do CPC pode ser requerida, *"como dependência da ação de indemnização fundada em morte ou lesão corporal, o arbitramento de quantia certa, sob a forma de renda mensal, como reparação provisória do dano"*; assim, por um lado, a providência cautelar requerida visa a fixação de uma renda mensal, e, por outro lado, na

Concretizando: na providência cautelar de alimentos provisórios (prevista nos artigos 394º e seguintes do CPC) o requerente pretende a fixação de uma prestação alimentícia, sendo que tal providência representa uma antecipação dos alimentos definitivos. Assim sendo, dúvidas não restam de que a providência cautelar de alimentos provisórios consiste numa verdadeira antecipação do *resultado* que poder-se-ia obter na acção definitiva, pelo que podemos dizer que existe total coincidência entre o peticionado em sede cautelar e o que eventualmente se poderia peticionar na acção definitiva. Deste modo, podemos afirmar que esta providência cautelar tem a *natureza adequada a realizar a composição definitiva do litígio*, pelo que é admissível o decretamento da inversão do contencioso no âmbito das mesmas.

A inversão do contencioso poderá ser, assim, potencialmente decretada no âmbito de um qualquer procedimento cautelar em que seja decretada uma providência cautelar, especificada ou não especificada, desde que essa providência tenha a natureza adequada a realizar a composição definitiva do litígio.

O nosso legislador, no nº 4 do artigo 376º do CPC, enumera[13] um conjunto de providências cautelares especificadas em que as regras da inversão do contencioso são aplicáveis e, por isso mesmo, podemos concluir que o legislador admite o decretamento da inversão do contencioso nas seguintes providências cautelares: *restituição provisória de posse, suspensão de deliberações sociais, alimentos provisórios, embargo de obra nova* e *às demais providências previstas em legislação avulsa cuja natureza permita realizar a composição definitiva do litígio.*

Situação que merece especial atenção é a da providência cautelar de embargo de obra nova, até devido à divisão existente na doutrina relativamente à sua natureza antecipatória ou conservatória, sendo certo que o CPC, no nº 4 do artigo 376º, prevê que o regime da inversão do contencioso é aplicável a essa providência cautelar.

acção principal será peticionada uma indemnização, ou seja, o objecto da tutela cautelar e o objecto da tutela definitiva são diferentes e, como tal, não poderá ser decretada a inversão do contencioso no âmbito desta providência cautelar.

[13] Apesar de esta enumeração não evidenciar carácter taxativo, configura-se difícil a aplicação das regras da inversão do contencioso a outras providências cautelares nominadas pelo facto de as restantes não reunirem em si a *natureza adequada a realizar a composição definitiva do litígio.*

Tal como aponta ALBERTO DOS REIS[14], o embargo de obra nova poderá ter uma função repressiva ou preventiva[15]; no primeiro caso destinar-se-á a evitar que a lesão se agrave ou que se pratiquem novos actos que levem à existência de novas lesões; no segundo caso, visa evitar o justo receio de lesão iminente.

Entendemos que esta distinção é essencial para perceber em que situações a providência cautelar de embargo de obra nova tem o conteúdo *adequado a realizar a composição definitiva do litígio* (cfr. o artigo 369º do CPC).

Por um lado, no caso de o embargo de obra nova ter uma feição repressiva, torna-se evidente que, pelo facto de a lesão já se ter verificado, a providência cautelar não tem a susceptibilidade de resolver definitivamente o litígio. Nesta hipótese, o requerente além de pretender evitar que existam novas lesões (e por isso requer o decretamento da providência cautelar), pretenderá também a reparação do prejuízo causado, sendo, assim, imprescindível a instauração da acção principal, uma vez que a providência cautelar não é susceptível de, por si só, reparar esse prejuízo.

Por outro lado, tendo em conta que o embargo de obra nova com uma feição preventiva se justifica por *"ter-se dado começo a obra, trabalho ou serviço que, pela sua direcção ou modo de execução, ameaça causar ofensa ou prejuízo ao direito de propriedade, à posse ou à fruição de outrem"*[16], podemos dizer que, uma vez decretada a providência cautelar, fica completamente satisfeita a pretensão do requerente: pretendia-se evitar a lesão e, com a providência decretada, esse objectivo é plena e totalmente conseguido, ou dito por outras palavras, neste caso a providência cautelar tem o conteúdo *adequado a realizar a composição definitiva do litígio* (cfr. o artigo 369º do CPC).

Resumindo: entendemos que a inversão do contencioso apenas pode ser decretada no caso em que o embargo de obra nova tenha uma feição preventiva e já não na hipótese em que tenha uma feição repressiva.

[14] REIS, José Alberto dos, *"Código de Processo Civil Anotado"*, Volume II, 3ª edição – Reimpressão, 1981, Coimbra Editora, página 58.

[15] O artigo 397º do CPC continua a acolher a distinção realizada por ALBERTO DOS REIS ao estabelecer que o embargo de obra nova pode ser requerido por *"aquele que se julgue ofendido no seu direito de propriedade (...) em consequência de obra, trabalho ou serviço novo que lhe cause ou ameace causar prejuízo"* (sublinhado nosso).

[16] REIS, José Alberto dos, *"Código de Processo Civil Anotado"*, Volume II, ob. cit., página 65.

Ainda nos termos do nº 4 do artigo 376º do CPC, a inversão do contencioso aplicar-se-á ainda *às demais providências previstas em legislação avulsa cuja natureza permita realizar a composição definitiva do litígio*. Neste âmbito merecem referência particular três providências cautelares, o que passamos a fazer.

Por um lado, na providência cautelar destinada à entrega de bem objecto de locação financeira (artigo 21º do Decreto-Lei nº 149/95, de 24 de Junho), defendemos não ser possível decretar a inversão do contencioso. Vejamos: por um lado, entende-se que o juiz neste âmbito tem o *dever* de antecipar o juízo sobre a causa principal (cfr. o nº 7 do artigo 21º do Decreto-Lei nº 149/95, de 24 de Junho), ou seja, tendo o juiz os elementos necessários para a decisão definitiva do mérito da causa deve, em sede cautelar, decidir definitivamente o litígio que separa as partes; por outro lado, a inversão do contencioso, na hipótese de ser requerida e decretada, *apenas* atribui à providência cautelar a susceptibilidade de regular definitivamente a causa, não assegurando, ao invés do que acontece com a decisão que o juiz *deve* proferir, a composição definitiva do litígio.

Tendo em conta o que agora ficou dito, podemos concluir o seguinte: em primeiro lugar, numa e noutra situação o juiz tem de formar uma convicção plena relativamente à existência do direito acautelado[17]; em segundo lugar, é nítido que a solução plasmada no nº 7 do artigo 21º do Decreto-Lei nº 149/95, de 24 de Junho, é mais ambiciosa e *vai mais longe* do que a possibilidade prevista no artigo 369º do CPC, uma vez que, por um lado, aquela solução impõe ao juiz um dever que leva à resolução definitiva do litígio e, por outro lado, esta solução (a do artigo 369º do CPC) apenas atribui à providência cautelar a susceptibilidade de regular definitivamente o litígio.

Assim sendo, entendemos que o juiz, uma vez na posse dos elementos necessários, não poderá de deixar de antecipar o juízo sobre a causa principal, mesmo que a inversão do contencioso seja peticionada pelo reque-

[17] Assim, entendemos que o juiz ao não antecipar o juízo sobre a causa principal, alegando não estar na posse dos elementos necessários para tal, fica igualmente inibido de decretar a inversão do contencioso, uma vez que o grau convicção exigido para o decretamento da inversão do contencioso é o mesmo que o juiz deverá formar para antecipar o juízo sobre a causa principal.

rente da providência cautelar, pois é-lhe imposto o dever de resolver definitivamente o litígio[18], dever esse que se impõe pelo facto de o legislador ter pretendido com a consagração do mesmo a resolução definitiva do litígio, perante a possibilidade de inverter o contencioso[19].

Por outro lado, na providência cautelar de proibição provisória de cláusulas contratuais gerais (artigo 31º do Decreto-Lei nº 446/98, de 25 de Novembro), verificamos que a inversão do contencioso pode ser decretada, pois a providência cautelar tem a natureza adequada à resolução definitiva do litígio já que existe total coincidência entre o peticionado em sede cautelar e o que eventualmente se poderia peticionar na acção definitiva e, por isso mesmo, a providência cautelar tem a natureza adequada a realizar a composição definitiva do litígio.

Finalmente, quanto às providências cautelares previstas no Código da Propriedade Industrial (artigo 338º I e 338º J, ambos do Código da Propriedade Intelectual), excluímos, desde já, do âmbito de aplicabilidade da inversão do contencioso a prevista no artigo 338º J do Código da Propriedade Intelectual, dado que o seu conteúdo, em tudo semelhante ao do tradicional arresto, é meramente conservatório e, como tal, não tem esta providência cautelar a natureza adequada a realizar a composição definitiva do litígio.

No que à providência cautelar prevista no artigo 338º I diz respeito, temos de distinguir duas hipóteses, tendo em conta que essa providência cautelar poderá existir *"sempre que haja violação ou fundado receio de que outrem cause lesão grave e dificilmente reparável do direito de propriedade industrial"* e poderá visar *"inibir qualquer violação iminente"* ou *"proibir a continuação da violação"*. Assim, com base nos mesmos argumentos utilizados a propósito da providência cautelar de embargo de obra nova, entendemos que quando a providência cautelar vise *"inibir qualquer violação iminente"* terá o conteúdo adequado a realizar a composição definitiva do litígio, o que já não acontece quando a providência cautelar vise *"proibir a continuação da violação"*. Consequentemente, afastamos a aplicabilidade do

[18] Neste sentido, cfr. FARIA, Paulo Ramos de e LOUREIRO, Ana Luísa, *"Primeiras Notas ao Novo Código de Processo Civil – Os artigos da reforma"*, Volume I, ob. cit., página 302.

[19] Pelo que agora ficou dito, não podemos acompanhar TEIXEIRA DE SOUSA que parece admitir a inversão do contencioso no âmbito desta providência cautelar (cfr. SOUSA, Miguel Teixeira de, *"As providências cautelares e a inversão do contencioso"*, ob. cit., página 12).

regime da inversão do contencioso na segunda hipótese e admitimos essa aplicabilidade na primeira possibilidade.

Depois de analisarmos algumas situações em particular, resta concluir dizendo que o decretamento da inversão do contencioso está dependente de um juízo casuístico em que se deverá verificar se o conteúdo da providência cautelar, nominada ou inominada, tem a natureza adequada a realizar a composição definitiva do litígio.

Como aponta Teixeira de Sousa, *"a inversão do contencioso não se pode verificar quando a tutela cautelar é completamente distinta da tutela definitiva e quando, portanto, a consolidação da tutela cautelar não é susceptível de compor o litígio entre as partes"*[20], ou seja, é necessário que a providência cautelar seja susceptível de resolver definitiva e completamente um determinado litígio, sem o que não poderá ser decretada a inversão do contencioso, ou, ainda por outras palavras, os efeitos da providência cautelar devem ser coincidentes com os efeitos que se iriam obter através da decisão tomada no âmbito da acção principal.

3. Requisitos de aplicabilidade

Nos termos do nº 1 do artigo 369º do CPC, podemos apontar três requisitos de que depende o decretamento da inversão do contencioso: em primeiro lugar, essa inversão terá de ser peticionada pelo requerente da providência cautelar; em segundo lugar, a providência cautelar terá de ser decretada e, em terceiro e último lugar, é necessário que o juiz, com base na matéria adquirida no procedimento cautelar, forme convicção segura acerca da existência do direito acautelado.

3.1 A necessidade de a inversão do contencioso ser requerida

Relativamente ao primeiro requisito, resulta claramente do artigo 369º do CPC que o requerente da providência cautelar deverá, expressamente, formular o pedido de dispensa do ónus de propositura da acção principal[21].

[20] Sousa, Miguel Teixeira de, *"As providências cautelares e a inversão do contencioso"*, ob. cit., página 12.

[21] Nos termos do nº 3 do artigo 369º do CPC, *"se o direito acautelado estiver sujeito a caducidade"*, esta impede-se *"com o pedido de inversão do contencioso, reiniciando-se a contagem do prazo a partir do trânsito em julgado da decisão que negue o pedido"*.

O pedido pode ser deduzido, tal como resulta do nº 2 do artigo 369º do CPC, até ao encerramento da audiência final[22], ou seja, o requerente não é obrigado a requerer a dispensa do ónus de instaurar a acção principal no momento em que apresenta a petição inicial.

A intenção do nº 2 do artigo 369º do CPC é nítida: permitir ao requerente a ponderação sobre as vantagens de tal pedido, sendo que tal ponderação poderá ser mais profícua se puder acontecer até ao momento em que é encerrada a audiência final, pois é nessa audiência que, em regra, se procede à produção de prova (cfr. o nº 1 do artigo 367º do CPC) e, como tal, estão reunidos mais elementos que o requerente deverá levar em linha de consideração nessa sua ponderação.

Com o pedido de inversão do contencioso o requerente irá, nos termos do artigo 369º do CPC, peticionar a sua dispensa em propor *"a ação da qual a providência depende dentro de 30 dias, contados da data em que lhe tiver sido notificado o trânsito em julgado da decisão que a haja ordenado"* (cfr. a alínea a) do nº 1 do artigo 373º do CPC)[23].

Devemos acrescentar que o requerente pode deduzir o pedido de dispensa do ónus de instauração da acção de que depende a providência cautelar de forma escrita (se realizado antes da audiência final) ou de forma oral (se realizado no decorrer desta audiência)[24], sendo certo que numa e noutra situação terá, obviamente, de ser concedida oportunidade

[22] A expressão *"encerramento da audiência final"* deve ser interpretada restritivamente, já que nos termos do artigo 295º a audiência final apenas encerra com a prolação da sentença. Assim, devemos entender que a inversão do contencioso apenas pode ser requerida até ao início das alegações orais das partes.

[23] Esta norma veio terminar com a dualidade de prazos existentes no CPC de 1995/96, uma vez que este estabelecia que o prazo poderia ser de 30 ou de 10 dias, dependendo da existência ou não de audição prévia do requerido. Com o CPC o prazo para o requerente instaurar a acção principal é, sempre, de 30 dias *"contados da data em que lhe tiver sido notificado o trânsito em julgado da decisão que a haja ordenado"* a providência cautelar (cfr. o artigo 371º do CPC).

[24] Julgamos que é de admitir que tal pedido seja realizado oralmente, até porque nos termos do nº 1 artigo 155º do CPC a audiência final nos procedimentos cautelares é sempre gravada, pelo que esse pedido fica registado em suporte digital. Além disso, nos termos do nº 5 do mesmo artigo, a secretaria procede à transcrição de requerimentos desde que o juiz, oficiosamente ou a requerimento, o determine por despacho irrecorrível. Assim, poderá ser esta uma situação em que o juiz, independentemente de requerimento nesse sentido e devido à relevância do peticionado, ordene a transcrição do pedido formulado nos termos do artigo 369º do CPC.

ao requerido para se pronunciar sobre esse pedido[25], respeitando, assim, o princípio do contraditório e a proibição das decisões surpresa. Além disso, é preciso notar que a dedução do referido pedido pelo requerente da providência cautelar não o impede de instaurar a acção principal, sendo que nesse caso a instauração leva a uma *"inutilidade superveniente do pedido de inversão do contencioso"*[26].

3.2 A necessidade de a providência cautelar ser decretada

Nos termos do nº 1 do artigo 369º do CPC, é ainda necessário que a providência cautelar seja *decretada*, ou seja, é necessário que seja ordenada uma providência cautelar que, diga-se, pode não ser a providência cautelar peticionada pelo requerente[27].

Na verdade, o referido artigo consagra que *"o juiz, na decisão que decrete a providência, pode dispensar o requerente do ónus de propositura da ação principal se a matéria adquirida no procedimento lhe permitir formar convicção segura acerca da existência do direito acautelado e se a natureza da providência decretada for adequada a realizar a composição definitiva do litígio"* (sublinhado nosso), pelo que dúvidas não restam de que a providência tem de ser decretada, até porque só nesse caso existe o ónus de instauração da acção principal[28].

Num primeiro momento poder-se-ia pensar que este requisito é algo simplista e que nenhuma dificuldade traz na avaliação da situação em concreto. Realmente, na grande maioria das situações, assim é. Vejamos: a providência cautelar de restituição provisória de posse é decretada quando seja ordenada essa restituição, não o sendo na situação inversa; a providência cautelar de suspensão de deliberações sociais é decretada quando seja ordenada a suspensão requerida, não o sendo na situação

[25] Neste sentido, cfr. FARIA, Paulo Ramos de e LOUREIRO, Ana Luísa, *"Primeiras Notas ao Novo Código de Processo Civil – Os artigos da reforma"*, Volume I, ob. cit., página 303.

[26] FARIA, Paulo Ramos de e LOUREIRO, Ana Luísa, *"Primeiras Notas ao Novo Código de Processo Civil – Os artigos da reforma"*, Volume I, ob. cit., página 298.

[27] Note-se que o artigo 369º do CPC consagra a necessidade de a providência ser decretada e, como tal, não exige que a providência decretada seja a requerida. Assim sendo, entendemos que o juiz que, ao abrigo do nº 3 do artigo 376º do CPC, decrete uma providência cautelar que não a peticionada pelo requerente não está inibido de, desde que requerida, decretar a inversão do contencioso.

[28] Tal instauração visa evitar a caducidade da providência cautelar decretada (cfr. a alínea a) do nº 1 do artigo 373º do CPC).

inversa. Ou seja, quando a providência cautelar só tem dois resultados possíveis, quer no seu resultado quer na sua medida (totalmente procedente ou totalmente improcedente), não há dificuldade em aferir se a mesma foi ou não *"decretada"*.

Contudo, vejamos o caso concreto da providência cautelar de alimentos provisórios: imaginemos que o requerente peticiona, a título de alimentos provisórios, o pagamento mensal de 500,00 €, pedindo ainda a sua dispensa do ónus de instauração da acção principal; suponhamos ainda que o juiz fixa, no âmbito dessa providência cautelar, o pagamento mensal de 200,00 € a título de alimentos provisórios. Neste caso, deverá o juiz considerar *"decretada"* a providência cautelar e, em via disso e uma vez preenchidos os restantes pressupostos, decretar a inversão do contencioso? Ou deverá, pelo contrário, entender que o pedido de dispensa do ónus de instauração da acção principal formulado pelo requerente teve como premissa a procedência total do pedido relativo à providência cautelar e, consequentemente, deverá não inverter o contencioso? Na verdade, a providência não deixa de ser decretada, mas não o é nos precisos termos peticionados pelo requerente.

À questão colocada poder-se-ão apontar duas soluções: por um lado, será defensável a ideia de que ao juiz está vedada a possibilidade de decretar a inversão do contencioso, uma vez que a providência cautelar decretada não tem os exactos termos peticionados pelo requerente. Assim, poder-se-á entender que o pedido de inversão do contencioso é deduzido tendo em conta o resultado pretendido pelo requerente e, uma vez não atingido esse resultado, não deverá a mesma ser decretada. Por outro lado, é possível entender que o juiz poderá decretar a inversão do contencioso, não obstante a providência cautelar decretada não ter os exactos termos peticionados pelo requerente. É esta a posição que defendemos, com base nos argumentos que passamos a apresentar.

Em primeiro lugar, entendemos que a providência cautelar é *"decretada"* quando existe uma decisão que a ordene, ou seja, entendemos que a expressão *"decretada"* terá de ser interpretada no sentido de verificarmos se foi, ou não, ordenada a providência cautelar, independentemente da *medida* dessa providência ser coincidente ou não com o peticionado pelo requerente da providência cautelar. Nessa conformidade, temos de concluir o seguinte: não podemos deixar de considerar *"decretada"* uma providência cautelar pelo simples facto de o pedido deduzido pelo requerente não ter sido, em toda a sua extensão, procedente.

Em segundo lugar, apesar de compreendermos que o requerente formula o pedido de inversão do contencioso tendo em conta a procedência total do seu pedido, não podemos aceitar que a inversão do contencioso não seja decretada pelo facto de a providência cautelar não ter os exactos termos peticionados pelo requerente. Na verdade, entendemos que não advém nenhum prejuízo para o requerente desse decretamento, ou seja, o requerente não é prejudicado pelo facto de ser decretada a inversão do contencioso relativamente a uma providência cautelar que, na sua medida, não é coincidente com o peticionado.

E não é prejudicado por dois motivos: por um lado, o decretamento da inversão do contencioso apenas faz com que o requerente da providência cautelar fique dispensado do ónus de instauração da acção de que depende essa procedência, mas não o inibe de instaurar essa acção. Assim, apesar de ter sido decretada a inversão do contencioso, o requerente da providência cautelar não fica impossibilitado de instaurar a acção principal[29]. Por outro lado, o juiz ao decretar a providência cautelar e ao inverter o contencioso não torna essa providência, automática e irreversivelmente, definitiva. Na realidade, com o decretamento da inversão do contencioso o juiz apenas atribui à providência cautelar susceptibilidade de regular definitivamente o litígio (cfr. o nº 1 do artigo 371º do CPC), pelo que a acção principal pode ser instaurada enquanto essa providência não se consolidar como composição definitiva do litígio.

Deste modo, podemos concluir que o requerente não sofre nenhum prejuízo pelo facto de a inversão do contencioso ser decretada, uma vez que, por um lado, a providência cautelar não se consolida, pelo menos de imediato, como composição definitiva do litígio e, por outro lado, o próprio requerente poderá instaurar a acção principal, não obstante ter sido dispensado desse ónus[30, 31], permitindo-lhe tal instauração demonstrar a sua discordância relativamente ao resultado obtido em sede cautelar[32].

[29] De facto, deixa de incidir sobre o requerente o ónus de instaurar a acção principal, mas não há qualquer impossibilidade em este instaurar a acção principal se assim pretender.

[30] Havendo o decretamento da inversão do contencioso, o ónus de instauração da acção principal fica a cargo do requerido (cfr. o artigo 371º do CPC).

[31] Note-se que num procedimento cautelar em que não haja o decretamento da inversão do contencioso é unanimemente admitida a possibilidade de o requerido no procedimento cautelar instaurar a acção principal, não obstante o ónus de instaurar a acção principal incidir sobre o requerente da providência cautelar (Neste sentido, cfr. Ac. do STJ de 14 de Fevereiro

Nessa conformidade, entendemos que o juiz poderá decretar a inversão do contencioso e, dessa forma, existem três possibilidades: por um lado, o requerente e o requerido, conformados com o decretado[33], não instauram a acção principal; por outro lado, o requerido, até porque incide sobre si o ónus de instauração da acção principal, instaura a competente acção (cfr. o artigo 371º do CPC); finalmente, o requerente, não se conformando com a providência cautelar decretada, instaura a acção principal, uma vez que, embora dispensado desse ónus, não está inibido de o fazer.

3.3 A necessidade de o juiz formar convicção segura acerca da existência do direito acautelado

Como sabemos, para que determinada providência cautelar seja decretada *o tribunal terá de ficar convencido de que a decisão definitiva será favorável ao requerente pois, desta forma, convence-se da provável existência do direito correspondente*, ou seja, é suficiente demonstrar a probabilidade séria da existência do direito acautelado.

Contudo, para que seja decretada a inversão do contencioso é necessário algo mais: nos termos do nº 1 do artigo 369º do CPC, através da matéria adquirida no procedimento cautelar, o juiz deverá *formar convicção segura acerca da existência do direito acautelado*[34].

de 1995, Recurso nº 86652 (Colectânea de Jurisprudência, ano III,1995, tomo I, páginas 92 e seguintes). Julgamos que a mesma interpretação poderá ser aplicada no caso de ser decretada a inversão do contencioso, ou seja, é de admitir a possibilidade de a acção principal ser instaurada por aquele que não tem o ónus de a instaurar (pelo requerente da providência cautelar, na presente situação).

[32] Essa instauração apenas poderá acontecer até ao momento em que o requerido poderá instaurar a acção principal (nos 30 dias subsequentes à notificação realizada nos termos do nº 1 do artigo 371º do CPC), uma vez que, após esse prazo e uma vez não intentada a acção principal pelo requerido, a providência cautelar consolida-se como composição definitiva do litígio.

[33] Não é anormal que o requerente fique *satisfeito* com uma decisão que, embora não sendo completamente coincidente com o seu pedido, seja, na sua visão, justa e adequada aos seus interesses, pelo que, também em sede cautelar, isso poderá acontecer.

[34] Criticando esta solução a Associação Sindical dos Juízes Portugueses entende que tal requisito é *"excessivo, considerando os efeitos da inversão do contencioso: a desnecessidade de propositura da ação principal (...), mas reconhecendo-se ao réu o direito de a instaurar"* (Associação Sindical dos Juízes Portugueses, *"Parecer de Proposta de Lei 521/2012 (Código de Processo Civil)"*, Janeiro de 2013, disponível em: www.parlamento.pt/ActividadeParlamentar/Paginas/DetalheIniciativa.aspx?BID=37372, páginas 25 e 26).

Existe *"convicção segura acerca da existência do direito"* quando a *"medida de convicção (...) não é compatível com a admissão de que a realidade pode ser distinta daquela que se considera provada"*[35]. Assim, para que seja decretada a inversão do contencioso é necessário que, face aos factos alegados e face à prova produzida, o juiz forme uma convicção plena, isto é, uma convicção tão segura que não seja admissível qualquer dúvida acerca da existência do direito acautelado[36], a esta exigência de prova TEIXEIRA DE SOUSA chama de prova *stricto sensu*[37]. Resumindo, é necessário que a produção de prova seja suficiente, sendo que se entende suficiente *"aquela que permite afirmar que, razoavelmente, não é possível produzir mais meios de prova que possibilitem a aquisição de um material probatório conducente a uma diferente decisão sobre a matéria de facto"*[38].

Note-se os procedimentos cautelares têm uma estrutura processual que em tudo se coaduna com a função das decisões provisórias, com a formação de uma convicção menos segura do que a obtida no âmbito da tutela definitiva e com a urgência que lhe é característica. Contudo, para que seja decretada a inversão do contencioso exige-se que o juiz forme uma convicção segura, ou seja, é espectável que os procedimentos cautelares, mantendo estrutura e os traços que lhe são característicos[39], permitam a formação de uma convicção cuja verificação não é própria de ser atingida no âmbito da tutela cautelar, mas no âmbito da tutela definitiva[40].

[35] SOUSA, Miguel Teixeira de, *"As partes, o objecto e a prova na acção declarativa"*, 1995, Lex, página 201.

[36] Ou, por outras palavras, o juiz forma convicção segura acerca da existência do direito quando a sua *"convicção permita excluir, segundo o padrão que na vida prática é tomado como certeza, outra configuração da realidade dada como provada"* (SOUSA, Miguel Teixeira de, *"As partes, o objecto e a prova na acção declarativa"*, ob. cit., página 201).

[37] SOUSA, Miguel Teixeira de, *"As partes, o objecto e a prova na acção declarativa"*, ob. cit., página 200 e seguintes.

[38] FARIA, Paulo Ramos de e LOUREIRO, Ana Luísa, *"Primeiras Notas ao Novo Código de Processo Civil – Os artigos da reforma"*, Volume I, ob. cit., página 301).

[39] Designadamente no que à prova testemunhal diz respeito, sendo certo que o CPC reduziu o número de testemunhas de 8 para 5 (cfr. o artigo 294º *ex vi* artigo 365º nº 3, ambos do CPC); por outro lado, e no âmbito da tutela definitiva esse número é de 10 ou de 5, dependendo se o valor da acção é superior ou não ao da alçada do tribunal de primeira instância (cfr. o nº 1 do artigo 511º do CPC).

[40] É exactamente por esta razão que RAMOS DE FARIA E ANA LUÍSA LOUREIRO afirmam que *"o juiz pode obter acidentalmente a convicção segura acerca da existência do direito acautelado"* (FARIA,

Tal é demonstrativo que o legislador, mantendo os traços característicos dos procedimentos cautelares, não pretendeu *"permitir que o requerente pudesse, na prática, converter o procedimento cautelar numa acção principal, alegando factos e produzindo prova com carácter esgotante, como se de um processo autónomo na sua essência se tratasse"*[41], ou seja, o legislador pretendeu manter as limitações próprias de um processo célere e urgente, mas, simultaneamente, pretendeu criar um meio que conferisse às providências cautelares susceptibilidade de resolvem definitivamente o litígio tendo, já que o juiz conseguiu formar uma convicção segura acerca da existência do direito acautelado.

Neste âmbito, podemos questionar se será possível ao juiz ordenar a produção de prova suplementar de forma a obter *convicção segura acerca da existência do direito acautelado*. No âmbito do regime previsto no artigo 16º do RPCE, alguma doutrina admitia a possibilidade de o juiz ordenar oficiosamente a produção de prova suplementar de forma possibilitar a aplicabilidade daquele regime. Podemos também questionar se a mesma possibilidade existe no âmbito da inversão do contencioso, ou seja, será que é possível ao juiz, ao abrigo do princípio da gestão processual (cfr. o artigo 6º do CPC), ordenar produção de prova suplementar de modo a obter convicção segura acerca da existência do direito acautelado? Não nos parece.

Como dissemos, a inversão do contencioso é expressamente peticionada pelo requerente, cabendo a este provar os factos constitutivos do direito alegado e, por isso mesmo, deverá ser o requerente a carrear para o processo todos os meios de prova necessários e que permitam ao juiz formar convicção segura acerca da existência do direito acautelado para que, dessa forma, decrete a inversão do contencioso. Assim sendo, julgamos que não poderá o juiz oficiosamente ordenar produção de prova suplementar e, com isso, *substituir-se* ao requerente, até porque a única consequência que resulta da inexistência de convicção segura acerca da existência do direito acautelado é o não decretamento da inversão do contencioso. Além disso, entendemos que o juiz não deverá igualmente

Paulo Ramos de e Loureiro, Ana Luísa, *"Primeiras Notas ao Novo Código de Processo Civil – Os artigos da reforma"*, Volume I, ob. cit., página 295).

[41] Silva, Lucinda Dias da, *"Contencioso: Redução, conversão e inversão"*, ob. cit., página 89.

deferir o pedido de prova suplementar potencialmente deduzido pelo requerente no decurso da audiência final[42].

Finalmente, não podemos deixar de salientar que prevemos que a formação de convicção segura acerca da existência do direito acautelado será especialmente difícil, *sensível* e problemática no âmbito dos procedimentos cautelares em que haja diferimento do contraditório do requerido. Ora, nesses casos a providência cautelar é decretada ainda antes de ser conferido o exercício do contraditório ao requerido e, assim sendo, significa isso que o juiz deverá, nesse mesmo momento, decidir sobre a inversão do contencioso (cfr. o nº 1 do artigo 369º do CPC). Note-se que neste momento processual apenas uma das partes – o requerente – alegou factos e produziu provas, pelo que poderá ser algo difícil a formação de convicção segura.

4. Tramitação processual

Apesar de a tramitação processual no âmbito dos procedimento cautelares não ser verdadeiramente alterada, já que não existe qualquer incidente ou fase autónoma respeitante à inversão do contencioso, é inegável que, sendo aquela requerida, há momentos processuais que assumem uma *função diferente* ou, digamos, assumem uma *função acrescida*. Assim, tendo como pano de fundo o pedido de inversão do contencioso, passaremos a analisar essa tramitação processual, distinguindo os procedimentos cautelares em que exista audição prévia do requerido dos procedimentos cautelares em que não exista essa audição prévia.

Antes de tudo, devemos começar por referir que a regra no âmbito dos procedimentos cautelares é a da existência de audição prévia do requerido, sendo que a inexistência de audição prévia apenas se verifica nas seguintes situações: na restituição provisória de posse (cfr. o artigo 378º do CPC); no arresto (cfr. o nº 1 do artigo 393º do CPC); na apreensão de veículo automóvel (cfr. o artigo 15º do Decreto-Lei nº 54/75, de 24 de Fevereiro)[43]; quando a audição prévia do requerido

[42] Neste sentido, cfr. FARIA, Paulo Ramos de e LOUREIRO, Ana Luísa, *"Primeiras Notas ao Novo Código de Processo Civil – Os artigos da reforma"*, Volume I, páginas 300 e 310.

[43] Nestas duas últimas providências cautelares (arresto e apreensão de veículo automóvel), pelo facto de as mesmas não terem a natureza adequada à composição definitiva do litígio, está excluída a possibilidade de ser decretada a inversão do contencioso.

coloque em risco sério o fim ou a eficácia da providência cautelar (cfr. o nº 1 do artigo 366º do CPC); quando não seja possível a citação pessoal do requerido (cfr. o nº 4 do artigo 366º do CPC).

4.1 Procedimentos cautelares com contraditório prévio do requerido

Nos procedimentos cautelares em que haja audição prévia do requerido será, como não podia deixar de ser, apresentada a petição inicial (cfr. o artigo 365º do CPC), em seguida será citado o requerido para apresentar oposição (cfr. o nº 2 do artigo 366º do CPC), ulteriormente irá ter lugar a audiência final (cfr. o artigo 367º do CPC) e, após esta, o juiz decidirá relativamente ao decretamento da providência cautelar e ainda relativamente ao pedido de inversão do contencioso (cfr. o nº 1 do artigo 369º do CPC)[44]. Finalmente, será notificada a decisão às partes, podendo, teoricamente, ser interposto recurso relativamente à decisão que apreciou o pedido da providência cautelar e, se for caso disso, da decisão que haja invertido o contencioso (cfr. o artigo 370º do CPC).

Concretizando, é possível afirmar que, uma vez proferida aquela decisão, podemos ter três *cenários*:

a) em primeiro lugar, pode ter sido decretada a providência cautelar e a inversão do contencioso, caso em que o requerido poderá interpor recurso, sendo que o recurso da decisão que decretou a inversão do contencioso só pode ter lugar em conjunto com o recurso da decisão que decretou a providência cautelar (cfr. o nº 1 do artigo 370º do CPC)[45];

b) em segundo lugar, pode ter sido decretada a providência cautelar, mas não ter sido decretada a inversão do contencioso e, neste caso,

[44] Quer isto dizer que haverá uma única decisão com um *duplo objecto*: apreciação relativa à providência cautelar requerida e apreciação relativa à inversão do contencioso, ou seja, a decisão relativa ao pedido de inversão do contencioso não pode deixar de ser *incluída* na decisão que aprecia a pedido de decretamento da providência cautelar.

[45] Significa isto que a decisão que decrete a inversão do contencioso não é autonomamente recorrível, pelo que apenas poderá ser interposto recurso desta decisão se simultaneamente for interposto recurso da decisão que decrete a providência cautelar. Assim, *"o requerido não pode rebelar-se apenas contra a estabilidade da providência, ele deve rebelar-se contra o seu decretamento"*(Silva, Paula Costa e, *"Cautela e certeza: breve apontamento acerca do proposto regime de inversão do contencioso na tutela cautelar"*, Revista do Ministério Público, *"Debate: a Reforma do Processo Civil 2012"*, Caderno nº 11, 2012, página 143).

a decisão que indeferiu a inversão do contencioso é irrecorrível, sendo apenas recorrível pelo requerido a decisão que decretou a providência cautelar (cfr. a parte final do nº 1 do artigo 370º do CPC)[46];

c) em terceiro lugar, pode não ter sido decretada a providência cautelar e, consequentemente, não ter sido decretada a inversão do contencioso[47] e, assim sendo, apenas o requerente poderá interpor recurso quanto à decisão que não decretou a providência cautelar e já não quanto à decisão que indeferiu a inversão do contencioso (cfr. o nº 1 do artigo 370º do CPC)[48].

[46] Note-se que em sede de recurso nunca poderá ser decretada a inversão do contencioso quando esta tenha sido *indeferida* em primeira instância. Como já dissemos, a última parte do nº 1 do artigo 370º consagra a irrecorribilidade da decisão que *indefira* a inversão do contencioso, o que equivale a dizer que essa decisão torna-se definitiva pelo facto de não admitir recurso. Contudo, sem prejuízo do que adiante se irá dizer, entendemos que a inversão do contencioso pode ser decretada pelo tribunal da Relação no caso em que o requerente interpõe recurso contra a decisão que *revogou* a inversão do contencioso.

[47] Como já dissemos, o decretamento da inversão do contencioso está dependente de a providência cautelar ser decretada e, por isso mesmo, não sendo esta decretada não poderá aquela sê-lo.

[48] Como dissemos, o tribunal da Relação, mesmo na hipótese de decidir ordenar a providência cautelar, não poderá decretar a inversão do contencioso que tenha sido indeferida em primeira instância, até porque essa matéria não foi objecto de recurso e, consequentemente, não pode ser apreciada.

Não obstante o que agora dissemos, é pertinente questionar se o tribunal superior, na hipótese de decretar a providência cautelar, poderá ordenar a descida dos autos para que o juiz do tribunal de primeira instância, agora que a providência foi decretada, decida a questão relativa ao pedido de decretamento da inversão do contencioso.

Vejamos: a apreciação da inversão do contencioso não existiu, já que tal questão ficou *prejudicada* pelo não decretamento da providência cautelar. Contudo, se o tribunal superior decidir, afinal, pelo decretamento da providência cautelar, será que devemos admitir a possibilidade de esse tribunal ordenar a descida dos autos e submeter à apreciação do tribunal *a quo* a questão da inversão do contencioso?

Sabemos que o artigo 369º do CPC impõe que a decisão relativa à inversão do contencioso seja tomada no momento em que se decide sobre a providência cautelar. Por outro lado, o artigo 370º do CPC prevê que o requerido interponha recurso em conjunto da decisão que haja decretado a providência cautelar e a inversão do contencioso.

Ora, por um lado, resulta que o nosso legislador quis, realmente, que a decisão relativa à inversão do contencioso fosse tomada no momento em que é decretada a providência cautelar. Por outro lado, é também claro que o nosso legislador pretendeu que o requerido apenas

4.2 Procedimentos cautelares sem contraditório prévio do requerido

Nos procedimentos cautelares em que não haja lugar à audição prévia do requerido, logo após a apresentação da petição inicial (cfr. o artigo 365º do CPC), é designado dia para audiência em que se irá produzir a prova carreada pelo requerente (cfr. o artigo 367º do CPC) e, após isso e de imediato, é proferida decisão sobre o decretamento da providência e decisão sobre a inversão do contencioso (cfr. o artigo 369º do CPC).

Caso a providência cautelar seja decretada[49, 50], o requerido será notificado[51] e, nesse momento, poderá, tomar uma de duas atitudes processuais: deduzir oposição relativamente à providência cautelar e à decisão que inverteu o contencioso (cfr. a alínea b) do nº 1 e o nº 2 do artigo 372º do CPC) ou interpor recurso respeitante à decisão que decretou a provi-

pudesse recorrer da decisão relativa ao decretamento da inversão do contencioso se pretender também reagir contra a providência cautelar decretada.

Se assim é, de que forma pode ser decidida a inversão do contencioso em momento diverso daquele que é previsto na lei? Se tal decisão fosse tomada em momento ulterior ao fixado no artigo 369º do CPC, de que forma poderia o requerido recorrer dessa decisão? Seria permitido ao requerido apenas interpor recurso respeitante à inversão do contencioso?

É clara a intenção do legislador: a inversão do contencioso, obrigatoriamente, terá de ser apreciada no momento em que o juiz do tribunal de primeira instância decide sobre o pedido relativo à providência cautelar; além disso, nessa mesma ordem de ideias, o legislador determinou que o recurso relativo à inversão do contencioso apenas pudesse ter lugar se interposto em conjunto com o recurso respeitante à providência cautelar decretada. Ou seja, o regime da inversão do contencioso está construído tendo como base a seguinte premissa: a inversão do contencioso apenas e só poderá ser decretada no momento em que é decidido o pedido relativo à providência cautelar.

Deste modo, entendemos que a decisão que indefira a inversão do contencioso é, em qualquer dos casos, irretractável. Tal solução não é contrária à lei e, além disso, o indeferimento da inversão do contencioso apenas tem como significado a manutenção das regras da distribuição do ónus de instauração da acção principal que, como normalmente, incidirá sobre o requerente.

49 Como resulta do nº 6 do artigo 366º do CPC, caso a providência cautelar não seja decretada, sendo que também não o será a inversão do contencioso, o requerido não é notificado e, como tal, nem chega a ter conhecimento da existência do procedimento cautelar.

50 Neste caso, o requerente poderá interpor recurso relativamente à decisão que não decretou a providência cautelar, sendo certo que a decisão que *indeferiu* a inversão do contencioso é irrecorrível (cfr. a parte final no nº 1 do artigo 370º do CPC).

51 O nº 1 do artigo 372º do CPC refere expressamente que o requerido será notificado nos termos do nº 6 do artigo 366º do CPC.

dência cautelar e, em conjunto, da decisão que haja invertido o contencioso (cfr. o artigo 370º e o nº 2 do artigo 372º do CPC).

Concretizando, é possível afirmar que, uma vez a decretada a providência cautelar, podemos ter dois *cenários*:

a) em primeiro lugar, pode ter sido decretada a providência cautelar, mas não ter sido decretada a inversão do contencioso, podendo o requerido:

i) interpor recurso[52] quanto à decisão que decretou a providência cautelar (cfr. a alínea a) do nº 1 e o nº 2 do artigo 372º do CPC);

ii) deduzir oposição[53] quanto à decisão que decretou a providência cautelar (cfr. a alínea b) do nº 1 e o nº 2 do artigo 372º do CPC) [54].

b) em segundo lugar, pode ter sido decretada a providência cautelar e a inversão do contencioso, caso em que o requerido, em alternativa, poderá:

i) interpor recurso, em conjunto, da decisão que decrete a inversão do contencioso e da decisão sobre a providência cautelar decretada (cfr. a alínea a) do nº 1 do artigo 372º do CPC).

ii) deduzir oposição, impugnando a inversão do contencioso e o próprio decretamento da providência cautelar. Neste caso, o juiz poderá, por um lado, decidir pela manutenção, redução ou revogação da providência cautelar já decretada e, por outro lado, poderá decidir a manutenção[55] ou revogação da inversão do contencioso. Note-se que neste âmbito, e tal como refere o nº 1 do artigo 369º do

[52] O requerido deverá interpor recurso quando *"quiser pôr em causa a apreciação da prova dos factos dados como assentes, apresentar documento novo respeitante a alguns deles (...) ou impugnar a aplicação do direito aos factos dados como provados"* (FREITAS, José Lebre de, e Outros, *"Código de Processo Civil Anotado"*, Volume II, ob. cit., página 42).

[53] O requerido deverá deduzir oposição quando *"pretender alegar novos factos ou produzir novos meios de prova"* (FREITAS, José Lebre de, e Outros, *"Código de Processo Civil Anotado"*, Volume II, ob. cit., página 42).

[54] Nos termos da parte final do nº 3 do artigo 372º do CPC qualquer das decisões proferida no seguimento da dedução de oposição por parte do requerido *"constitui complemento e parte integrante da inicialmente proferida"*.

[55] Defendemos que o juiz poderá decidir pela manutenção da inversão do contencioso, apesar de ter decidido a redução da providência cautelar decretada. Como dissemos supra, a providência cautelar não deixa de ser *decretada* pelo facto de não ser totalmente procedente e, como tal, também aqui se admite que manutenção da inversão do contencioso anteriormente decretada.

CPC, *"está em causa uma única decisão, conquanto faseadamente construída em dois momentos distintos de pronúncia jurisdicional"*[56], não sendo colocado em causa o estabelecido naquele artigo pois que a decisão sobre o pedido de inversão do contencioso já foi tomada no momento em que se decidiu sobre o decretamento da providência cautelar[57].

Importa saber que reacções podem existir perante a decisão de manutenção, redução ou revogação da providência cautelar, bem assim perante a decisão de manutenção ou revogação da inversão do contencioso.

Relativamente à questão da providência cautelar, esta *nova* decisão, que é um complemento da inicialmente proferida, é recorrível tanto pelo requerente (no caso em que seja proferida a decisão de revogação ou de redução) como pelo requerido (no caso em que seja proferida a decisão de manutenção ou de redução), conforme resulta do nº 3 do artigo 372º do CPC.

Quanto à questão relativa à inversão do contencioso, havendo manutenção do decidido, o requerido poderá recorrer em conjunto com o próprio recurso da decisão que manteve ou reduziu a providência cautelar (cfr. o nº 1 do artigo 370º do CPC). Já quando haja a revogação da inver-

[56] SILVA, Lucinda Dias da, *"Contencioso: Redução, conversão e inversão"*, ob. cit., página 81.

[57] Se é assim, ou seja, se há uma única decisão integrada por duas vertentes (uma sobre a providência cautelar; outra sobre a inversão do contencioso) e *construída* em dois momentos (num primeiro momento, é proferida decisão quando é decretada a providência cautelar e, num segundo momento, é proferida decisão que aprecia a oposição deduzida pelo requerido), afigura-se difícil compaginar o regime em questão com o proposto por RAMOS DE FARIA e ANA LUÍSA LOUREIRO.
Estes autores parecem admitir que o juiz, ao abrigo da adequação formal, possa *"relegar a decisão de dispensa para momento ulterior à oposição do requerido"* (FARIA, Paulo Ramos de e LOUREIRO, Ana Luísa, *"Primeiras Notas ao Novo Código de Processo Civil – Os artigos da reforma"*, Volume I, ob. cit., página 301).
Contudo, nos termos do nº 1 do artigo 372º do CPC o requerido, quando não tenha existido audição prévia, pode, em alternativa, deduzir oposição ou interpor recurso após ser notificado da decisão que decretou a providência cautelar. Assim, a própria lei mostra que, decretada a providência e invertido o contencioso sem prévio contraditório do requerido, não é seguro que este deduza oposição nos termos do consagrado na alínea b) do nº 1 do artigo 372º do CPC. Como tal, deixar em suspenso, isto é, diferir a decisão da inversão do contencioso para um momento processual que pode até não existir, significaria deixar de apreciar o pedido de inversão do contencioso, podendo, no limite, redundar numa nulidade da sentença por omissão de pronúncia (cfr. a alínea d) do nº 1 do artigo 615º do CPC).

são do contencioso, a reacção do requerente suscita dúvidas. O problema é o seguinte: nos termos do nº 1 do artigo 370º é irrecorrível a decisão que *indefira* a inversão do contencioso; será que tal solução é assimilável ao caso em que, primeiramente decretada, a inversão do contencioso venha a ser revogada?

Devemos começar por dizer que o nº 3 do artigo 372º do CPC não dispõe directamente sobre a possibilidade de interposição de recurso desta decisão. Na verdade, o mencionado preceito apenas regula a possibilidade de interpor recurso quanto à decisão relativa à providência cautelar: é o que resulta claro do segmento *"cabe recurso desta decisão"* contido na primeira parte do referido preceito.

Quer isto dizer, para já, que a resposta à questão colocada deverá ser procurada noutros preceitos. Neste quadro, podemos adoptar uma de duas visões: por um lado, podemos entender que uma decisão que *revogue* a inversão do contencioso tem exactamente o mesmo significado de uma decisão que *indefira* essa inversão e, consequentemente, concluiremos que, nos termos do nº 1 do artigo 370º do CPC, é irrecorrível a decisão que *revogue* a inversão do contencioso; por outro lado, não obstante a letra da lei, podemos entender que tal decisão admite recurso, já que o requerente, vendo-se *prejudicado* por uma decisão contrária a outra anteriormente proferida (e proferida pelo mesmo juiz), deverá ter a oportunidade de reagir perante tal decisão[58].

Da nossa parte, entendemos que deverá prevalecer o segundo entendimento apontado. Na verdade, por um lado, não podemos ignorar que a decisão que indefere inicialmente a inversão do contencioso e a decisão que revoga tal inversão têm *significados diferentes*; se a decisão que *indefere* significa que o juiz, logo num primeiro momento, não inverteu o contencioso, a decisão que *revoga* significa que o juiz, depois de num primeiro momento ter decretado a inversão do contencioso, vem a decidir de modo diverso, o que equivale a uma revogação da sua própria decisão.

Além disso, não podemos ignorar o sentido de certas alterações legislativas, bem reveladoras de que o sistema não convive bem com situações em que o mesmo tribunal profere duas decisões sucessivas e contrárias entre si, em termos de a última se impor à mais antiga.

[58] Numa palavra, o requerente passa de parte vencedora a parte vencida.

Recorde-se o regime do disposto no nº 4 do artigo 670º do CPC de 1995/96 que vigorou até à entrada em vigor da designada Reforma dos Recursos Cíveis, operada pelo Decreto-Lei nº 303/2007, de 24 de Agosto. Nos termos do referido preceito, sendo requerida a reforma da sentença[59], à luz do nº 2 do artigo 669º do CPC então vigente, no caso de ser dada procedência a esse pedido e, com isso, alterada a sentença, aquele nº 4 do artigo 670º assegurava à parte que passava de vencedora a vencida o direito a recorrer, *mesmo que a causa estivesse compreendida na alçada do tribunal.*

Por razões não conhecidas, aquele nº 4 do artigo 670º viu a sua redacção alterada em termos de deixar de acautelar a hipótese de a parte que passava de vencedora a vencida poder recorrer. Esse nº 4 deixou de falar em parte vencida e passou a falar em recorrido, limitando o regime aos casos em que houvesse recurso interposto e em que, perante o pedido de reforma, o juiz, antes da subida dos autos ao tribunal da Relação, apreciasse a arguição; assim, ficavam esquecidos os casos em que não houvesse recurso: aí, se o juiz alterasse a sua decisão, a parte agora vencida ficava manietada.

Como se pode verificar, o CPC recolocou a normalidade neste domínio. Com efeito, o nº 6 do artigo 617º do CPC (formalmente correspondente ao nº 4 do artigo 670º do CPC de 1995/96), voltou a falar em *"parte prejudicada"* e a admitir recurso, no caso de a arguição ser procedente e a decisão inicialmente proferida ser alterada, mesmo que o valor da causa esteja compreendida na alçada do tribunal.

Com isto se confirma que é sensível e delicada a hipótese de o mesmo juiz decidir num sentido e depois noutro, sem que uma instância superior seja chamada a apreciar a situação.

Assim, tendo em conta a diferença entre a decisão de indeferimento e a decisão de revogação da inversão do contencioso e tomando em consideração o elemento sistemático e histórico, entendemos que o requerente poderá interpor recurso da decisão que revogou a inversão do contencioso.

[59] Nos termos do nº 3 do artigo 669º o pedido autónomo de reforma supunha que a decisão não fosse susceptível de recurso (cfr. o nº 3 do artigo 669º do CPC de 1995/96).

Ainda a propósito da interposição de recurso, devemos deixar três notas adicionais.

Por um lado, devemos salientar que, à imagem do que acontece com os restantes recursos interpostos no âmbito dos procedimentos cautelares, apenas é admissível recurso da decisão respeitante à inversão do contencioso até ao tribunal da Relação, sem prejuízo dos casos em que é admissível recurso para o STJ (cfr. o nº 2 do artigo 370º do CPC).

Por outro lado, é necessário frisar que o recurso interposto é de apelação (cfr. a alínea a) do nº 1 do artigo 644º do CPC)[60], deverá ser interposto no prazo de quinze dias (cfr. os artigos 363º e o nº 1 do artigo 638º, ambos do CPC), com subida em separado (cfr. o nº 2 do artigo 645º do CPC) e com efeito meramente devolutivo (cfr. o nº 1 do artigo 647º do CPC).

Finalmente, em sede de fundamento de recurso o requerido, quando o seja ele a interpor, deverá demonstrar que a inversão do contencioso foi decretada numa situação em que esta figura não tem aplicabilidade[61], ou que o juiz não adquiriu no procedimento cautelar matéria suficiente que lhe permitisse formar convicção segura acerca da existência do direito acautelado[62]; já o requerente, quando interponha recurso da decisão que revogou a inversão do contencioso, deverá demonstrar exactamente o contrário.

5. A instauração da acção principal pelo requerido

Como adiantámos anteriormente, sendo decretada a inversão do contencioso o ónus de instaurar a acção principal que, regra geral, incide sobre o requerente da providência cautelar, passará a recair sobre o requerido.

[60] Que, como aponta Abrantes Geraldes, está *"necessariamente condicionado às regras gerais sobre recursos, máxime em matéria de alçadas, devendo o recorrente observar o que se dispõe nos artigos"* 639º e 640º do CPC (Geraldes, António Santos Abrantes, *"Temas da Reforma do Processo Civil"*, Volume III, ob. cit., página 277).

[61] Seja porque o procedimento cautelar foi instaurado como incidente da acção principal, seja porque a providência cautelar *não tem a natureza adequada à composição definitiva do litígio*.

[62] Eventualmente, poder-se-á também arguir a nulidade da sentença por excesso de pronúncia (cfr. a alínea d) do artigo 615º do CPC) quando o juiz tenha conhecido da inversão do contencioso sem que esta tenha sido requerida.

Assim, sobre o requerente não incide nenhum ónus de instauração da acção principal, seja esse ónus processual[63] ou substantivo[64]. Relativamente ao ónus substantivo entende-se que o decretamento da inversão do contencioso tem o efeito impeditivo da caducidade que deriva da instauração da acção principal (cfr. o nº 3 do artigo 298º do CC)[65] e, por esse motivo poder-se-á entender que *"a decisão que dispensa o requerente do ónus de propor a ação principal pode ter um efeito constitutivo, operando uma mudança na ordem jurídica existente: altera a tessitura do direito subjectivo (substantivo) acautelado, quando a ação principal visando o seu reconhecimento esteja sujeita a prazo de caducidade, deixando ele de estar condicionado por esta forma de extinção"*[66].

Com a inversão do contencioso o ónus de instauração da acção principal incide, pois, sobre o requerido que deverá instaurar essa acção em determinado prazo, sob pena de a providência cautelar decretada se consolidar como resolução definitiva do litígio (cfr. o nº 1 do artigo 371º do CPC). Quer isto dizer que, com tal solução, o legislador pretendeu evitar *"a subsistência temporalmente indefinida de medidas meramente provisórias"*[67], permitindo que o requerido, com a instauração da acção principal, demonstre a sua discordância relativamente à providência cautelar decretada e, consequentemente, faça com que esta não se consolide como composição definitiva do litígio.

Desde já podemos adiantar que com a instauração da acção principal o requerido visa, simultaneamente, atingir dois propósitos: por um lado, pretende evitar que a providência cautelar se consolide como composição definitiva do litígio (cfr. o nº 1 do artigo 371º do CPC); por outro lado, pretende ver a providência cautelar caducar mediante a procedência da acção por si proposta (cfr. o nº 3 do artigo 371º do CPC).

[63] Referimo-nos ao ónus resultante do nº 1 do artigo 373º do CPC.

[64] Referimo-nos ao ónus que determina a instauração da acção dentro de determinado prazo sob pena de caducidade do direito que se pretende fazer valer.

[65] Neste sentido, cfr. FARIA, Paulo Ramos de e LOUREIRO, Ana Luísa, *"Primeiras Notas ao Novo Código de Processo Civil – Os artigos da reforma"*, Volume I, ob. cit., página 297.

[66] FARIA, Paulo Ramos de e LOUREIRO, Ana Luísa, *"Primeiras Notas ao Novo Código de Processo Civil – Os artigos da reforma"*, Volume I, ob. cit., página 297.

[67] REGO, Carlos Francisco de Oliveira Lopes do, *"O Novo Processo Declarativo"*, ob. cit., página 7.

5.1 Prazo

Dispõe o nº 1 do artigo 371º do CPC que *"(...)logo que transite em julgado a decisão que haja decretado a providência cautelar e invertido o contencioso, é o requerido notificado, com a advertência de que, querendo, deve intentar a ação destinada a impugnar a existência do direito acautelado nos 30 dias subsequentes à notificação, sob pena de a providência decretada se consolidar como composição definitiva do litígio"*. Da leitura do texto legal podemos retirar três conclusões: em primeiro lugar, resulta da lei que o requerido irá ser expressamente notificado de que sobre si incide o ónus de instaurar a acção principal, sendo-lhe indicada a respectiva cominação pela não instauração da acção principal; por outro lado, essa notificação só será realizada após o trânsito em julgado da decisão que haja decretado a providência cautelar e invertido o contencioso[68]; finalmente, o requerido[69] dispõe do prazo de 30 dias[70], a contar da dita notificação, para instaurar a competente acção[71].

Com esta solução o legislador pretende fazer com que a contagem do prazo para a instauração da acção principal pelo requerido apenas se inicie com a notificação do trânsito em julgado da decisão que decretou a providência cautelar e inverteu o contencioso, visando que essa instauração somente tenha lugar após a decisão que decretou a providência cautelar e a inversão do contencioso tenha estabilidade, isto é, pretende-se com esta solução garantir que a acção principal apenas seja instaurada a partir do momento em que haja a garantia de que é irrevogável a mencio-

[68] Note-se que o trânsito em julgado desta decisão pode ocorrer num primeiro momento e pelo facto de o requerido não ter interposto recurso da decisão que decretou a providência cautelar e a inversão do contencioso, ou, num momento mais tardio, e na sequência do Ac. do tribunal da Relação que julgou o recurso interposto.

[69] No caso da providência cautelar de suspensão de deliberações sociais é atribuída legitimidade para a instauração da acção não só ao requerido, como a todos os *"que teriam legitimidade para a ação de nulidade ou anulação das deliberações sociais"* (cfr. o nº 2 do artigo 382º do CPC).

[70] O prazo fixado no nº 1 do artigo 371º do CPC para a instauração da acção principal é um prazo judicial ao qual se aplicam as regras previstas nos artigos 138º e seguintes do CPC, pelo que se interrompe a sua contagem nas férias judiciais.

[71] Note-se que na hipótese da providência cautelar de suspensão de deliberações sociais a contagem deste prazo inicia-se, ao contrário do estabelecido no nº 1 do artigo 371º, *"com a notificação da decisão judicial que haja suspendido a deliberação"* ou *"com o registo, quando obrigatório, de decisão judicial"* (cfr. o nº 1 do artigo 382º do CPC).

nada decisão e, dessa forma, clarificar sobre quem incide, afinal, o ónus de instauração da acção principal[72].

Veja-se, contudo, que não basta ao requerido instaurar a nova acção no prazo de 30 dias a contar da dita notificação, é necessário que, uma vez proposta a acção, o processo não esteja parado por mais de 30 dias por negligência do autor (requerido em sede cautelar) sendo ainda necessário que, na eventualidade de o réu (requerente em sede cautelar) ser absolvido da instância, o autor (requerido em sede cautelar) proponha nova acção em tempo de aproveitar os efeitos da propositura da anterior[73]. Caso não se verifique uma destas situações, a providência cautelar decretada consolida-se como composição definitiva do litígio (cfr. o nº 2 do artigo 371º do CPC).

Uma vez realizada a dita notificação podemos verificar uma de duas situações:

a) o requerido instaura a acção principal, sendo certo que com isso a providência cautelar decretada não se irá consolidar como composição definitiva do litígio;
b) o requerido não instaura a acção principal, sendo certo que a providência cautelar decretada vai consolidar-se como composição definitiva do litígio.

Assim sendo, será forçoso concluir que o nosso legislador pretendeu conceder um prazo de 30 para que requerido instaure a acção principal, sob pena de ficar inibido de o fazer mais tarde e sob pena de a providência cautelar decretada se consolidar como composição definitiva do litígio, ou seja, o nosso legislador estabeleceu um prazo de caducidade, uma vez que o decurso deste faz precludir o direito de instaurar a acção principal.

Se a providência cautelar se consolidar como composição definitiva do litígio, o conflito existente entre as partes não poderá ser novamente apreciado pelo tribunal já que se formou de caso julgado (cfr. o nº 1 do artigo 619º do CPC).

[72] Na mesma ordem de ideias também a alínea a) do nº 1 do artigo 373º do CPC estabelece que o requerente deve instaurar a acção principal no prazo de 30 dias contados da notificação do trânsito em julgado da decisão que a haja ordenado.

[73] A propósito do aproveitamento dos efeitos da propositura da acção anterior, cfr. o artigo 279º do CPC.

5.2 Objecto da acção e ónus de iniciativa da prova

Relativamente à acção a instaurar pelo requerido, consagra o nº 1 do artigo 371º do CPC que ela se destina a, *"sem prejuízo das regras sobre a distribuição do ónus da prova, (...) impugnar a existência do direito acautelado"*. Passamos agora a tratar a acção a instaurar pelo requerido numa dupla perspectiva: por um lado, quanto ao seu objecto e, por outro lado, quanto ao ónus de iniciativa da prova.

Quanto ao objecto da acção a instaurar pelo requerido, isto é quanto ao seu fim, nos termos do nº 1 do artigo 371º do CPC, a acção destinar-se-á a *"impugnar a existência do direito acautelado"*. Assim sendo, podemos afirmar que a acção será, na maioria das vezes, uma acção de simples apreciação negativa (cfr. a alínea a) do nº 3 do artigo 10º do CPC), uma vez que visa unicamente a impugnação do direito acautelado[74, 75]. Contudo, a acção não será forçosamente uma acção de simples apreciação negativa, já que poderá ser instaurada qualquer acção que compreenda um *"pedido cuja procedência seja incompatível com a existência do direito acautelado"*[76], ou seja, o conteúdo da acção poderá ser qualquer um que se mostre incompatível com a existência do direito acautelado e com a manutenção da providência cautelar decretada[77].

Note-se que na possível acção de simples apreciação negativa a instaurar pelo requerido, *"sempre é de considerar que se verifica o requisito da arrogância ou jactância típico das acções de simples apreciação negativa. No caso, até uma jactância mais intensa, expressa na iniciativa de instaurar o procedimento cautelar e de requerer a inversão do contencioso"*[78]. Assim sendo, podemos afirmar que

[74] Neste sentido, cfr. e SILVA, Lucinda Dias da, *"Contencioso: Redução, conversão e inversão"*, ob. cit., página 92 e SOUSA, Miguel Teixeira de, *"As providências cautelares e a inversão do contencioso"*, ob. cit., página 14.

[75] Em sentido diverso, cfr. REGO, Carlos Francisco de Oliveira Lopes do, *"O Novo Processo Declarativo"*, ob. cit., página 9.

[76] FARIA, Paulo Ramos de e LOUREIRO, Ana Luísa, *"Primeiras Notas ao Novo Código de Processo Civil – Os artigos da reforma"*, Volume I, ob. cit., página 310.

[77] Como apontam RAMOS DE FARIA E ANA LUÍSA LOUREIRO, pense-se por exemplo numa providência cautelar de restituição provisória de posse, neste caso *"o requerido pode instaurar uma ação de reivindicação contra o requerente, a este cabendo alegar e provar a matéria de exceção que pode obstar à restituição"* (FARIA, Paulo Ramos de e LOUREIRO, Ana Luísa, *"Primeiras Notas ao Novo Código de Processo Civil – Os artigos da reforma"*, Volume I, ob. cit., página 310).

[78] CORREIA, João, PIMENTA, Paulo e CASTANHEIRA, Sérgio, *"Introdução ao Estudo e à Aplicação do Código de Processo Civil de 2013"*, 2013, Almedina, página 52.

a arrogância ora mencionada não se manifesta extrajudicialmente, como é típico das acções de simples apreciação negativa, mas sim judicialmente e traduz-se na instauração (pelo requerente, réu na acção futura e potencialmente instaurada pelo requerido) do procedimento cautelar e no pedido de inversão do contencioso.

Ainda quanto à acção a instaurar pelo requerido, entendemos que a mesma pode simultaneamente ter dois objectos, na medida em que poderão ser deduzidos subsidiariamente dois pedidos (cfr. o artigo 554º do CPC): um pedido incompatível com a manutenção da providência cautelar decretada[79] e, de uma forma subsidiária, um pedido de declaração da inexistência do direito do requerente. Ou seja, por um lado o requerido tenta *destruir* a providência decretada através da dedução de um pedido cuja procedência inviabiliza a manutenção daquela e, por outro lado e de uma forma subsidiária[80], peticiona ainda a declaração da inexistência do direito acautelado, de forma a atingir, precisamente, o mesmo objectivo.

Relativamente ao ónus de iniciativa da prova, é necessário começar por dizer que existiu uma importante alteração no nº 1 do artigo 371º operada pela Assembleia da República. Na verdade, ao contrário do que acontecia na redacção existente na Proposta de Lei nº 113/XII, com a Lei nº 41/2013, de 26 de Junho, foi acrescentado que a instauração da acção pelo requerido opera-se *"sem prejuízo das regras sobre a distribuição do ónus da prova"*.

Vamos tratar este assunto em função do objecto da acção a instaurar, ou seja, consoante a acção seja ou não de simples apreciação negativa.

Na hipótese de ser instaurada pelo requerido uma acção de simples apreciação negativa, e não obstante a referida alteração no texto do nº 1 do artigo 371º do CPC, são perfilhadas duas correntes no que diz respeito à distribuição do ónus de iniciativa da prova.

Por um lado, tem sido entendido que o ónus de iniciativa da prova pertencerá ao autor (requerido no procedimento cautelar), pelo que este

[79] Pense-se, por exemplo, no caso em que a providência cautelar determina que um certo estabelecimento comercial encerre às 22h00; neste caso, o requerido no procedimento cautelar pode, na acção principal, pedir o reconhecimento do seu direito em encerrar o estabelecimento comercial à 01h00. Neste caso, o pedido deduzido é incompatível com a manutenção da providência cautelar decretada.

[80] Isto é, deduz um pedido que apenas será apreciado na eventualidade de o primeiro não ser procedente.

terá de *"provar factos impeditivos, modificativos ou extintivos do direito acautelado ou a inexistência dos factos constitutivos do direito"*[81], ou seja, o autor, uma vez que tem o ónus de impugnar a existência do direito acautelado, deverá demonstrar a inadequação da decisão que decretou a inversão do contencioso e para isso terá de convencer o juiz de que *"não existe, em termos de certeza prática, o direito acautelado ou que, afinal, a providência decretada não é idónea para servir de base à definitiva composição do litígio"*[82]. Argumentam os defensores de tal corrente que, se assim não fosse, a inversão do contencioso não se revelava *proveitosa* para o requerente, já que este teria de, na acção instaurada pelo requerido, voltar a provar os factos constitutivos do seu direito. Além disso, apontam também os defensores de tal posição que a própria exposição de motivos da Proposta de Lei nº 113/ /XII vai ao encontro da sua posição quando afirma o seguinte: terá de ser o requerido a *"demonstrar, em ação por ele proposta e impulsionada, que a decisão cautelar não devia ter, afinal, essa vocação de definitividade"*.

Por outro lado, existe uma segunda corrente que entende que o réu (requerente no procedimento cautelar) deverá provar os factos constitutivos do direito por si alegado[83] e, consequentemente, não deverá ser o autor (requerido no procedimento cautelar) a provar a inexistência do direito acautelado[84]; para sustentar tal posição é alegado que o regime

[81] Sousa, Miguel Teixeira de, *"As providências cautelares e a inversão do contencioso"*, ob. cit., página 14. Note-se que esta posição foi assumida ainda antes da referida alteração operada pela Assembleia da República e, por isso mesmo, admitimos que a opinião deste autor possa, entretanto, ter sofrido alterações.

[82] Rego, Carlos Francisco de Oliveira Lopes do, *"O Novo Processo Declarativo"*, ob. cit., página 10. À imagem do que dissemos a propósito da posição de Teixeira de Sousa, também a posição de Lopes do Rego foi assumida ainda antes da alteração já referida; contudo, Lopes do Rego já afirmou publicamente numa conferência em que participou que mantém a posição ora exposta, afirmando que a alteração já mencionada no nº 1 do artigo 371º do CPC significa que não valem na acção instaurada pelo requerido as regras relativas ao ónus da prova existentes para a acção de simples apreciação negativa, pelo que não há inversão do ónus da prova e, por isso mesmo, deverá ser o requerido a provar, na acção por si instaurada, a inexistência do direito acautelado (Rego, Carlos Lopes do, *"O novo Código de Processo Civil"*, In: *Conferência O Novo Código de Processo Civil*, Santo Tirso, 12 e 13 Jul. 2013. Santo Tirso: Ordem dos Advogados; Coimbra: Justiça TV, 2013, disponível em www.justicatv.com/index.php?p=3163).

[83] Neste sentido, cfr. correia, João, Pimenta, Paulo e Castanheira, Sérgio, *"Introdução ao Estudo e à Aplicação do Código de Processo Civil de 2013"*, ob. cit., página 51.

[84] Lebre de Freitas já se manifestou a sua concordância para com esta interpretação (Freitas, José Lebre de, *"O novo Código de Processo Civil"*, In: *Conferência O Novo Código de Processo*

da inversão do contencioso não cria qualquer modificação no regime do ónus de iniciativa da prova previsto no direito substantivo[85], até porque o nº 1 do artigo 371º do CPC consagra que tal regime existe *"sem prejuízo das regras sobre a distribuição do ónus da prova"*, e, por isso mesmo, o requerente da providência cautelar deverá, na acção principal instaurada pelo requerido, provar os factos constitutivos do direito acautelado, tal como resulta do nº 1 do artigo 342º do CC. É ainda entendido que o decretamento da inversão do contencioso apenas tem a virtualidade de dispensar o requerente do ónus de instauração da acção principal, nada mais do que isso.

Na nossa perspectiva, deverá prevalecer a segunda tese apontada, ou seja, entendemos que na acção principal o requerente não está dispensado de provar os factos constitutivos do seu direito.

Em primeiro lugar, posição diversa seria dificilmente conciliável com o princípio segundo o qual nem o julgamento da matéria de facto, nem a decisão final proferida no procedimento cautelar, têm qualquer influência no julgamento da acção principal (cfr. o nº 4 do artigo 364º do CPC)[86]; como poderíamos entender que o requerente estava dispensado de provar os factos constitutivos do seu direito, precisamente por já os ter provado em sede cautelar, se o referido julgamento não poderá ter influência na causa principal? Isso não seria *influenciar* o julgamento da causa principal? Isso não seria *transportar* para a causa principal o julgamento realizado em sede cautelar? Parece-nos que sim, sendo que é precisamente isso que a lei visa impedir com a enunciação do mencionado princípio e, deste modo, não nos parece de sustentar a dispensa do requerente em provar os factos constitutivos do seu direito na possível acção principal intentada pelo requerido.

Em segundo lugar, a inversão do contencioso apenas *transfere* para o requerido o ónus de instaurar a acção principal e nada mais além disso,

Civil, Santo Tirso, 12 e 13 Jul. 2013. Santo Tirso: Ordem dos Advogados; Coimbra: Justiça TV, 2013, disponível em www.justicatv.com/index.php?p=3181).

[85] Neste sentido, cfr. FARIA, Paulo Ramos de e LOUREIRO, Ana Luísa, *"Primeiras Notas ao Novo Código de Processo Civil – Os artigos da reforma"*, Volume I, ob. cit., página 311.

[86] Situação diversa, e que podemos admitir, é o do aproveitamento da prova produzida em sede cautelar para a acção principal, sendo certo que têm de estar respeitados os requisitos previstos no artigo 421º do CPC. Saliente-se que admitimos o aproveitamento da prova, sendo certo que a valoração formada no processo principal terá de ser independente da formada no âmbito cautelar.

ou seja, com o decretamento da inversão do contencioso é atribuída uma vocação de definitividade à providência decretada sendo o requerido quem deverá *agir* (instaurando a acção principal) de modo a impedir que a providência cautelar decretada se consolide como composição definitiva do litígio. Assim sendo, não resulta da inversão do contencioso qualquer outra consequência, designadamente *"não significa a alteração das regras de distribuição do ónus da prova, que são regras de direito substantivo. Não é por, processualmente, aquele requerente ter a posição de réu que deixará de ter o ónus de alegar e demonstrar os factos constitutivos do seu pretenso direito"*[87].

Em terceiro lugar, não podemos ignorar que posição diversa da que defendemos colocaria o requerido numa posição extremamente difícil, uma vez que se perspectiva muito difícil a prova da inexistência do direito alegado.

Em quarto lugar, entendemos que não pode ser atribuído valor interpretativo à exposição de motivos já que a mesma, como vimos, é anterior à alteração operada no nº 1 do artigo 371º do CPC e, por isso mesmo, não se coaduna com o regime legal.

Finalmente, devemos salientar que em sede de oposição à execução tem sido entendido que, não obstante a existência de um título executivo que aparenta a existência de um direito, o exequente deverá provar os factos constitutivos do direito exequendo. Assim, verificamos que também nesta sede existe uma inversão das posições processuais tradicionais (na medida em que o executado, ao deduzir oposição à execução e pretendendo *impugnar* a existência do direito do exequente, ocupa a posição processual de autor e o exequente ocupa a posição de réu) e nem por isso o exequente está desonerado de provar os factos constitutivos do seu direito. Ora, com as devidas adaptações, esta situação é em tudo idêntica à que se verifica quando o requerido instaura a acção principal nos termos do artigo 371º do CPC e, por esse motivo, não vislumbramos razões plausíveis para que a solução das duas situações sejam diversas.

Assim sendo, é forçoso concordamos com a segunda posição exposta[88], ou seja, entendemos que o requerente, réu na acção principal, deverá

[87] Neste sentido, cfr. Correia, João, Pimenta, Paulo e Castanheira, Sérgio, *"Introdução ao Estudo e à Aplicação do Código de Processo Civil de 2013"*, ob. cit., página 51.

[88] No mesmo sentido, cfr. Faria, Paulo Ramos de e Loureiro, Ana Luísa, *"Primeiras Notas ao Novo Código de Processo Civil – Os artigos da reforma"*, Volume I, ob. cit., páginas 311 e 312.

provar os factos constitutivos do seu direito e o requerido, autor na acção principal, deverá provar os factos impeditivos, modificativos ou extintivos daquele direito.

Já na hipótese de o requerido deduzir um qualquer pedido incompatível com a manutenção da providência cautelar decretada, deverão prevalecer as regras gerais do ónus de iniciativa da prova, isto é, se o requerido peticiona, por exemplo, o reconhecimento do seu direito em manter o estabelecimento comercial até à 01h00 deverá ser ele a provar os factos constitutivos do direito alegado, e ao requerente, como parte contra a qual é invocada uma situação jurídica, caberá a prova dos factos impeditivos, modificativos ou extintivos (cfr. o artigo 342º do CC).

6. Análise do regime da inversão do contencioso

O regime da inversão do contencioso, apesar de não estar isento de críticas, parece-nos ser uma inovação positiva no nosso ordenamento jurídico. Tem a virtualidade de colocar termos a uma regra com longos anos de tradição: a de existir sempre um processo definitivo associado a um procedimento cautelar. Além disso e em nítida consonância com o anteriormente apontado, criou a possibilidade de o litígio que separa as partes ficar definitivamente resolvido através da providência cautelar decretada, bastando para isso que as partes se *conformem* com a medida cautelar decretada.

É um regime mais claro do que os regimes precedentes (em particular, do que o regime previsto do RPCE) e que, como tal, é menos propício à existência de dúvidas. Além disso, visa evitar a repetição de acções, na medida em que poderá não se seguir ao procedimento cautelar um processo principal que tenha por fundamento o direito acautelado. Acresce ainda que assegura o respeito pelo princípio do dispositivo, já que a inversão do contencioso carece de ser expressamente requerida e, consequentemente, não pode operar por iniciativa do juiz. Além disso, assegura a manutenção, em grande parte das situações, dos traços característicos da tutela cautelar, pois que esta continua a não ser vista como um meio normal de resolução definitiva de litígios. Finalmente, podemos acrescentar que este regime tem a virtualidade de fazer depender da vontade das partes o facto de a providência cautelar decretada resolver definitivamente o litígio.

Conforme já foi referido, um dos objectivos principais da consagração da inversão do contencioso é o de evitar a repetição de acções, pelo que o sucesso do regime será em larga escala demonstrado por esse indicador.

Acreditamos que esse sucesso será maior ou menor consoante o que for ditado pela prática judiciária, ou seja, se a prática judiciária demonstrar que as acções destinadas a impugnar a existência do direito acautelado são, no final, favoráveis ao requerente da providência cautelar (réu na acção principal) irá haver um efeito dissuasor e ao mesmo tempo um efeito encorajador. Dissuasor para o requerido no procedimento cautelar, que sabendo que, normalmente, o resultado da acção principal é coincidente com o resultado obtido no âmbito cautelar vai sentir-se *desmotivado* em instaurar a nova acção. Encorajador do ponto de vista do requerente da procedimento cautelar, na medida em que será mais atractivo e potencialmente mais profícuo o recurso ao regime da inversão do contencioso.

Caso assim não seja, os efeitos serão antagónicos e, consequentemente, as consequências práticas do regime serão quase nulas, já que um dos seus objectivos principais, o de evitar a repetição de acções, não será concretizado com grande sucesso. Contundo, acreditamos que a grande maioria das acções destinadas a impugnar a existência do direito acautelado serão, habitualmente, julgadas favoravelmente ao requerente da providência cautelar. Na verdade, assentando o decretamento da inversão do contencioso na convicção segura acerca da existência do direito acautelado será *normal* que o resultado da acção principal seja coincidente com o obtido em sede cautelar. Aliás, Rui Pinto, a propósito do sistema jurídico Alemão e Francês, dá conta disso mesmo: a *"decisão final dificilmente será diferente da decisão"* cautelar, limitando-se os tribunais a decidir *"nos mesmos termos do tribunal cautelar, confirmando-se uma irreversibilidade de facto da decisão"*[89].

Em Portugal, igual verificação significará um enorme sucesso da figura da inversão do contencioso.

[89] Pinto, Rui, *"A questão de mérito na tutela cautelar"*, 2009, Coimbra Editora, página 256.

Gestão processual, princípio da cooperação e garantias das partes

JOSÉ LEBRE DE FREITAS
Advogado e Professor Catedrático Jubilado da Faculdade de Direito da Universidade Nova de Lisboa.

1. A introdução no direito processual civil do princípio da gestão processual é anunciado, desde logo no preâmbulo da Lei 41/2013, como um dos fundamentais pontos da reforma operada pelo novo Código de Processo Civil. Será, porém, o novo regime assim tão diferente do que vigorava na vigência do CPC de 1961?

Não hesito em dizer que sim, se a comparação se fizer com a lei anterior à revisão de 1995-1996.

Não havia nela nenhuma enunciação formal da ideia de que ao juiz da causa cabia dirigir o processo; nem tal era necessário, pois ela subjazia de tal modo à tramitação processual que inspirava inequivocamente toda a tramitação do processo, declarativo ou executivo. E era assim ao ponto de, por exemplo, toda a atuação da secretaria para a citação do réu estar dependente de despachos judiciais a ordenar os atos concretos a realizar para o efeito (despachos esses, aliás, proferidos na sequência de repetidos requerimentos do autor, ao abrigo da ideia de que a este cabia o impulso constante dos atos processuais).

A direção do processo pelo juiz fazia-se, porém, em obediência estrita a preceitos legais imperativos, que pouca margem lhe consentiam para o exercício de poderes discricionários. A redação do então art. 266 e a sua interpretação jurisprudencial maioritária denotavam-no bem. Sob a epígrafe "poderes do juiz para tornar pronta a justiça", era nele preceituado que "cumpre ao juiz remover os obstáculos que se oponham ao andamento **regular** da causa, quer recusando o que for impertinente ou meramente dilatório, quer ordenando o que, **sem prejuízo do art. 264-1**, se mostre necessário para o prosseguimento do processo". Não sendo admissível a adequação formal do procedimento, o termo *regular* era claramente indicativo da imperatividade da regra definida por lei, único critério que devia orientar o juiz na recusa ou ordem dos atos processuais. Por outro lado, a restrição decorrente do então art. 264-1 ("a iniciativa e o impulso processual incumbem às partes") dava lugar a que o STJ entendesse, por exemplo, que não era lícito ao tribunal ordenar que a viúva da parte falecida fornecesse a indicação dos seus herdeiros para o efeito da habilitação processual, quando a contraparte alegasse dificuldade em obter esse conhecimento.

A direção do processo livre destas peias legais, reais ou imaginadas por juízes formalistas, é obviamente consequência duma visão essencialmente diferente da dinâmica estabelecida entre o juiz, as partes e a lei.

Quando, no entanto, se compare o atual regime com aquele que resultou da profunda revisão do CPC de 1961 efetuada em 1995-1996, já tendo a dizer que o do pretenso novo código de processo civil não é, senão em pequena medida, inovador.

Em substituição do citado art. 266, aparecem-nos, depois do DL 329-A/ /95, dois preceitos: o do art. 265-1 e o do art. 266-4. Segundo o primeiro, "sem prejuízo do ónus de impulso especial [antes, geral], cabe ao juiz providenciar pelo andamento regular e célere do processo, promovendo oficiosamente as diligências necessárias ao normal prosseguimento da ação e recusando o que for impertinente ou meramente dilatório". De acordo com o segundo, "sempre que alguma das partes alegue justificadamente dificuldade séria em obter documento ou informação que condiciona o eficaz exercício da faculdade ou o cumprimento do ónus ou dever processual, deve o juiz, sempre que possível, providenciar pela **remoção do obstáculo**". Assim, pelo art. 265-1 foi o impulso processual devido pelas partes (substancialmente, pelo autor) reduzido aos casos em que uma norma especial o impusesse, deixando ele portanto de constituir um princípio geral. A esta luz, o poder de promover as diligências necessárias ao normal prosseguimento da causa, colocado agora antes do de indeferir os requerimentos impertinentes ou meramente dilatórios, ganha dimensão de iniciativa oficiosa anteriormente inexistente. Por outro lado, o exercício desse poder, não só tem de ter em vista a celeridade processual (imposta pela necessidade de respeitar, em obediência ao novo art. 2-1, o prazo razoável para a decisão), mas também a adequação da tramitação processual às especificidades da causa (segundo o então novo princípio da adequação formal, consagrado no art. 265-A), com a consequência de o andamento *regular* do processo consistir na sua conformidade, não só com o modelo legal, mas também com as regras concretamente estabelecidas pelo juiz que adequasse a tramitação às necessidades concretas. Finalmente, a sibilina interpretação que era feita da ressalva do artigo 266 ("sem prejuízo do art. 264-1") deixa de poder ser feita, pois o art. 266-4, em sede do – também novo – princípio da cooperação, suprime-a, estabelecendo, sem restrição, o dever de o juiz providenciar pela remoção dos obstáculos que as partes encontrem à obtenção de documentos ou informações.

O que traz de novo a estas formulações a do art. 6 do novo código? Literalmente, notam-se três diferenças de redação: o juiz deve dirigir *ativamente* o processo; deve providenciar pelo seu andamento *célere* (e já não "regular e célere"); deve criar os mecanismos de *simplificação* e *agilização* processual adequados à justa composição do litígio em prazo razoável. A primeira modificação nada adianta: a direção do processo sempre coube ao juiz (aparecendo expressa na epígrafe do art. 265 do CPC de 1961 posterior à revisão) e a iniciativa que o advérbio "ativamente" inculca já havia sido consagrada na revisão do CPC de 1961. A segunda é fruto de incompreensível incompreensão: as normas legais de tramitação permanecem em geral, o poder de o juiz as substituir por novas regras mantém-se e por certo o legislador não quis significar que o juiz é livre de não respeitar umas e outras, em conformidade com a adequação formal que haja feito após audição das partes. Só à terceira corresponde algum conteúdo inovatório, como adiante referirei. Quanto à ênfase resultante do uso do termo *cumpre* ("cumpre [aliás, incumbe] ao juiz"), pretende seguramente vincar a natureza do *dever* judicial de dirigir o processo; mas essa natureza era já denotada pelo termo *cabe* anteriormente usado.

A constatação semelhante chegamos olhando para a evolução sofrida pelas normas que têm consagrado o princípio do inquisitório. Na versão primitiva do CPC de 1961 dizia-se no então art. 264-3 que "o juiz tem o **poder** de realizar ou ordenar oficiosamente as diligências que considere necessárias para o apuramento da verdade, quanto aos factos de que lhe é lícito conhecer". Mas com o DL 329-A/95 passou já a dizer-se, no art. 2653, que "**incumbe** ao juiz realizar ou ordenar, mesmo oficiosamente, todas as diligências necessárias ao apuramento da verdade e à justa composição do litígio, quanto aos factos de que lhe é lícito conhecer".

Foi assim afirmado que o poder do juiz é funcional, sendo seu dever realizar ou ordenar as diligências objetivamente necessárias à prossecução do fim do processo. O mesmo diz *ipsis verbis* o atual art. 411, que de novo só tem a colocação sistemática, mais perfeita, dum preceito que pertence ao instituto da prova, e por isso havia que destacar dos que regulavam a direção formal (não material[1]) do processo.

Olhe-se, por fim, o art. 6-2 do CPC de 2013, manifestação do princípio da oficiosidade, e verifique-se que não difere do art. 265-2 do CPC de 1961, introduzido na revisão de 1995-1996. Anteriormente a esta, algumas disposições atribuíam ao juiz o dever de sanar a falta de determinados pressupostos processuais ou de tomar a iniciativa oficiosa necessária à sua sanação, como acontecia em caso de incapacidade e no de ilegitimidade por falta de intervenção do litisconsorte necessário; mas só com o art. 265-2 do CPC de 1961 foi expresso o dever geral de atuar desse modo. É importante, mas com alcance interpretativo daquele art. 265-2 do código revogado, a mudança de redação consistente em substituir o segmento "quando estiver em causa alguma modificação subjetiva da instância" por "quando a sanação dependa de ato que deva ser praticado pelas partes", de acordo com o que já anteriormente se entendia[2].

2. A arrumação sistemática das normas referidas no CPC de 2013 é melhor do que a que elas tinham no CPC de 1961: enquanto o princípio dispositivo, na vertente da alegação dos factos da causa, é tratado

[1] A consagração em outra área do Código do princípio do inquisitório vinca bem a separação entre a direção formal e a direção material do processo. Esta, em oposição à antiga visão liberal do processo civil, visa colocar a investigação da verdade sob a responsabilidade do juiz, embora subordinadamente ao princípio do dispositivo na alegação dos factos. Em contraponto, a direção formal restringe-se aos aspetos técnicos e de estrutura interna do processo e, ainda que instrumentalmente subordinada, como todo o processo, à finalidade última de obtenção da decisão de mérito, enquadra-se na gestão processual, que é de natureza formal. Para uma visão diferente, conducente à negação da distinta caracterização dos dois princípios: Ramos de Faria – Luísa Loureiro, *Primeiras notas ao novo Código de Processo Civil*, Almedina, I, 2013, nºs 1.1 e 2.6 da anotação ao art. 6, a ps. 43; Mariana França Gouveia, *A ação especial de litigância de massas*, in *Novas exigências do processo civil*, Coimbra Editora, 2007, p. 142.

[2] A distinção a fazer era entre os casos em que a sanação se fazia pelo próprio ato judicial e aqueles em que não se podia prescindir dum ato da parte, por estar em causa a conformação subjetiva *ou objetiva* da instância. Foi o que a nova redação clarificou.

em artigo próprio (art. 5), embora envergonhadamente (não é nomeado como tal), e o princípio inquisitório é destacado para o lugar que lhe compete, no campo da prova, o princípio da gestão processual tem, no art. 6, uma formulação abrangente, que abarca os princípios da direção formal do processo (nº 1), e da oficiosidade (nº 2). No texto originário da comissão era ainda mantido, como se fosse independente, o princípio da adequação formal; mas, embora desenvolvida no art. 547, no capítulo respeitante às formas do processo, a adequação formal acabou por ser inteiramente reconduzida à gestão processual, de que constitui emanação, pois, embora o art. 6 refira a simplificação do processo mas não a sua complexização como consequência da adequação da forma processual, o texto tem de ser entendido no sentido de a ambas englobar.

Fixemo-nos na direção formal do processo.

3. Disse atrás que, das três aparentes inovações do texto do art. 6 do CPC de 2013, só uma tem algum conteúdo inovatório. O processo é simplificado e agilizado[3] quando, por via de adequação formal, nele se praticam menos atos ou são menores as formalidades dum ato processual. Mas a simplificação e a agilização podem resultar também da prática conjunta de atos comuns a dois ou mais processos. Previa-o expressamente o art. 6-1 do DL 108/2006, de 8 de junho (regime processual experimental): "Quando forem propostas separadamente no mesmo tribunal ações que, por se verificar[em] os pressupostos de admissibilidade do litisconsórcio, da coligação, da oposição ou da reconvenção, pudessem ser reunidas num único processo, pode ser determinada, a requerimento de qualquer das partes e em alternativa à apensação, a sua associação transitória para a prática conjunta de um ou mais atos processuais, nomeadamente atos da secretaria, audiência preliminar, audiência final, despachos interlocutórios e sentenças". Embora a nova lei processual tenha deixado de ser expressa, a cláusula geral do art. 6-1 é suficientemente ampla para permitir ao juiz que pratique ou ordene a prática conjunta de atos processuais (audiências, atos isolados de produção de prova, decisões interlocutórias)

[3] Podia a lei, sem alteração do conteúdo, limitar-se a usar o termo *simplificar*, porquanto a agilização é uma consequência da simplificação: o processo torna-se mais ágil na medida em que a simplificação da tramitação lhe permite o encurtamento da sua duração.

respeitantes a processos que, correndo perante ele[4], pudesse apensar, nos termos do art. 267, mas que julgue mais conveniente que corram autonomamente. Trata-se duma pequena inovação em face do regime processual geral anterior, embora já vigorasse nas comarcas-piloto que constituíam o campo de aplicação experimental do DL 108/2006.

Constituindo a direção formal do processo um dever do juiz da causa, a sua omissão gera nulidade processual, nos termos gerais do art. 195. Na prática, esta consequência surge sobretudo quando tal omissão ofende o princípio da oficiosidade: se, verificada a falta dum pressuposto processual suscetível de ser sanada, o juiz proferir uma decisão de absolvição da instância em vez de providenciar pela sanação, nos termos do art. 6-2, a decisão será nula e, nos termos do art. 195-2, invocada a nulidade por qualquer das partes (art. 197-1)[5], são anulados todos os atos posteriores ao momento em que a omissão tenha tido lugar, na medida em que dela dependam (art. 195-2).

Da decisão proferida sobre a nulidade não há recurso (art. 630-2).

4. No enunciado que faz do dever judicial de adequação formal, o art. 547 deixa de expressamente condicionar o seu exercício ao caso em que a tramitação processual prevista na lei não se adeque às especificidades da causa, como fazia o anterior art. 265-A. Em vez disso, determina que o juiz adote a tramitação processual adequada às especificidades da causa. Não obstante a muita ênfase que se tem posto no significado desta alteração, estou em crer que ela é insignificativa[6]. Tem-se dito que o novo CPC deixou de impor esquemas (formas) processuais para passar a disponibi-

[4] Mais discutível é que seja também possível a prática conjunta de atos respeitantes a processos que pendam perante juízes diferentes do mesmo tribunal. A situação era prevista no art. 6-4 do DL 108/2006, cabendo nesse caso ao presidente do tribunal autorizar a "agregação". Na falta de previsão expressa, poderá dizer-se que essa possibilidade extravasa os limites da direção formal do processo **pelo juiz da causa**.

[5] Nela está *prima facie* interessado o autor. Mas também o réu pode ser interessado, na medida em que lhe interesse obter no processo uma absolvição do pedido, em vez duma absolvição da instância.

[6] Não pretendo negar o seu alcance enquanto visa acentuar que o juiz deve proceder, sempre que necessário, à adequação formal. Do estrito ponto de vista didático, a alteração é significativa. Juridicamente, porém, não tem significado, como seguidamente exponho no texto.

lizar ao juiz um esquema (a forma processual comum, na ação declarativa) que ele pode ou não seguir, consideradas as especialidades da causa concreta. Aceitemos, por um momento, que assim seja. Das duas uma: ou a causa concreta não tem especialidades que justifiquem a opção de um esquema de atos processuais divergente, em maior ou menor medida, da forma processual dela e esta é seguida pelo juiz, o que é exatamente o mesmo que, na vigência do CPC de 1961, não afastar essa formal legal; ou essas especialidades verificam-se e o juiz tem, hoje como anteriormente, o dever de definir os termos da tramitação processual adequada, o que, até porque há atos da forma legal que são imperativos, equivale a enunciar os pontos de divergência da forma definida relativamente à forma legal. Se o que se pretende é que o juiz diga, em todas as causas em que não há razão para divergir, que adota, sem modificação, a forma legal, é de tirar o chapéu à estatuição desta nova formalidade, constitutiva dum ato processual *inútil*. De qualquer modo, com ou sem despacho (de adequação ou não adequação) em todos os processos, o efeito prático da norma permanece idêntico: a adequação formal será feita quando o juiz entenda que as especialidades da causa devem levar a adaptações da forma legal ao caso concreto. Considero, pois, exagerado concluir que o CPC de 2013 marca o fim da intangibilidade da forma legal, cuja natureza terá agora passado a ser meramente supletiva[7].

Tendo o juiz o dever de adotar a tramitação processual adequada, seja a da forma legal ou outra, a não observância desse dever gera, hoje como ontem, nulidade. Já se escreveu que a omissão da adequação devida não pode influenciar a decisão final, mas só a celeridade do processo ou a simplicidade dos atos da sequência, pelo que, por aplicação da norma do art. 195-1, a nulidade não pode, em princípio, ser decretada[8]. Este juízo está certo quando o fim da adequação seria simplificar, mas não quando, ao invés, seria tornar mais complexo o esquema dos atos processuais[9]. Neste caso, pode não estar apenas em causa a perturbação que a resposta

[7] Ramos de Faria – Luísa Loureiro, *cit.*, I, ps. 422-423.

[8] Isabel Alexandre, *O dever de gestão processual do juiz na proposta de lei relativa ao novo Código de Processo Civil*, in *O novo processo civil*, I, Centro de Estudos Judiciários, 2013, nº 8 (ps. 104-105).

[9] Por exemplo, as especificidades da causa aconselham a que não se deixe para a audiência, preparatória ou final, a apresentação, pelo autor, da resposta às exceções deduzidas pelo réu, sendo preferível a admissão, para tanto, dum articulado a apresentar imediatamente.

em audiência é suscetível de provocar na tramitação do processo: pode eventualmente a falta de apresentação imediata do articulado de resposta repercutir-se no plano da prova e, portanto, ter influência na decisão final. Ainda que se diga que será hipótese de rara verificação, é sensato admitir que a parte interessada possa reclamar da omissão, arguindo a nulidade, desde que não tenha sido previamente ouvida sobre a possibilidade de vir a ser feita uma adequação formal – pois, neste caso, terá renunciado tacitamente à arguição da nulidade (art. 197-2).

Só em dois pontos diverge o atual regime de adequação formal do resultante da revisão de 1995-1996: é admitida expressamente a adequação da forma e do conteúdo dos atos processuais; não é admissível recurso do despacho que adeque a forma do processo. Ao segundo ponto voltarei ainda. Quanto ao primeiro, intenta ir além da proibição de atos inúteis (art. 130): não se trata já de vedar a prática do ato pela sua falta de utilidade para o processo, mas de continuar a praticá-lo, simplificando ou tornando mais complexa a forma que a lei para ele prescreve ou o seu conteúdo-padrão. Dificilmente a norma se aplicará aos simples atos de tramitação processual, cuja forma e conteúdo normalmente constituem os mínimos que a lei entende necessários à garantia do processo equitativo. Já no caso de diligências complexas, *maxime* as audiências, a adequação pode ser oportuna.

5. Feita a adequação formal, uma única nulidade processual (de ato processual, nos termos gerais do art. 195) é suscetível de se verificar: a decorrente da falta de audição prévia das partes, especificamente imposta pelo art. 591-1-e na audiência prévia ("após debate") e igualmente necessária, à luz do princípio do contraditório, quando a audiência seja dispensada, nos termos do art. 593, nºs 1 e 2-b. Ouvidas as partes, o despacho de adequação que venha a ser proferido pode ainda mostrar-se viciado por nulidade, mas desta vez não se tratará de nulidade processual do ato, mas de alguma das nulidades específicas das sentenças e despachos (arts. 615-1, als. b) a e), e 613-3)[10].

[10] A nulidade do ato processual (melhor: a invalidade do ato processual, ora anulabilidade pura, ora um misto de nulidade e da anulabilidade de direito material) põe em causa a existência do ato em si, no momento processual da sua ocorrência. Já a chamada nulidade (aliás, anulabilidade) da sentença (ou despacho) configura um vício de conteúdo, referente à estru-

Resta referir o regime de impugnabilidade por recurso do despacho de adequação formal.

A concessão ao juiz de amplos poderes de gestão processual constitui-o no *dever* de o exercer, não se tratando de um poder discricionário, embora o seu exercício envolva juízos técnicos de conveniência e oportunidade. Daí decorre dever ser admitida a impugnação, por recurso, das decisões de gestão processual que o juiz venha a tomar [11].

Mal se compreende, por isso, a norma excludente do art. 630-2, que só admite o recurso das decisões de simplificação ou agilização processual e das decisões de adequação formal, com fundamento em ofensa dos princípios da igualdade, do contraditório ou da controvérsia ("aquisição processual de factos") ou do direito à admissão da prova ("admissibilidade de meios probatórios"), se dever ser interpretada *literalmente.* Não é duvidoso que a observância dos princípios fundamentais do processo civil, bem como a do princípio do dispositivo, constitui limite intransponível do exercício dos poderes de gestão processual. Mas, não constituindo os critérios de conveniência e oportunidade pelos quais esse exercício se orienta um fundamento de irrecorribilidade da decisão (cf. art. 988-2), a sujeição desta à reapreciação pelo tribunal da relação constitui contrapeso ao risco do exercício arbitrário dos poderes de gestão e contribui para a previsibilidade do conteúdo desse ato de exercício, sem prejuízo de só serem revogáveis, em recurso, as decisões suscetíveis de ter influência na decisão da causa (art. 660). Por isso já defendi que a norma do art. 630-2 talvez deva ser ser *racionalmente* interpretada no sentido de só excluir o recurso *autónomo* de apelação das decisões de gestão processual, que não sejam de mero expediente (incluindo os convites à prática de atos das partes), deixando aberta a possibilidade da sua impug-

tura (art. 615-1, als. b) e c), 1ª parte), aos limites (art. 6151, als. d) e e) ou à inteligibilidade (art. 615-1-c, 2ª parte) duma decisão que foi oportunamente proferida. Quanto à omissão da assinatura do juiz (art. 615-1-a), constitui rigorosamente um caso de vício de forma essencial, gerador de nulidade em sentido próprio, embora suprível mediante a posterior assinatura do juiz (art. 615-2).

[11] Neste sentido se pronunciaram, no decurso do processo legislativo, quer o Conselho Superior da Magistratura, quer a Ordem dos Advogados. Os textos que sucessivamente foram sendo projetados espelham a hesitação do legislador entre a admissibilidade e a inadmissibilidade do recurso, tendo acabado por ser perfilhada a solução do recurso mitigado, em termos mínimos que sempre teriam de se entender derivados dos princípios gerais do processo civil.

nação com a sentença final, nos termos do art. 644-3, sendo, pelo contrário, suscetíveis de apelação autónoma (cf. art. 664-2-i, bem como o art. 644-2-d) as decisões que contendam com os princípios do contraditório ou da igualdade ou com as normas que regulam a introdução dos factos no processo e a admissibilidade dos meios probatórios[12]. Esta interpretação confronta-se, a nível do direito constituído, com a dificuldade decorrente de a norma excludente em causa se conter no mesmo artigo que exclui o recurso das decisões de mero expediente e das proferidas no uso de poder discricionário (art. 630-1), relativamente às quais não é defensável interpretação restritiva equivalente.

Como já dito, o art. 630-2 enuncia como princípios cuja ofensa constitui fundamento de recurso os da igualdade, do contraditório, da controvérsia e da admissibilidade da prova. Exemplificando: é recorrível, por ofensa do princípio da igualdade de armas, o despacho pelo qual o juiz permita ao autor, mas não ao réu reconvinte, a apresentação de resposta, na fase dos articulados, a uma exceção deduzida pela contraparte, ou imponha a uma das partes, mas não à outra, um limite do número de testemunhas acima do limite legal (art. 511-4); é recorrível, por ofensa do princípio do contraditório, o despacho pelo qual o juiz coarte o direito de resposta da parte a um requerimento da parte adversa, decida sem audição prévia das partes ou dispense a notificação da parte para um ato processual em que, por lei, devia estar presente; é recorrível, por ofensa do princípio da controvérsia, o despacho pelo qual o juiz inclua no processo, ao abrigo ao art. 5-2-b, um facto principal que, resultando embora da instrução do processo, nenhuma das partes queira introduzir no material fáctico da causa[13]; é recorrível, por ofensa do direito à prova, na derivação da admissibilidade dos meios de prova, que é ainda uma vertente do princípio do contraditório[14], o despacho pelo qual o juiz recuse ouvir uma testemunha arrolada por já ter formado uma convicção **contrária** sobre os factos à qual a parte pretende que ela seja ouvida[15].

[12] Minha *Introdução ao processo civil*, Coimbra, Coimbra Editora, 2013, nº II.11.3.

[13] Ver minha interpretação do art. 5-2-b, ao abrigo do princípio do dispositivo, na *Introdução* cit., nº II.6 (33B), ou no meu *CPC anotado*, I, Coimbra, Coimbra Editora, 2014, nº 5 da anotação ao art. 5.

[14] Lebre de Freitas, *Introdução* cit., nº II.3.2.3.

[15] *Idem*, nº II.3(12). Controvertido é se a recusa é admissível com fundamento em que o juiz já formou convicção **favorável** à versão da parte sobre o facto a que a testemunha seria ouvida.

Constituindo imposição necessária o limite da ofensa dos princípios processuais fundamentais, não só a ofensa dos enunciados no art. 630-2 pode fundar o recurso. Também a ofensa do direito de defesa, nas vertentes relativas ao conhecimento do processo, à audição prévia e à cominação da revelia[16], a do dever de fundamentação[17], a do princípio da publicidade[18], a do princípio da celeridade[19] ou a do princípio da proporcionalidade[20].

No entanto, num caso como no outro, a admissão de que a convicção judicial esteja formada antes da pronúncia das partes sobre a matéria de facto (art. 6043-e) não é compatível com o direito das partes a este debate antes de o juiz decidir, só sendo admissível esta decisão depois de as partes serem assim ouvidas.

[16] *Idem*, nº II.2.3.

[17] *Idem*, nº II.3.6.

[18] *Idem*, nº II.3.7.

[19] Não é admissível adequação formal que postergue o momento da decisão final do processo para além dos limites aceitáveis à luz do dever de observância do prazo razoável (art. 2-1).

[20] O princípio constitucional da proporcionalidade é todos os dias esquecido na prática dos tribunais. Mas não deixa de constituir um princípio fundamental, à luz do qual é imposto pela Constituição da República que se faça a interpretação das normas da lei ordinária. Em processo civil, a necessária proporção entre as faculdades concedidas e os ónus impostos a uma e à outra parte tem manifestação no princípio da igualdade. Resta, porém, a necessidade de observar também uma proporção entre os ónus das partes e os deveres do juiz e da secretaria para com elas, nomeadamente quanto à observância de prazos razoáveis na prática dos atos processuais. Ver, sobre uma aplicação concreta do princípio, Lebre de Freitas, *Função e requisitos da norma do art. 389-1-b CPC / Princípio da proporcionalidade / Abuso de direito*, in *Estudos sobre direito civil e processo civil*, Coimbra, Coimbra Editora, 2009, I, ps. 302-306.

Ónus de alegação e de impugnação das partes e poderes de cognição do tribunal

PAULO PIMENTA
Advogado. Professor do Departamento de Direito da Universidade Portucalense. Membro da Comissão de Revisão do Processo Civil.

No campo do direito processual civil, a definição da matriz do regime passa muito pela conjugação de duas dimensões: o ónus de alegação das partes e os poderes de cognição do tribunal.

Num sistema como o nosso, profundamente marcado pelo princípio dispositivo, constitui nota fundamental a ideia de que cabe às partes definir os contornos fácticos do litígio, ou seja, devem ser as partes a carrear para os autos os factos que sustentam as respectivas pretensões. Assim, o autor deverá alegar os factos que dão consistência ao pedido por si formulado. E ao réu competirá alegar os factos que servem de base à sua defesa. Trata-se daquilo que usa designar-se por princípio da disponibilidade do objecto[1].

Numa formulação tradicional do princípio dispositivo, esta vertente da disponibilidade das partes sobre o objecto do litígio levava a que se entendesse que não só competia às partes a alegação dos factos da causa como o juiz não podia servir-se de outros factos que não os alegados pelas partes. Quer dizer, ao ónus de alegação que impendia sobre as partes correspondia uma limitação dos poderes cognitivos do juiz, de tal modo que eventuais omissões ou insuficiências na alegação de factos era susceptível de condicionar o âmbito da decisão. Do mesmo modo, ainda que o desenrolar do processo revelasse (outros) factos com atinência para a decisão da questão submetida a juízo, tais factos não podiam ser considerados pelo juiz. Além disso, competia às partes providenciar pela demonstração dos factos da causa, isto é, a prova era também encargo das partes,

[1] Neste sentido, Teixeira de Sousa (*Introdução ao processo civil*, 2ª edição, p. 60).

oportunamente alegado e resultem da instrução e discussão da causa, desde que a parte interessada manifeste vontade de deles se aproveitar e à parte contrária tenha sido facultado o exercício do contraditório".

A redacção assim dada ao art. 264º do CPC de 1961 pela Reforma de 1995/96 apontava para uma menor rigidez do processo, já que não era forçoso que o lastro fáctico dos autos ficasse estabilizado logo que findassem os articulados. Sinal claro disso mesmo era a previsão de ampliação da base instrutória inserta no art. 650º 2.f) do CPC de 1961, na versão emergente da Reforma de 1995/96.

Num quadro de normalidade, daqui teriam de decorrer importantes diferenças em diversos aspectos, nomeadamente quanto ao próprio teor da base instrutória, ao objecto da prova, ao regime do depoimento testemunhal e ao julgamento da matéria de facto. Tais diferenças eram claramente descortináveis no texto legal[7]. No entanto, a prática forense de quase uma década e meia não revelou a concretização do intuito legislativo. Dito de outro modo, a prática do foro foi mostrando que, nos seus aspectos mais marcantes, o processo civil português continuava amarrado a uma concepção anquilosada do dispositivo, enredando-se demasiadas vezes em preciosismos técnicos e formais cujo efeito sempre foi o de manter a indesejada dicotomia "verdade do processo/verdade material"[8].

É tendo bem presente esse quadro que devemos analisar o modo como o CPC de 2013 regula os ónus de alegação e de impugnação das partes e os poderes de cognição do tribunal.

1) O art. 5º do CPC[9]

Antes de mais, é de notar que, muito intencionalmente, este preceito, tal como a sua epígrafe induz, trata em simultâneo duas vertentes que

[7] Cfr. os arts. 508º-A 1.e), 511º, 513º, 638º e 653º 2 do CPC de 1961, na versão decorrente da Reforma de 1995/96.

[8] Reflectindo sobre o desencanto associado à (não) concretização efectiva da Reforma de 1995/96, João Correia/Paulo Pimenta/Sérgio Castanheira (*Introdução ao estudo e à aplicação do código de processo civil de 2013*, ps. 9-12).

[9] Doravante, a alusão a qualquer preceito legal sem indicação da respectiva proveniência respeita ao CPC de 2013.

sempre estiverem reguladas em preceitos distintos: o ónus de alegação das partes e os poderes de cognição do tribunal[10].

Por outro lado, é de salientar que a formulação deste normativo assenta na dicotomia entre duas grandes categorias de factos: os *essenciais*, isto é, aqueles de cuja verificação depende a procedência das pretensões deduzidas[11], e os *instrumentais*, ou seja, aqueles que permitem a prova indiciária dos factos essenciais[12].

Depois, este art. 5º torna claro que o ónus de alegação se circunscreve aos factos essenciais. E o confronto do seu nº 1 com a alínea a) do nº 2 mostra que não há qualquer ónus de alegação quanto a factos instrumentais, menos ainda qualquer preclusão, devendo o juiz deles conhecer quando *"resultem da instrução da causa"*[13]. Além disso, o teor da alínea b) do nº 2 do art. 5º revela que não há preclusão quanto a factos que sejam *complementares* ou *concretizadores* de outros inicialmente alegados. É importante salientar que esses factos complementares ou concretizadores pertencem à categoria dos factos essenciais[14]. São de qualificar como *complementares* ou *concretizadores* aqueles factos que, embora necessários para a procedência das pretensões deduzidas (daí serem *essenciais*), não cumprem uma função individualizadora do tipo legal.

[10] No CPC de 1939 e no CPC de 1961 (antes e após a Reforma de 1995/96), a vertente do ónus de alegação estava no art. 264º e a dos poderes de cognição do tribunal no art. 664º.

[11] No sentido de que é *facto essencial "todo o facto que, integrando a fatispécie normativa produtora do efeito (pelo autor, ao deduzir o pedido; pelo réu, ao deduzir uma exceção), é indispensável à produção desse efeito"*, embora assumindo preferência pela designação *facto principal*, Lebre de Freitas (*Sobre o novo código de processo civil*, Revista da Ordem dos Advogados, Ano 73, I, p. 36). Em termos similares, Lopes do Rego (*Comentários ao código de processo civil*, 2ª edição, Vol. I, p. 252) afirma que *"factos essenciais são os que concretizando, especificando e densificando os elementos da previsão normativa em que se funda a pretensão do autor ou do reconvinte, ou a excepção peremptória deduzida pelo réu (...), se revelam decisivos para a viabilidade ou procedência da acção, da reconvenção ou da defesa por excepção, sendo absolutamente indispensáveis à identificação, preenchimento e substanciação das situações jurídicas afirmadas e feitas valer em juízo pelas partes"*.

[12] Nas palavras de Lopes do Rego (*Comentários* cit., Vol. I, ps. 252-253), os factos instrumentais desempenham *"uma função probatória e não uma função de preenchimento e substanciação jurídico-material das pretensões e da defesa"*.

[13] Note-se que a lei deixou de aludir à "discussão", ao contrário do que sucedia no nº 2 do art. 264º do CPC de 1961 (na redacção resultante da Reforma de 1995/96), pois não é próprio que da discussão da causa resultem factos.

[14] Neste sentido, Ramos de Faria/Ana Luísa Loureiro (*Primeiras notas ao novo código de processo civil*, Vol. I, p. 36).

Acerca da consideração dos factos complementares ou concretizadores prevista no art. 5º 2.b), atente-se que o juiz *pode* e *deve* conhecer de tais factos quando *"resultem da instrução da causa"*[15] e *"desde que sobre eles as partes tenham tido a oportunidade de se pronunciar"*[16]. Quer isto significar que, agora e nos termos da lei, o conhecimento desses factos passa a ser *oficioso* e *deixa de estar dependente* da vontade do interessado, ao contrário do que sucedia antes do CPC de 2013[17].

A correcta percepção do regime consagrado no art. 5º, em especial no cotejo entre o nº 1 e o nº 2.b), implica salientar que, no âmbito dos factos *essenciais*, devemos distinguir dois planos: de um lado, os factos essenciais *nucleares*; de outro, os factos essenciais *complementares* e *concretizadores*[18].

Os *nucleares* constituem o *núcleo primordial* da causa de pedir ou da excepção, desempenhando uma função individualizadora ou identificadora, a ponto de a respectiva omissão implicar a ineptidão da petição inicial ou a nulidade da excepção.

[15] Também aqui a lei deixou de aludir à "discussão", alusão que havia nº 3 do art. 264º do CPC de 1961 (na redacção resultante da Reforma de 1995/96).

[16] A lei não especifica o modo de concretizar ou assegurar essa pronúncia, já que tudo depende largamente de uma valoração processo a processo. O que importa é que juiz norteie a sua actuação em termos de evitar decisões surpresa, por um lado, e de proporcionar um efectivo contraditório, por outro, tendo ainda presente o direito à prova. A este propósito, cfr. Ramos de Faria/Ana Luísa Loureiro (*Primeiras notas* cit., Vol. I, ps. 39-41 e 520-521). Cfr. também o Ac. TRP de 30/4/2015 (Aristides Almeida), proferido no processo nº 5800/13.9TBMTS.P1, disponível em www.dgsi.pt, que assinala bem as cautelas a ter pelo juiz nesta sede. Ainda que lateralmente, refira-se que o ponto II do respectivo sumário não é inteiramente conforme ao decidido, já que alude a um requisito (manifestação de vontade da parte) que não é hoje exigível, nem é exigido no dito aresto.

[17] É o que resulta claro do confronto entre o referido nº 3 do art. 264º do CPC de 1961 e a alínea b) do nº 2 do art. 5º. A exigência da lei é, agora, a de que as partes (ambas as partes) tenham tido a possibilidade de se pronunciar sobre tais factos. Apesar de ser este o inequívoco sentido da lei, por si e no confronto com o regime revogado, e sem que se vislumbre qualquer razão de fundo em contrário, Lebre de Freitas (*A ação declarativa comum à luz do código de processo civil de 2013*, p. 141, nota de rodapé nº 2, e *Introdução ao processo civil*, p. 166, nota de rodapé nº 33B) sustenta que continua sendo necessária manifestação de vontade da parte interessada. Colocando a questão nos termos que se afiguram conformes ao novo regime, Ramos de Faria/Ana Luísa Loureiro (*Primeiras notas* cit., Vol. I, ps. 39-41). Na jurisprudência, apontando correctamente para a oficiosidade do conhecimento desses factos, cfr. o citado Ac. TRP de 30/4/2015 (Aristides Almeida) e o Ac. TRP de 15/9/2014 (Alves Fernandes), proferido no processo nº 3596/12.0TJMVF.P1, ambos disponíveis em www.dgsi.pt.

[18] Cfr. Paulo Pimenta (*Processo civil declarativo*, ps. 20-21).

Já os factos *complementares* e os factos *concretizadores*, embora também integrem a causa de pedir ou a excepção, não têm uma função individualizadora, pelo que a omissão da respectiva alegação não é passível de gerar ineptidão da petição inicial (ou nulidade da excepção), ao que acresce a já referida circunstância de não haver preclusões quanto a factos desta natureza. Assim, os factos *complementares* são os *completadores de uma causa de pedir* (ou de uma excepção) *complexa*, ou seja, uma causa de pedir (ou uma excepção) aglutinadora de diversos elementos, uns constitutivos do seu núcleo primordial, outros complementando aquele. Por sua vez, os factos *concretizadores* têm por função *pormenorizar ou explicitar o quadro fáctico* exposto, sendo exactamente essa pormenorização dos factos anteriormente alegados que se torna fundamental para a procedência da acção (ou da excepção)[19].

Procurando articular os factos complementares e os factos concretizadores, entre si e no confronto com os factos nucleares, no contexto da causa de pedir (ou da excepção), temos a seguinte formulação: os *factos complementares* acrescem aos factos nucleares, preenchendo em conjunto a fatispécie normativa geradora do efeito pretendido com a acção ou com a excepção (é da natureza do que é complementar acrescentar algo ao que pré-existe: no caso, pré-existe o facto nuclear)[20]; os *factos concretiza-*

[19] Definições colhidas em MONTALVÃO MACHADO (*O dispositivo e os poderes do tribunal à luz do novo código de processo civil.*, 2ª edição, ps. 348-349 e 351), reproduzidas já em MONTALVÃO MACHADO/PAULO PIMENTA (*O novo processo civil*, 12ª edição, p. 256) e em PAULO PIMENTA (*A fase do saneamento do processo antes e após a vigência do novo código de processo civil*, ps. 188-189).

[20] Numa acção de impugnação pauliana (arts. 610º e ss. do CC), é *facto essencial nuclear* aquele que respeita à alienação geradora de diminuição da garantia patrimonial, sendo *factos essenciais complementares* os que respeitam à natureza não pessoal do acto, à determinação da data da constituição do crédito, à determinação da data do acto impugnado, à impossibilidade ou agravamento da impossibilidade de obter a satisfação do crédito e à má fé dos intervenientes (sendo onerosa a alienação). Numa acção destinada à denúncia do contrato de arrendamento para habitação do senhorio (arts. 1101º e 1102º do CC), será *facto essencial nuclear* o que respeita à necessidade do senhorio, sendo *factos essenciais complementares* os relativos à titularidade do locado (há mais de dois anos ou independentemente de prazo, em caso de aquisição por sucessão) e os relativos à circunstância de, há mais de um ano, o senhorio não ter casa própria ou arrendada que satisfaça aquela necessidade numa certa área geográfica, em função da localização do locado. Numa acção destinada à efectivação de responsabilidade civil extracontratual (art. 483º do CC), é *facto essencial nuclear* o relativo à ocorrência (facto), sendo *factos essenciais complementares* os relativos ao dano resultante da ocorrência, ao nexo de causalidade entre o facto e o dano, à ilicitude da conduta e à culpa do lesante. Numa excepção

dores pormenorizam, minuciam, explicitam ou particularizam factos já alegados, quer esses factos sejam nucleares, quer sejam complementares (é dessa pormenorização que resultará a assunção plena do facto nuclear ou do facto complementar). Significa isto que o campo privilegiado dos factos concretizadores é o de alegações fácticas vagas, genéricas, imprecisas ou dúbias[21].

Como se compreende, só cada situação, só cada processo permitirá, com mais acuidade, a ponderação daquilo que está efectivamente em causa, e com isso o campo de aplicação destas figuras. De todo o modo, o novo regime permite esperar que a petição inicial se torne uma peça menos extensa, menos prolixa, uma peça em que o autor concentre a alegação em factos susceptíveis de preencher o tipo legal de que pretende prevalecer-se, dispensando-se de uma alegação pormenorizada e atomística, uma alegação pejada de referências laterais, circunstanciais ou meramente instrumentais[22].

Retomando a previsão do art. 5º, vemos que o seu nº 3 a mantém a solução tradicional, expressa no brocardo *jura novit curia*, acerca da liberdade do julgador quanto ao enquadramento fáctico da questão: *"o juiz não está sujeito às alegações das partes no tocante à indagação, interpretação e aplicação das regras de direito"*.

A solução consagrada no art. 5º tem natural atinência com diversos outros aspectos relativos ao modo como o processo deverá evoluir e desenvolver-se.

peremptória visando a anulação do negócio com fundamento em erro sobre os motivos (art. 252º do CC), é *facto essencial nuclear* o que respeita à explicitação do erro, sendo *facto essencial complementar* o relativo ao reconhecimento por acordo da essencialidade do motivo.

[21] Pensando em algumas das hipóteses apresentadas, serão *concretizadores*, na impugnação pauliana, os factos destinados a explicitar a data da constituição do crédito, perante a alegação imprecisa de que o crédito é *anterior* ao acto impugnado, ou os destinados a dar conteúdo efectivo à alegação de que transmitente e adquirente agiram com a *intenção de prejudicar* o credor. Na denúncia do arrendamento, os destinados a explicitar a alegação vaga de que, *por razões familiares*, o senhorio carece do locado para a sua habitação. Na acção de responsabilidade civil, os destinados precisar o conteúdo da alegação de que certa viatura circulava a *velocidade superior à legalmente permitida*, ou, noutro caso, os destinados a precisar as *afirmações* ou *expressões* proferidas pelo réu alegadamente ofensivas da honra do autor.

[22] Raciocínio semelhante vale, *mutatis mutandis*, para a contestação, quanto às excepções aí deduzidas.

A inexistência de preclusões joga com a inexistência de um momento (intermédio) do processo a partir do qual se estabilizem ou cristalizem os factos da causa. Agora, isso apenas sucederá na sentença (art. 607º 4). A inexistência dessa cristalização dos factos faz com que perca sentido algo semelhante à especificação (ou matéria de facto assente) e ao questionário (ou base instrutória), que foram peças que marcaram (e marcaram de modo perverso e castrador) o sistema processual civil português ao longo de cerca de oito décadas. Consequentemente, a produção de prova no processo deixará de estar condicionada por algo tão rígido e formal como o questionário ou a base instrutória, devendo outrossim ser balizada pelos limites que resultam da causa de pedir e das excepções deduzidas, com expressão na enunciação dos temas da prova (art. 596º 1)[23].

Aqui chegados, devemos assumir que, embora o nosso sistema processual civil continue tendo uma marcada dimensão de dispositivo, expressa no ónus de alegação de factos e na conformação do objecto fáctico do processo (assente na causa de pedir e nas excepções deduzidas), esse dispositivo está restringido ao justo limite, na medida do necessário para evitar cominações e preclusões indevidas e na medida do necessário para assegurar a adequação da sentença à realidade extraprocessual.

Em abono da verdade, deve também dizer-se que os (actuais) contornos do dispositivo no nosso regime resultam, não tanto do CPC de 2013, outrossim da Reforma de 1995/96, remontando a tal intervenção legislativa a verdadeira e decisiva mudança nesta sede. Foi a partir daí (com a redacção então dada ao art. 264º 3 e ao art. 664º do CPC de 1961) que o princípio dispositivo passou a ter um âmbito mais restrito e foi a partir daí que os poderes cognitivos do tribunal foram ampliados (por via da atenuação das tradicionais preclusões associadas ao ónus de alegação). Bem vistas as coisas, o CPC de 2013 apenas inovou na parte em que tornou *oficiosa* a consideração pelo juiz dos factos essenciais complementares ou concretizadores, assim caindo o requisito da manifestação de vontade nesse sentido da parte beneficiária. No mais, dir-se-á que o art. 5º do CPC de 2013 se limitou a tornar mais explícita (mais esquemática) a solução legal, na certeza de que é manifestamente virtuosa a opção

[23] Acerca dos temas da prova no CPC de 2013, cfr. PAULO PIMENTA (*Processo civil* cit., ps. 280 e ss.).

de concentrar no mesmo preceito a regulamentação do ónus de alegação que impende sobre as partes e dos poderes de cognição do tribunal[24].

Antecipando o que se dirá de seguida, saliente-se que o CPC de 2013 cuidou de conjugar o teor de vários preceitos, em termos de contribuir para a melhor percepção do regime hoje expresso no art. 5º.

2) O art. 552º 1.d) do CPC

Definindo o conteúdo do segmento da petição inicial que é costume designar por narração, a alínea d) do nº 1 do art. 552º estabelece que o autor deve aí *"expor os factos essenciais que constituem a causa de pedir e as razões de direito que servem de fundamento à acção"*.

Esta previsão tem conexão com o art. 5º, cujo nº 1 estatui que cabe às partes alegar os *factos essenciais* que constituem a causa de pedir e aqueles em que se baseiam as excepções.

Assim, relativamente ao autor, é na petição inicial que este deve dar cumprimento ao ónus de alegar os factos essenciais que constituem a causa de pedir, isto é, *todos aqueles de cuja verificação depende a procedência da pretensão deduzida*. É na causa de pedir, melhor dito, nos factos que a constituem que o autor estriba ou sustenta o pedido formulado. Tais factos, na

[24] Como é evidente, não será a epígrafe de um preceito legal a conferir ou a retirar a dimensão do dispositivo a um sistema processual. É verdade que o art. 264º do CPC de 1961 ostentava na epígrafe a expressão "princípio dispositivo" e que a epígrafe do art. 5º do CPC de 2013 não contém fórmula semelhante. O que releva, porém, é a substância do sistema, mas isso retira-se da conjugação de vários preceitos. Assim, não pode haver dúvidas de que o sistema português continua sendo marcado pelo dispositivo, mas circunscrito este à justa medida, como acima se referiu. Deste modo, não se compreende bem a posição de Mariana França Gouveia (*O princípio dispositivo e a alegação de factos em processo civil: a incessante procura da flexibilidade processual*, Revista da Ordem dos Advogados, Ano 73º, II/III, ps. 602-604), que começa por criticar a opção legislativa quanto à epígrafe do art. 5º, referindo que *"a primeira sensação que temos é que esse princípio [o dispositivo] deixou de ser um dos princípios orientadores do sistema processual civil"*, para reconhecer, afinal, que *"o certo é que o princípio dispositivo continua a vigorar"* e que *"a estrutura não foi alterada"*. Fazendo uma leitura mais realista, afirmando que a alteração da epígrafe *"apenas teve por fim emprestar maior rigor ao seu teor, afeiçoando-o ao efetivo conteúdo do artigo [5º]"* e aceitando que *"Se é certo que o princípio dispositivo* não foi abandonado, *também é verdade que se pode dizer que os seus limites foram precisados em diversos disposições"*, Ramos de Faria/ Ana Luísa Loureiro (*Primeiras notas* cit., Vol. I, p. 30).

expressão de Lebre de Freitas, são *"todos aqueles que integram a previsão da norma ou das normas materiais que estatuem o efeito pretendido"*[25,26].

A causa de pedir tem, pois, um substrato fáctico cuja alegação compete ao autor, de modo a fundamentar a sua pretensão. É muito por isso que usa falar-se em narração: o autor deverá expor (narrar) o quadro factual atinente ao tipo legal de que pretende prevalecer-se na acção instaurada. Tal narração fáctica envolverá a alegação e a descrição, por exemplo, dos *concretos* factos relativos à celebração do negócio de compra e venda de um bem por via do qual o autor ficou credor do preço sobre o réu, dos factos relativos à ocorrência de um acidente de viação e respectivas consequências e à responsabilidade civil daí decorrente, dos factos relativos à celebração de um contrato de arrendamento e à conduta do réu violadora dos seus deveres de inquilino, dos factos relativos à celebração de um contrato promessa de compra e venda e à falta de cumprimento do promitente vendedor, dos factos relativos à posse de determinado bem

[25] Cfr. Lebre de Freitas (*Introdução* cit., p. 71).

[26] Com uma visão diferente sobre o recorte fáctico da causa de pedir, sustentando que esta é constituída (apenas) pelos factos que *"realizam uma função constitutiva do direito invocado pelo autor"*, Teixeira de Sousa (*Estudos sobre o novo processo civil*, 2ª edição, p. 70). Tal visão, elaborada em face do art. 264º do CPC de 1961 após a Reforma de 1995/96, tinha por base a aparente repartição dos factos em três categorias: essenciais; complementares, instrumentais. No mesmo passo, porém, este autor aludia ao conceito de *factos principais*, como englobando os ditos *essenciais* e *complementares*, afirmando que só os essenciais (por integrarem o núcleo essencial da situação jurídica invocada) integravam a causa de pedir: cfr. Teixeira de Sousa (*Estudos* cit., ps. 70-72). Conforme bem assinala Lebre de Freitas (*Sobre o novo código* cit., p. 36, nota de rodapé nº 19), tempos houve, antes da reforma de Reforma de 1995/96, em que Teixeira de Sousa (*As partes, o objecto e a prova na acção declarativa*, p. 123) defendia o seguinte: *"A causa de pedir é composta pelos factos constitutivos da situação jurídica invocada pela parte, isto é, pelos factos essenciais à procedência do pedido. São essenciais aqueles factos sem cuja verificação o pedido não pode ser julgado procedente (...) Estes factos constitutivos são os factos essenciais para a procedên cia da acção; só eles integram a causa de pedir"*. Mais recentemente, já em face do CPC de 2013, Teixeira de Sousa (*Algumas questões sobre o ónus de alegação e de impugnação em processo civil*, Scientia Iuridica, Tomo LXII – nº 332, p. 396), por referência aos nºs 1 e 2 do art. 5º, sustenta que *"a causa de pedir não é constituída por todos os factos de que pode depender a procedência da acção, mas apenas por aqueles que são necessários para individualizar a pretensão material alegada pelo autor"*. Para além de não nos revermos nesta tese, importa salientar que, neste ponto, o CPC de 2013 em nada inovou, isto é, aquilo que antes se devia entender por causa de pedir continua a dever entender-se agora. O mesmo é dizer que os *factos essenciais* a que aludem o art. 5º 1 e o art. 552º 1.d) são todos aqueles de que depende a procedência da acção.

imóvel pelo autor e ao seu esbulho pelo réu, dos factos relativos à invalidade formal de certo negócio[27,28].

Será por via desses factos, isto é, pela demonstração desses factos em juízo, que o autor poderá vir a alcançar a tutela jurisdicional desejada. É da correspondência entre o quadro factual assim apurado nos autos e o quadro fáctico previsto numa ou mais normas substantivas que resultará o reconhecimento do direito invocado. Isso ocorrerá na sentença, fixando esta em concreto os efeitos inerentes a tal reconhecimento, nos limites do peticionado.

Recordando o que já ficou dito a propósito do princípio dispositivo, importa destacar que a conjugação da alínea d) do nº 1 do art. 552º com os nºs 1 e 2.a) do art. 5º revela não haver qualquer ónus de alegação quanto a *factos instrumentais*, isto é, factos que, não integrando a previsão normativa, apenas permitem a prova indiciária dos factos essenciais. Não havendo ónus de alegação, não é, pois, expectável (menos ainda exigível, obviamente) que o autor alegue factos desta natureza na petição inicial. Se a função desses factos é meramente probatória dos factos essenciais (esses, sim, sujeitos ao ónus de alegação), o seu significado reporta-se à vertente instrutória (probatória) da causa. Por isso mesmo, e assegurando também que não há qualquer preclusão relativamente a factos instrumentais, a alínea a) do nº 2 do art. 5º estabelece que o juiz deverá considerar (e considerar *ex officio*) os factos instrumentais que resultem da instrução da causa[29,30].

Por outro lado, recordando igualmente o que se avançou acerca do princípio dispositivo, a alínea b) do nº 2 do art. 5º também mostra que

[27] A este propósito, fala-se na *teoria da substanciação*, na medida em que é suposto haver uma indicação específica ou concreta dos factos constitutivos do direito feito valer. É este o sentido do nº 4 do art. 581º. Como refere Lebre de Freitas (*Introdução* cit., p. 66), *"A teoria da substanciação está inequivocamente consagrada no nosso sistema processual"*.

[28] Para maiores desenvolvimentos, Lebre de Freitas (*A ação declarativa* cit., ps. 41-44, e *Introdução* cit., ps. 64-72).

[29] Como se verá adiante, esta *consideração* dos factos instrumentais será reflectida na sentença, ao nível da motivação da convicção do julgamento da matéria de facto (nº 4 do art. 607º).

[30] Antecipando o que será explicitado adiante, cabe advertir que o acabado de dizer vale para os factos instrumentais *em geral*, isto é, para aqueles que têm a mera função indiciária dos factos essenciais, mas não já para os factos que servem de base a presunções legais (art. 350º do CC).

não há preclusão quanto a factos que, embora essenciais, sejam *complementares* ou *concretizadores* de outros inicialmente alegados (isto é, factos que, embora necessários para a procedência das pretensões – daí serem *essenciais* –, não têm uma função individualizadora do tipo legal).

A coerência do regime legal em análise tem implicações muito claras. Nos casos em que a narração fáctica vertida na petição não cumpra cabalmente o ónus que sobre o autor impende, teremos o seguinte quadro: ou a alegação contida na petição inicial é de tal modo deficiente que não permite identificar o tipo legal, caso em que ocorrerá ineptidão, por falta de causa de pedir [art. 186º 2.a)]; ou a alegação, embora deficiente, permite essa identificação, caso em que se imporá, na altura própria, a prolação de despacho pré-saneador de convite ao aperfeiçoamento fáctico do articulado (art. 590º 4). No primeiro caso, dir-se-á que foi omitida a alegação de *factos essenciais nucleares*, ou seja, factos que integram o *núcleo primordial* da causa de pedir e desempenham função individualizadora dessa causa de pedir: daí a ineptidão. No segundo caso, apesar de assegurada a individualização da causa de pedir, foi omitida a alegação de *factos essenciais complementares ou concretizadores*, isto é, factos sem os quais a acção não pode proceder[31].

[31] Assim se retoma o sentido da previsão do nº 1 do art. 5º: o ónus de alegação respeita aos factos essenciais, a todos os factos essenciais, quer os nucleares, quer os complementares ou concretizadores. A função da alínea b) do nº 2 do art. 5º é a de sinalizar apenas o seguinte: a falta de alegação de factos (essenciais) que sejam complemento ou concretização dos factos (essenciais) alegados não gera preclusão e deve ser resolvida por convite ao aperfeiçoamento (art. 590º 4). Nesta linha, LEBRE DE FREITAS (*Sobre o novo código* cit., p. 37), usando embora a expressão "factos principais" (em vez de "essenciais"), refere que *"o sentido da lei continua a ser necessariamente o mesmo: os factos instrumentais não têm de ser alegados, mas todos os factos principais, como condições que são de procedência da ação (...) estão sujeitos a essa exigência"*. Assim sendo, não se afigura exacta a ilação de MARIANA FRANÇA GOUVEIA (*O princípio dispositivo* cit., ps. 608 e 613), ao defender que, com o art. 5º, se *"elimina a qualificação dos factos complementares e concretizadores como essenciais"*. Também não se compreende a posição de TEIXEIRA DE SOUSA (*Algumas questões* cit., p. 397), quando sustenta que *"Apesar de os factos complementares não participarem da causa de pedir, isto não significa que o autor não tenha o ónus de os alegar na petição inicial"*. O problema é este: se o ónus de alegação referido no nº 1 do art. 5º não atinge os factos complementares, já que, para este autor, não integram a causa de pedir, onde radica então o ónus de alegação desses factos complementares? Não é, por certo, na alínea b) do nº 2 do art. 5º, que exclui a preclusão de factos complementares (e concretizadores) não alegados, mas nada dispõe sobre o ónus de alegação desses factos.

3) Os arts. 574º 1 e 2, 572º.c) e 583º 1 do CPC

Pensemos agora na defesa do réu e no ónus de impugnação. Nos termos do nº 1 do art. 574º, na contestação, o réu há-de *"tomar posição definida perante os factos que constituem a causa de pedir invocada pelo autor"*.

Quer isto significar que o réu não pode remeter-se a uma atitude passiva, não se pronunciando sobre os factos articulados pelo autor, devendo, outrossim, impugnar os factos que não reconheça ou não aceite. Se o réu não tomar posição sobre aqueles factos, entende-se que os admite como exactos (primeira parte do nº 2 do art. 574º). Como se vê, o ónus de impugnação tem associada a cominação seguinte: a admissão por acordo (confissão tácita) dos factos não impugnados, o que conduzirá a que os mesmos sejam tidos como assentes e provados nos autos[32].

Tenha-se presente que este efeito cominatório apenas está projectado para os factos essenciais, isto é, para aqueles que integram a causa de pedir invocada e que, nessa medida, foram alegados pelo autor.

Já ficou dito que, embora não haja ónus de alegação de factos instrumentais (é o que resulta *a contrario* do nº 1 do art. 5º), tal não significa que o autor esteja impedido de alegar factos dessa espécie. Consequentemente, no caso de, embora sem necessidade, o autor ter alegado factos instrumentais na petição inicial, é evidente que o réu não ficará impedido de tomar posição sobre tais factos e de os impugnar. De todo o modo, procurando fixar a atenção das partes nos factos essenciais, a lei acautela a inexistência de ónus de impugnação quanto a factos instrumentais alegados, com a inerente ausência de cominação. Assim, ainda que o réu não impugne esses factos instrumentais, daí não resultará mais do que uma, digamos, admissão *provisória* dos mesmos, porquanto tal admissão sempre pode ser afastada por prova posterior. É isso mesmo que estabelece a parte final do nº 2 do art. 574º, solução que tem todo o sentido. Se o que releva é a assunção dos factos essenciais e se tal assunção somente terá lugar na sentença (art. 607º 4), deverá ser relegada para aí qualquer ponderação acerca do significado da não impugnação de factos instrumentais[33].

[32] Este efeito cominatório conhece, porém, as ressalvas contidas na segunda parte do nº 2 do art. 574º. Tenha-se ainda em conta o regime específico fixado no nº 3 do art. 574º.

[33] Como o ónus de alegação e o ónus de impugnação se circunscrevem aos factos essenciais, ao que acresce a circunstância de os factos essenciais da causa apenas se estabilizarem na sen-

Pensando agora na defesa por excepção, note-se a exigência contida na alínea c) do art. 572º quanto à exposição dos *factos essenciais em que se baseiam as excepções deduzidas*, o que tem conexão com o previsto no nº 1 do art. 5º[34].

Ainda a propósito da defesa por excepção, merece destaque a outra exigência contida na alínea c) do art. 572º, que se traduz no ónus de o réu especificar separadamente as excepções deduzidas, com a cominação de os respectivos factos não se considerarem admitidos por acordo em caso de falta de impugnação. Do que se trata é de evitar que o réu dissemine pela contestação (não separando, portanto) defesa por impugnação e defesa por excepção, com o risco de o autor não se aperceber de eventuais excepções deduzidas. É que, face à remissão do nº 1 do art. 587º para o art. 574º, o autor tem o ónus de impugnar os factos integradores das excepções (factos novos, pois), sob pena de se terem como admitidos por acordo os factos que não forem impugnados. Para que este ónus e esta cominação possam funcionar com efectividade, a boa fé processual impõe que o réu especifique separadamente as excepções que deduza, para ser então possível ao autor, primeiro, ficar ciente de cada excepção invocada, segundo, optar conscientemente entre impugnar ou não os respectivos factos. O que não seria aceitável era que o réu pudesse beneficiar da falta de impugnação dos factos integradores de excepção por si deduzida, em virtude de o autor não se ter apercebido de tal excepção[35].

tença, limitando-se os factos instrumentais a ser considerados na motivação do julgamento de facto (art. 607º, nº 4), tornam-se agora despiciendas algumas considerações que se faziam no passado sobre o significado da impugnação ou não impugnação de factos instrumentais no confronto com a não impugnação ou impugnação de factos essenciais. Por exemplo, sustentava-se que, impugnado o facto essencial, deveriam ter-se como impugnados os factos instrumentais que potencialmente conduziam àquele. Hoje, tudo isso perde significado.

34 Com as devidas adaptações, recorde-se o que foi referido a propósito da causa de pedir, face ao disposto no art. 5º: *i)* impende sobre o réu o ónus de alegação dos *factos essenciais* relativos às excepções peremptórias que deduza; *ii)* não há preclusões quanto a *factos instrumentais*, devendo o juiz considerar todos os factos instrumentais que resultem da instrução da causa; *iii)* não há preclusões quanto a *factos* (essenciais) *complementares* ou *concretizadores* dos factos (essenciais) inicialmente alegados, devendo o juiz conhecer desses factos quando os mesmos resultarem da instrução, na condição de assegurar às partes a possibilidade de sobre eles se pronunciarem.

35 Tratar-se-ia de um verdadeiro caso de benefício do infractor, o que é de repudiar. Registe-se que a dedução de excepções sem a respectiva especificação implicará a irregularidade da

No que respeita à reconvenção, é sabido que, nesta parte, a contestação faz as vezes de uma autêntica petição inicial. Nessa medida, o nº 1 do art. 583º, para além de estabelecer que a reconvenção deve ser expressamente identificada e deduzida na contestação, estatui que o reconvinte deve expor os respectivos fundamentos nos termos da alínea d) do nº 1 do art. 552º, o mesmo é dizer, o reconvinte deve expor os factos essenciais que constituem a causa de pedir reconvencional e as razões de direito que servem de fundamento à reconvenção.

4) O art. 590º 4 do CPC

Conforme se adiantou, resulta firme da alínea b) do nº 2 do art. 5º a inexistência de preclusões quanto a factos essenciais complementares e concretizadores. Significa isto que, havendo embora ónus de alegação dos factos essenciais que constituem a causa de pedir (art. 5º 1), a falta de alegação daqueles que não tenham uma função individualizadora ou identificadora do tipo legal é susceptível de ser suprida – o que nos reconduz à hipótese de prolação do despacho pré-saneador tendo por objecto os *articulados facticamente imperfeitos.*

De acordo com o estatuído no nº 4 do art. 590º, o despacho pré-saneador serve para convidar as partes a suprirem as insuficiências ou imprecisões na exposição ou concretização da matéria de facto vertida nos respectivos articulados, fixando-se prazo para tal.

Com a prolação do despacho pré-saneador neste contexto, procura-se obter uma melhor definição dos contornos fácticos da questão submetida à apreciação do tribunal. Nos seus articulados, as partes expõem as razões de facto em que alicerçam as respectivas pretensões. Como se disse, e de acordo com o disposto no nº 1 do art. 5º, incumbe às partes alegar os *"factos essenciais que constituem a causa de pedir e aqueles em que se baseiam as excepções invocadas"*. Em cumprimento desse ónus de alegação, é suposto

contestação, devendo ser proferido despacho pré-saneador de convite ao aperfeiçoamento da peça, nos termos do nº 3 do art. 590º – sobre este ponto, cfr. Paulo Pimenta (*Processo civil* cit., p. 214). Por outro lado, convém não confundir o ónus de o autor tomar posição sobre os factos integradores das excepções deduzidas na contestação com a circunstância de, face ao art. 584º, o terceiro articulado dos autos (a réplica) ter um âmbito mais limitado do que era tradicional. Se o contraditório não puder ser exercido em articulado, sê-lo-á de outro modo, sobremaneira na audiência prévia (art. 3º 4). O que releva é que, quando for exercido e no modo por que o seja, o autor está sujeito ao regime do art. 574º *ex vi* do nº 1 do art. 587º.

– no interesse dos próprios litigantes, e com vista à justa composição do litígio, em termos materiais – que tal exposição seja de modo a que a versão fáctica constante dos autos corresponda o mais possível (se não completamente) à situação real vivida pelos litigantes. Só assim poderemos aspirar a que a decisão a proferir no processo resolva, material e efectivamente, a questão que dividia as partes. Só assim evitaremos ter dois quadros fácticos, não coincidentes: o verdadeiro (real); o *desenhado* em juízo. Nessa conformidade, a postura do juiz da causa, à luz do moderno processo civil, não há-de ser já passiva, meramente circunscrita às "pistas" fornecidas pelas partes, mas sim activa, advertindo-as para a conveniência de colmatar as insuficiências ou imprecisões fácticas detectadas nas respectivas peças, contribuindo, decisivamente, para a adequação da sentença final à verdade, tudo com vista a realizar a legitimação externa da decisão, pela correspondência da sentença à realidade extraprocessual[36].

Face ao teor do nº 4 do art. 590º, o convite expresso neste despacho é, então, para completar insuficiências ou corrigir imprecisões fácticas. Neste contexto, podemos falar de articulados imperfeitos a dois títulos: por facticamente insuficientes; por facticamente imprecisos.

São *articulados facticamente insuficientes* (incompletos) aqueles em que a exposição fáctica, permitindo embora determinar ou descortinar a causa de pedir ou a excepção invocada, não se revela suficiente ou bastante para o preenchimento da figura em causa, isto é, não contém todos os factos necessários para que possa operar-se a subsunção na previsão da norma jurídica (ou normas jurídicas) de que a parte quer prevalecer-se. Nessa situação, o juiz profere o despacho de convite ao aperfeiçoamento, por entender que, na sua alegação, a parte omitiu factos (factos essenciais, note-se) que era suposto ter articulado, face à estratégia processual por si assumida.

Teremos *articulados facticamente imprecisos* (inexactos) quando a narração dos pontos de facto aí vertidos suscita dúvidas, seja porque não é clara ou não é precisa, seja porque é vaga ou é obscura[37], seja porque é ambígua ou incoerente[38]. O mesmo se dirá das peças cujo teor é conclusivo, quer

[36] Cfr. Teixeira de Sousa (*Estudos* cit., ps. 60-61).

[37] Cfr. Montalvão Machado (*O dispositivo* cit., ps. 256 e 268).

[38] Cfr. Lopes do Rego (*Comentários* cit., Vol I, ps. 431-432).

porque se omitiram os concretos factos que sustentam as conclusões, quer porque a parte reproduziu a fórmula legal invocada[39].

Neste âmbito, importa atentar que o convite ao aperfeiçoamento dos articulados supõe, digamos, um *limite fáctico mínimo*, aquém do qual não é possível diligenciar no sentido desse aperfeiçoamento.

Com efeito, e quanto ao autor, é imprescindível que o seu articulado revele (individualize) a causa de pedir em que se baseia a sua pretensão. Se faltar a causa de pedir, a petição será inepta, o mesmo sucedendo se tal causa de pedir for ininteligível [art. 186º 2.a)], gerando até uma excepção dilatória e a consequente absolvição do réu da instância [arts. 186º 1, 577º b) e 278º 1.b)]. Num caso e noutro, não será possível colmatar o vício por via do convite[40]. É que este convite ao aperfeiçoamento procura completar o que é insuficiente ou corrigir o que é impreciso, na certeza de que a causa de pedir *está lá* (na petição) e é perceptível (inteligível). Apenas sucede que não foram alegados todos os elementos fácticos que a integram, ou foram-no em termos pouco precisos. Daí o convite ao aperfeiçoamento, destinado a completar ou a corrigir um quadro fáctico já traçado nos autos. Coisa diversa, e afastada do âmbito do nº 4 do art. 590º, seria permitir à parte, na sequência desse despacho, apresentar *ex novo* um quadro fáctico até então inexistente ou de todo imperceptível (o que, aqui, equivale ao mesmo)[41].

Quem propõe uma acção, deduzindo determinada pretensão, deve indicar a respectiva causa de pedir, ou seja, os factos constitutivos do direito que pretende fazer valer, os factos que individualizam a situação jurídica invocada. Ora, a factualidade a alegar pode ser mais ou menos extensa, mais ou menos simples, conforme os elementos fácticos que compõem aquela causa de pedir.

Quando a causa de pedir é simples, integrada por um só facto, a omissão desse facto, no articulado do autor, não poderá ser remediada através do despacho previsto no art. 590º, nº 4. Do que se trata aí é de uma omissão

[39] Cfr. Abrantes Geraldes (*Temas da reforma do processo civil*, Vol. I, 2ª edição, ps. 65-66, e Vol. II, 3ª edição, p. 81) e Lebre de Freitas (*A ação declarativa* cit., ps. 144).

[40] Neste sentido, Lebre de Freitas (*A ação declarativa* cit., ps. 144-145) e Lopes do Rego (*Comentários* cit., Vol. I, p. 431).

[41] O nº 6 do art. 590º confirma a impossibilidade de tal tipo de inovações.

total da causa de pedir, cujo suprimento implicaria uma verdadeira inovação fáctica, o que não é possível nesta fase do processo[42].

Nos casos em que a causa de pedir é complexa, composta por diversos elementos, se nenhum deles foi alegado pelo autor, também não haverá causa de pedir, com as consequências que acabadas de apontar.

Se, em contrapartida, o autor alegou apenas alguns desses factos, omitindo os restantes, a questão está em saber se os elementos constantes dos autos permitem individualizar a causa de pedir. Em caso negativo, continuará a faltar a causa de pedir, não sendo de proferir o despacho pré-saneador. Em caso afirmativo, isto é, quando, apesar da insuficiência da alegação, for possível identificar a causa de pedir, justifica-se convidar o autor a aperfeiçoar a petição inicial, de modo a completar a sua alegação, fazendo chegar ao processo os factos omitidos e que era suposto ter alegado, face à previsão da norma jurídica de que pretende prevalecer-se. Neste ponto, a questão estará em determinar se a detectada insuficiência de alegação fará a petição inicial *resvalar* para a ineptidão ou se o articulado deve ser tido apenas como facticamente imperfeito[43]. Sem prejuízo de poder antecipar-se, genericamente, um ou outro critério a utilizar em juízo, a resposta sempre dependerá dos contornos da acção em concreto.

Por outro lado, quando a alegação fáctica vertida no articulado do autor permitir individualizar e preencher a causa de pedir, mas se apresentar em termos imprecisos ou inexactos, será também de proferir o despacho pré-saneador regulado no nº 4 do art. 590º, convidando o autor a corrigir o seu articulado, precisando ou concretizando as afirmações originárias.

Finalmente, quando o articulado do autor contiver afirmações que reproduzem a fórmula legal invocada ou têm mera significação técnico-jurídica, importa apurar se a alegação contida na peça processual se circunscreve a tais afirmações ou se as mesmas surgem acompanhas de outras, essas sim, de verdadeiro conteúdo fáctico. No primeiro caso, teremos de concluir pela ineptidão da petição, por falta de causa de pedir,

[42] Assim, ABRANTES GERALDES (*Temas da reforma* cit., Vol. II, p. 79) e MONTALVÃO MACHADO (*O dispositivo* cit., ps. 266-267).

[43] A propósito, LEBRE DE FREITAS (*A confissão no direito probatório*, p. 41, e *Introdução* cit., p. 57, nota de rodapé nº 49).

com as inerentes consequências[44]. No segundo caso, e desde que, apesar da pouco hábil alegação, seja possível descortinar a causa de pedir, por terem sido alegados factos que a individualizem, justifica-se convidar o autor a aperfeiçoar a sua peça, de modo a que alegue factos que concretizem as afirmações de conteúdo jurídico (e conclusivo) exaradas inicialmente.

Neste domínio, importa reforçar a ideia de que o convite ao aperfeiçoamento só faz sentido se, apesar de tudo, tiver sido alegada matéria de facto que, desde logo, permita a individualização da causa de pedir[45].

O que temos vindo a dizer reporta-se ao lado activo da relação processual, isto é, à causa de pedir, cuja invocação compete ao autor, de acordo com o ónus que sobre si impende[46]. Mas igual tratamento há-de ser dispensado ao lado passivo, tendo em conta as excepções opostas pelo réu à acção contra si instaurada. Nessa conformidade, *mutatis mutandis*, aplicar-se-ão às excepções as considerações desenvolvidas a propósito da causa de pedir. Assim, sempre que, perante o articulado do réu, se possa concluir que foi alegada uma determinada excepção, a qual se encontra individualizada nos autos, por terem sido invocados, ao menos, alguns do factos que a compõem, justifica-se que o réu seja convidado a completar a sua defesa, alegando os demais factos omitidos, com vista à subsunção na norma jurídica de que o réu pretende prevalecer-se. Será, também, de proferir despacho de convite ao aperfeiçoamento do articulado da defesa quando se entenda que, embora individualizada a excepção, certos pontos de facto aí alegados carecem de concretização ou pormenorização. Será, ainda, de proferir tal despacho quando a peça da defesa contenha afirmações de cariz meramente técnico-jurídico, acompanhadas de outras de real conteúdo fáctico, desde que estas últimas garantam a individualização da excepção. Fora das situações referidas, isto é, sempre que a excepção não esteja identificada, por carência de suporte fáctico, teremos um caso de nulidade da excepção, impeditiva da sua valoração nos autos[47].

[44] Neste sentido, Abrantes Geraldes (*Temas da reforma* cit., Vol. I, ps. 65 e 210) e Lebre de Freitas (*A ação declarativa* cit., p. 144, nota de rodapé nº 9).

[45] Fora desses casos, a imperfeição fáctica não poderá ser remediada. Neste sentido, Lebre de Freitas (*A ação declarativa* cit., p. 144).

[46] Raciocínio semelhante valerá para a causa de pedir reconvencional.

[47] Neste sentido, Lebre de Freitas (*A ação declarativa* cit., p. 144).

Antes de terminar a análise do despacho pré-saneador destinado ao aperfeiçoamento fáctico dos articulados, devemos reparar que o CPC de 2013 cuidou de precisar a questão do regime deste despacho, explicitando o seu carácter vinculado. Quer dizer, o legislador quis tornar claro que, verificadas as circunstâncias previstas no nº 4 do art. 590º, o juiz não pode deixar de proferir o despacho pré-saneador, sob pena de tal omissão configurar uma nulidade (art. 195º). Recorde-se que, no anterior código, após a Reforma de 1995/96, por referência à expressão *"pode"* inserta no nº 3 do art. 508º (no confronto com a expressão *"convidará"* do nº 2 do mesmo preceito), havia quem sustentasse que o convite ao aperfeiçoamento fáctico dos articulados constituía uma faculdade do juiz, que este exerceria ou não conforme entendesse, sem que a omissão de tal convite gerasse nulidade. Em contrapartida, também havia quem defendesse que se tratava de um poder-dever ou poder funcional, não sendo indiferente o seu exercício (ou não) pelo juiz[48]. Agora, o cotejo do teor do nº 3 do art. 590º (*"O juiz convida"*) com o do nº 4 do mesmo preceito (*"Incumbe ainda ao juiz convidar"*) põe termo a quaisquer dúvidas quanto à natureza vinculada de ambos os convites e, por inerência, às consequências da respectiva omissão. Acerca destas consequências, cabe frisar que a falta de prolação de despacho pré-saneador nos termos e para os efeitos do nº 4 do art. 590º configura a omissão de um acto que lei prescreve. Ora, visto que tal irregularidade é susceptível de influir na decisão da causa, estaremos perante uma nulidade processual, submetida ao regime do art. 195º. Assim que se aperceber da nulidade, a parte interessada deverá argui-la perante o próprio juiz, nos termos do art. 199º. Reconhecida que seja a nulidade, deverá ser então proferido o despacho pré-saneador omitido, ajustando-se a tramitação em conformidade (art. 195º 2). Se o juiz o indeferir a arguição da nulidade, tal decisão será recorrível nos termos gerais.

A violação do disposto no nº 4 do art. 590º será especialmente ostensiva quando o juiz, além de omitir a prolação do despacho pré-saneador de convite ao aperfeiçoamento, logo julga a acção improcedente no despacho saneador (art. 595º 1), com fundamento na deficiência de alegação da petição inicial. Já se disse que os casos mais graves de deficiência de alegação pelo autor conduzem à ineptidão da petição inicial, pelo que o efeito processual será a absolvição do réu da instância, nos termos

[48] Para mais desenvolvimentos, PAULO PIMENTA (*A fase do saneamento* cit., ps. 182 e ss.).

das disposições conjugadas dos arts. 278º 1.b) e 577º b). Também já se demonstrou que, face ao regime vigente, os demais casos de deficiência de alegação não têm natureza preclusiva e são passíveis de sanação, mediante convite ao aperfeiçoamento expresso em despacho pré-saneador (art. 590º 4). O que não pode jamais acontecer é o juiz aperceber-se de uma deficiência de alegação fáctica (que, por não gerar ineptidão, seja sanável) e nem assim proferir despacho pré-saneador, para, logo de seguida, no despacho saneador, julgar a acção improcedente, a pretexto da tal deficiência de alegação. Ao proceder assim, o juiz viola a lei, na medida em que omite a prolação de um despacho que a lei impõe, com a inerente nulidade (art. 195º 1). Num quadro destes, a nulidade só é detectada (e detectável) em face do despacho saneador que declara a improcedência da acção, sendo da respectiva notificação que correrá o prazo para, nos termos do nº 1 do art. 199º, arguir a nulidade decorrente da omissão do convite ao aperfeiçoamento[49,50].

5) O art. 5º 2.b) e o art. 590º 4 do CPC

Como acaba de ser visto, nenhuma acção pode findar no despacho saneador com um juízo de improcedência fundado na mera deficiência da alegação de facto, pois isso revelará que foi omitido o despacho pré-saneador de convite ao aperfeiçoamento fáctico do articulado.

Em contrapartida, nos casos em que a acção não termine no despacho saneador, a falta de prolação de despacho pré-saneador não significa que inexistam deficiências fácticas nos articulados. O que se pode dizer é que o juiz entendeu não haver insuficiências ou imprecisões na exposição ou concretização da matéria de facto alegada. Ou então que, embora existindo tais deficiências, o juiz não se apercebeu delas.

[49] A nulidade em apreço não deve confundir-se com as chamadas nulidades da sentença (art. 615º), cujo regime é igualmente aplicável aos despachos (art. 613º, nº 3), pois o problema não estará no conteúdo do despacho saneador, outrossim na omissão do despacho pré-saneador. Acresce que o eventual tratamento do assunto pelo regime do art. 615º seria contrário à ideia de economia processual, pois implicaria que a arguição da respectiva nulidade se fizesse por via de recurso (art. 615º, nº 4), num esquema necessariamente mais complexo e demorado. E ainda que o juiz deferisse a arguição de nulidade por ocasião do despacho previsto no nº 1 do art. 641º, tal só aconteceria depois de decorridos os prazos para alegações e contra-alegações.

[50] Tudo quanto acaba de ser dito vale, com os devidos ajustamentos, para as excepções peremptórias e para a reconvenção.

Num cenário ou outro, a verdade é que o processo seguirá os seus termos para além do despacho saneador. Será a partir daí, em particular a partir da realização das diligências instrutórias, que pode haver lugar ao funcionamento do regime fixado na alínea b) do nº 2 do art. 5º. Quer dizer, em função da prova produzida nos autos, poderão revelar-se factos complementares ou factos concretizadores dos inicialmente alegados, factos esses, uns e outros, essenciais à procedência das pretensões deduzidas – factos que haverão de ser considerados pelo juiz na sentença, nos termos definidos naquele preceito.

Em condições ideais, isto é, num quadro em que, perante o teor dos articulados, o juiz tivesse ampla capacidade para se aperceber de toda e qualquer deficiência de alegação, os factos a que se refere o art. 5º 2.b), seriam, afinal, factos cuja falta de alegação o juiz poderia sinalizar através do despacho pré-saneador. Consequentemente, satisfeito que fosse o convite ao aperfeiçoamento fáctico, daí em diante, a questão seria somente a de saber se a prova a produzir nos autos confirmaria a realidade de facto alegada (quer inicialmente, quer após o convite). Desse modo, ficaria praticamente neutralizada a aplicação do regime contido naquele art. 5º 2.b). A razão é simples: quanto mais completa e precisa for a alegação feita pelas partes, menores serão os casos de omissão de factos de natureza complementar ou concretizadora.

Equivale isto a dizer que, havendo embora um nexo entre o disposto no art. 590º 4 e o disposto no art. 5º 2. b), tais preceitos operam de modo distinto, posto que orientados para um objectivo comum, qual seja o da justa composição do litígio assente numa decisão material conforme à realidade das coisas. Essa diferença de regimes expressa-se claramente naquilo que deve ser a atitude do juiz em cada um dos momentos.

Quando se trata de accionar o nº 4 do art. 590º o quadro é o seguinte: na fase intermédia do processo[51], o juiz, confrontado com os articulados das partes e percebendo quais as pretensões deduzidas, detecta deficiências (insuficiências ou imprecisões) na alegação fáctica; uma vez que a persistência de tais deficiências pode condicionar a decisão a proferir, o juiz sinaliza tais deficiências e profere despacho de convite ao aper-

[51] À luz do CPC de 2013, pode dizer-se que a acção declarativa comum está estruturada em três fases ou etapas: a inicial, a intermédia e a final. Cfr. Paulo Pimenta (*Processo civil* cit., p. 131).

feiçoamento; na sequência disso, será aperfeiçoada a respectiva peça processual, de modo a que os autos contenham uma alegação de facto completa e precisa; daí em diante, tudo será uma questão de prova dos factos alegados.

As coisas são diferentes no funcionamento da alínea b) do nº 2 do art. 5º: numa fase bem mais adiantada da instância, através da prova produzida, chegam aos autos factos que acrescem aos inicialmente alegados (valendo como *complementares*) ou factos que minuciam ou pormenorizam os originariamente alegados (valendo como *concretizadores*); o juiz deverá considerar tais factos na decisão a proferir, na certeza de que tais factos têm a natureza de *essenciais*, isto é, sem eles as respectivas pretensões não podem proceder.

Afigura-se claro que, no caso do art. 590º 4, o juiz deve adoptar uma postura activa, dando nota da deficiência da alegação e promovendo, por via do convite, que a alegação original seja aperfeiçoada. Repare-se que estamos ainda num estádio processual compatível com a alegação de factos pelas partes. Em contrapartida, no caso do art. 5º 2.b), a atitude do juiz é outra, dir-se-á mais passiva, que se traduz em estar receptivo a factos que brotem ou resultem da própria actividade instrutória, tomando-os em consideração. Na medida em que se contêm no âmbito da causa de pedir ou das excepções deduzidas e são determinantes para o reconhecimento da pretensão inerente, tais factos deverão ser incluídos na decisão.

Colocadas assim as coisas, logo se conclui que o regime consignado no art. 5º 2.b) tem uma clara natureza residual relativamente ao mecanismo previsto no art. 590º 4, funcionando primordialmente como uma espécie de válvula de escape destinada aos casos que escapem ao controlo que deve ter lugar por ocasião do despacho pré-saneador[52]. Não se pense, porém, que a possibilidade de funcionar o esquema do art. 5º 2.b) é de molde a tornar menos relevante (ou menos utilizável) o despacho pré-saneador. É que existe uma profunda diferença entre convidar ao aperfeiçoamento dos articulados, assim induzindo que (por via da respectiva alegação) entrem nos autos factos, e confiar somente na dinâmica da

[52] Reflectindo sobre isto, o Ac. TRP de 30/4/2015 (Aristides Almeida), proferido no processo nº 5800/13.9TBMTS.P1, disponível em www.dgsi.pt, refere que o regime do art. 5º 2. b), representa, na prática, *"outra possibilidade de suprimento das insuficiências ou imprecisões na exposição ou concretização da matéria de facto sobre a qual irá recair a decisão de mérito"*.

instrução, a qual tanto pode revelar factos existentes, mas não alegados, como pode não revelar tais factos. Neste último caso, isto é, se tais factos não resultarem da instrução, é evidente que não serão considerados na decisão, não tanto porque seguramente não existissem na realidade das coisas, mas porque a sua falta não foi oportunamente sinalizada pelo juiz, levando a que tudo ficasse entregue à instrução (dir-se-ia à álea da instrução), comportando o risco de esta não conduzir à revelação desses factos[53,54].

A coerência do regime tem ainda mais implicações, como se passa a expor.

Por um lado, suponhamos que, em determinada acção, não é proferido despacho de convite ao aperfeiçoamento fáctico e que a tramitação prossegue sem que da instrução resultem factos a considerar nos termos do art. 5º 2.b). Mais suponhamos que, ao elaborar a sentença, o juiz conclui que a acção deve improceder por falta de alegação de determinados factos essenciais, isto é, factos sem os quais a pretensão deduzida não pode ser reconhecida.

Se tais factos não foram alegados inicialmente, se não houve convite ao aperfeiçoamento e se a instrução não relevou tais factos, será correcta a decisão de improcedência? A resposta é negativa. Na verdade, se o juiz apenas no momento da sentença se apercebe da insuficiência da alegação, o problema é o mesmo: foi omitida a prolação do despacho pré-saneador previsto no art. 590º 4 e tal omissão configura uma nulidade, nos termos do art. 195º, implicando que a tramitação seja ajustada em conformidade. E isso acontecerá por iniciativa do juiz, caso se consciencialize em tempo, caso em que não deverá proferir sentença, antes repondo o processo no momento do despacho pré-saneador e fazendo o convite ao aperfeiçoamento. Ou então acontecerá por via do reconhecimento da nulidade, na

[53] Ponderando neste sentido, à face dos arts. 264º 3 e 508º 3 do CPC de 1961, após a Reforma de 1995/96, Paulo Pimenta (*A fase do saneamento* cit., ps. 187 e ss.).

[54] Há ainda um outro aspecto que não é de desconsiderar: o exercício do contraditório é muito melhor e mais facilmente acautelado no esquema do nº 4 do art. 590º, como mostra o nº 5 do mesmo preceito, do que no plano do art. 5º 2.b). Também daqui se retira aquilo que deve funcionar como regra e aquilo que deve valer apenas para situações limite.

sequência da sua arguição pela parte interessada, arguição que ocorrerá perante a notificação da sentença.

Por outro lado, a questão pode suscitar-se também em fase de recurso. Assim será se a 1ª instância julgou a acção procedente com base em certo quadro factual, mas a 2ª instância entende que tal factualidade não é bastante para o juízo de procedência. Num caso destes, a Relação não pode, sem mais, revogar a sentença e decretar a improcedência da acção. Com efeito, se a Relação entende que o tipo legal em causa supõe a verificação de mais factos, o que se impõe é fazer o processo descer à 1ª instância, em termos de ser proferido despacho pré-saneador de convite ao aperfeiçoamento, assim se propiciando a alegação dos factos cuja omissão é assinalada pela Relação.

Nas duas situações acabadas de referir, a rejeição da solução proposta implica tratar diferentemente a mesma problemática em função do momento processual em que a é suscitada, o que não se afigura próprio, mais a mais porque inexiste no sistema processual qualquer suporte para essa diversidade de abordagens.

6) O art. 607º 3 e 4 do CPC

No CPC de 2013, face ao teor do art. 607º, só na sentença ocorre a ponderação efectiva acerca dos factos da causa. Tal ponderação expressa-se em vários planos: *i)* discriminação dos factos que o juiz considera provados; *ii)* decisão sobre a matéria de facto (declaração dos factos provados e não provados); *iii)* fundamentação da decisão sobre a matéria de facto.

A *discriminação dos factos que o juiz considera provados*, imposta pelo nº 3 do art. 607º, respeita aos *factos essenciais*, sendo a natural decorrência da decisão sobre a matéria de facto e aglutinando apenas os factos que foram dados como provados: são precisamente esses factos essenciais que constituem o *fundamento de facto* da sentença.

A *decisão sobre a matéria de facto* constitui o chamado *julgamento de facto*, isto é, a pronúncia do juiz acerca dos factos que julga provados e dos factos que julga não provados, conforme estabelece o nº 4 do art. 607º, devendo esta pronúncia versar sobre os *factos essenciais*, sendo certo que os factos provados tanto serão os que *resultaram da prova produzida* nos autos como os que, diz a lei, *"estão admitidos por acordo, provados por documentos ou por confissão reduzida a escrito"*.

A *fundamentação da decisão sobre a matéria de facto* respeita à *motivação da convicção*, exigindo a análise crítica das provas, com a indicação das ilações tiradas dos factos instrumentais e a especificação dos demais fundamentos decisivos para a convicção do julgador, tudo nos termos do nº 4 do art. 607º.

Como se disse, a discriminação de que trata o nº 3 do art. 607º supõe um prévio juízo sobre os factos provados e não provados, isto é, supõe o julgamento de facto, constituindo tal discriminação um repositório limitado àqueles factos que ficaram provados. Esta sequência de raciocínio é diversa daquilo que aparece vertido na sentença. Com efeito, na redacção da sentença, o cumprimento da prescrição contida no nº 3 e no nº 4 do art. 607º leva a que, uma vez elaborado o relatório (nº 2 do art. 607º), o juiz logo proceda à discriminação expressa e autónoma dos factos essenciais que considera provados. Isto porque tais factos é que constituem o *fundamento de facto* da sentença e será por referência a eles que se desenvolverá a ponderação relativa à solução jurídica do pleito.

Conforme se vê pelo confronto do nº 3 e da parte inicial do nº 4 do art. 607º, o juiz deve *declarar* quais os factos que julga provados e quais os que julga não provados (nº 4), mas tem de *discriminar* os que considera provados (nº 3).

No plano dos factos (e continuamos a falar de factos essenciais), a sentença tem de indicar tanto os factos provados como os factos não provados, o que releva até para a eventual impugnação da decisão sobre a matéria de facto: nisso consiste a *declaração* a que alude o nº 4 do art. 607º. O que sucede é que os factos provados a declarar como tal devem ter uma referência própria e autónoma: aí reside a *discriminação* dos factos provados imposta pelo nº 3 do art. 607º. Quer isto significar que o elenco dos factos provados vale, em simultâneo, como resultado do *julgamento de facto* e como a *fundamentação de facto* da própria sentença[55].

[55] Esta discriminação dos factos considerados provados relativamente aos considerados não provados explica-se também pela circunstância de, *na economia da decisão final da causa ao nível da 1ª instância*, os factos não provados nenhuma função desempenharem, tudo se passando como se não tivessem sido sequer alegados. Naturalmente, isso não obsta a que, em sede de recurso sobre a decisão de facto, a Relação venha a ter outro entendimento (art. 662º) sobre os factos provados e não provados.

Relativamente aos factos que o juiz considera provados, há que assinalar a profunda alteração operada pelo CPC de 2013. Note-se que a enunciação dos temas da prova (art. 596º 1) e o modo como é suposto decorrer a instrução da causa (art. 410º) significa que deixará de haver questões de facto atomística e sincopadamente colocadas. E se não há questões (perguntas) formuladas, também não haverá respostas a dar[56]. A função dos *temas da prova* enunciados é somente a de balizar a produção de prova, dentro dos limites decorrentes da causa de pedir e das excepções deduzidas. Significa isto que, com maior ou menor fluidez, com maior ou menor concretização, os temas da prova servem somente para delimitar a instrução e nunca para definir de antemão o efectivo conteúdo do julgamento de facto. E isto é fácil de explicar: o julgamento de facto será o *resultado* da produção de prova, sendo de esperar que a decisão que constitui o *julgamento de facto* expresse fielmente a realidade histórica tal como esta se revelou nos autos.

Nessa conformidade, depois de concluída a produção de prova e quando elaborar a sentença, é função do juiz relatar – e relatar de forma expressa, precisa e completa – os *factos essenciais* que se provaram em juízo. Tal relato haverá de constituir uma narração arrumada, coerente e sequencial (lógica e cronologicamente), na certeza de que isso deve ser feito *"compatibilizando toda a matéria de facto adquirida"*, como prescreve a parte final do nº 4 do art. 607º[57].

[56] À luz do CPC de 1939 e do CPC de 1961, o julgamento da matéria de facto passava por responder ao questionário – eram as chamadas respostas aos quesitos (cfr. o art. 653º do CPC de 1939 e do CPC de 1961). E se, após a Reforma de 1995/96, o art. 653º do CPC de 1961 deixou de aludir expressamente a uma resposta à base instrutória, é sabido que a prática forense se manteve inalterada: onde se respondia ao questionário, passou a responder-se à base instrutória, através da mesma técnica de sempre: "provado", "não provado", "provado apenas que". O novo código rompe com esse sistema e abre decisivamente outros horizontes ao processo civil português.

[57] É com exactidão e clarividência que RAMOS DE FARIA/ANA LUÍSA LOUREIRO (*Primeiras notas* cit., Vol I, p. 543) apontam o seguinte: *"O juiz deve aqui relatar a realidade histórica tal como ela resultou demonstrada da produção de prova. (...) Não há qualquer fundamento para o juiz se cingir aos enunciados verbais adotados pelas partes. O que importa é o facto, e este pode ser descrito de diversas formas. Ele é aqui o cronista, o tecelão da narrativa fiel à prova produzida, não devendo compô-la com fragmentos literais de frases articuladas, fabricando uma desconexa manta de retalhos. A narração deve ser integrada por orações simples, não compreendendo interrogações, exclamações ou qualquer pontuação indicadora de estados emocionais. Encerra uma descrição factual, e não juízos conclusivos. Os álibis para*

Este novo regime da sentença revela potencialidades e assegura condições no sentido da obtenção de um quadro fáctico decisório muito mais completo e conforme à realidade das coisas, assim se assegurando uma efectiva adequação da sentença à realidade extraprocessual. Resulta do exposto que só mesmo no último momento em 1ª instância fica definido o quadro factual dos autos, em clara superação de um sistema que apontava para uma certa cristalização dos factos da causa (quer os provados, quer os probandos) num momento relativamente prematuro da instância. O mesmo é dizer que há um consistente fio condutor entre a atenuação das preclusões quanto à alegação de factos e o reforço dos poderes de cognição do tribunal (art. 5º), a enunciação dos temas da prova (art. 596º 1), o âmbito da instrução (art. 410º) e a vertente fáctica da fundamentação da sentença (art. 607º 3 e 4).

É interessante notar que, confrontando o novo regime processual com o anterior, a *centralidade fáctica* da lide se desloca da fase intermédia do processo para o momento da sentença. Os *concretos* factos essenciais que sustentam as posições das partes devem ser alegados nos articulados pelas partes. A eventual insuficiência de alegação deverá ser suprida por convite ao aperfeiçoamento em despacho pré-saneador. Na fase intermédia do processo, e *apenas para delimitar o âmbito da instrução*, são enunciados os temas da prova (os quais, sem o impedir, não supõem particular concretização fáctica). Na sentença, então sim, o juiz deve indicar os *concretos* factos essenciais que resultaram provados, sendo que o juiz considerará quer os *factos essenciais alegados pelas partes* (espontaneamente ou mediante convite), quer os *factos essenciais complementares ou concretizadores revelados pela instrução* [observando o prescrito na alínea b) do nº 2 do art. 5º].

Convém salientar que, nos termos consignados no nº 4 do art. 607º, relativamente aos factos declarados como provados em resultado da prova produzida em juízo, bem assim relativamente aos factos declarados não provados, o juiz deverá explicitar o raciocínio decisório, *"analisando*

as descrições incoerentes e inconsequentes escasseiam no novo código". Também Abrantes Geraldes (*Recursos no novo código de processo civil* – Apêndice II, 3ª edição, p. 536, nota de rodapé nº 726) assinala que o relato dos factos provados *"deve evidenciar, de forma imediata, coerente e lógica, a realidade sob apreciação, o que de modo algum se satisfaz com a colagem de diversos elementos que nem sequer internamente se mostram ordenados"*.

criticamente as provas, indicando as ilações tiradas dos factos instrumentais e especificando os demais fundamentos que foram decisivos para a sua convicção": é a *fundamentação da convicção* do julgamento de facto.

A fundamentação da convicção subjacente à decisão de facto constitui, sem dúvida, uma das mais delicadas e significativas vertentes da intervenção do juiz, porquanto, mais do que o *mero* acto de declarar provados ou não provados certos factos, é indispensável que o julgador explicite as razões pelas quais decidiu assim e não de outro modo. Tais *razões* exigem sempre a *análise crítica* das provas e a *especificação dos demais fundamentos* decisivos para a convicção do juiz[58]. É assim que o juiz explicará por que motivo deu mais crédito a uma testemunha do que a outra, por que motivo deu prevalência a um laudo pericial em detrimento de outro, por que motivo o depoimento de certa testemunha tecnicamente qualificada levou à desconsideração de um relatório pericial ou por que motivo não deu como provado certo facto apesar de o mesmo ser referido em vários depoimentos. E é ainda assim que, por referência a certo depoimento e a propósito do crédito que merece (ou não), o juiz aludirá ao modo como o depoente se comportou em audiência, como reagiu às questões colocadas, as hesitações que não teve (ou teve), a naturalidade e a tranquilidade que teve (ou não)[59]. Enfim, o juiz deverá objectivar e exteriorizar o modo como a sua convicção se formou, impondo-se a *"identificação precisa dos meios probatórios concretos em que se alicerçou a convicção do julgador"* e ainda *"a menção das razões justificativas da opção feita pelo julgador entre os meios probatórios de sinal oposto relativos ao mesmo facto"*[60,61].

A fundamentação da convicção do julgamento de facto, além de constituir a observância do dever constitucional de fundamentação das deci-

[58] Como é evidente, jamais serão conformes à lei meras referências vagas e genéricas às "testemunhas inquiridas", à "inspecção judicial" ou à "perícia".

[59] Similarmente, Lebre de Freitas (*A ação declarativa* cit., ps. 315-316).

[60] Cfr. Varela/Bezerra/Nora (*Manual de processo civil*, 2ª edição, p. 655).

[61] Na certeza de que cada caso ditará específicos e particulares cuidados na apreciação da prova, é exacta a posição de Abrantes Geraldes (*Recursos* cit., p. 538, nota de rodapé nº 729), quando adverte para o seguinte: *"Cientes de que a verdade absoluta é estranha ao Direito e que, por conseguinte, a formulação de juízos judiciários deve assentar, conforme as circunstâncias e a natureza do caso, em critérios que se orientem pela verosimilhança ou pela maior ou menor probabilidade, não devem ser feitas exigências probatórias irrealistas que, na prática, acabem por revelar uma situação de denegação de justiça"*.

sões judiciais (art. 205º da CRP), desempenha uma função indispensável para a compreensão da decisão pelos seus destinatários, para a sua eventual impugnação pelas partes e ainda para o seu controlo pelo tribunal de recurso[62]. Acresce que a necessidade de motivar o julgamento de facto sempre levará o juiz a confrontar a sua íntima convicção com os elementos probatórios constantes dos autos, em termos de aquela convicção encontrar apoio nestes elementos, o que contribui fortemente para evitar decisões fundadas em meras impressões ou em simples intuições[63].

Ainda no âmbito da fundamentação da convicção do juiz em sede de julgamento de facto, importa agora analisar o tratamento a dar aos *factos instrumentais*, face ao disposto no nº 4 do art. 607º.

Como já se referiu, os factos instrumentais servem para a prova indiciária dos factos essenciais, porquanto através deles se poderá chegar, por via de presunção judicial, à demonstração dos factos essenciais correspondentes. Conforme resulta do nº 1 do art. 5º, o ónus de alegação aí previsto não se dirige aos factos instrumentais, mas somente aos factos essenciais, o que logo implica a inexistência de qualquer preclusão quanto a eventuais factos instrumentais não alegados[64]. Acresce que o juiz pode livremente considerar os factos instrumentais que resultem da instrução da causa, tal como estabelece a alínea a) do nº 2 do art. 5º[65].

Conforme foi assinalado, os factos a *discriminar* pelo juiz para os efeitos do nº 3 do art. 607º serão somente os factos essenciais[66]. A explicação é a seguinte: se é esta fundamentação que vai servir de base à subsunção jurídica a operar, da mesma só terão de constar factos essenciais, os úni-

[62] Cfr. o art. 662º 2.d).

[63] Cfr. Varela/Bezerra/Nora (*Manual* cit., p. 651) e Lebre de Freitas (*A ação declarativa* cit., p. 317). Acerca do grau de convicção, cfr. Castro Mendes (*Do conceito de prova em processo civil*, ps. 321-328).

[64] Recorde-se que a inexistência de ónus de alegação não equivale à proibição de alegação desses factos.

[65] Recorde-se que a cominação associada ao ónus de impugnação só vigora efectivamente para os factos essenciais e não já para os factos instrumentais. Estes últimos, embora não impugnados, não se consolidam e podem ser afastados por prova posterior, como assegura o art. 574º 2 *in fine*.

[66] Neste sentido, Ramos de Faria/Ana Luísa Loureiro (*Primeiras notas* cit., Vol. I, ps. 548).

cos com virtualidade para assegurarem o preenchimento das previsões normativas a considerar.

Pela mesma ordem de razões, a *declaração* dos factos provados e não provados a que alude o nº 4 do art. 607º também se reporta a factos essenciais, até porque, como se viu, a *discriminação* dos factos (essenciais) provados é feita a partir daquela decisão sobre os factos (essenciais) provados e não provados.

Nessa conformidade, o campo privilegiado dos factos instrumentais é o da motivação da convicção do julgamento de facto, sendo este o sentido do segmento *"indicando as ilações tiradas dos factos instrumentais"* constante do nº 4 do art. 607º[67].

A convicção do juiz acerca dos factos essenciais da causa é o culminar de um processo lógico-dedutivo formado com base em diversos elementos, sendo a motivação da convicção o meio de o juiz exteriorizar e objectivar tal processo. O convencimento do juiz acerca da realidade de certo facto essencial pode fazer-se por diversos meios, alguns mais *directos* outros mais *indirectos*: *"Não há prova sem percepção do juiz, mas esta pode recair directamente sobre o objecto ou sobre um facto do qual se possa concluir, segundo a experiência, a existência de um outro facto. Quando os factos caem directamente sob os sentidos do juiz há prova directa – é o que sucede na inspecção judicial. Quando entre o juiz e os factos se interpõe outro facto, a prova é indirecta (testemunhas, documentos)"*[68,69].

É precisamente na prova indirecta que intervêm os factos instrumentais, cuja função, como se disse, é a de permitir a prova dos factos essenciais, o que supõe um processo dedutivo lógico estruturado em *máximas da experiência humana* que se baseiam numa *convenção social* ou numa *lei*

[67] Pronunciando-se igualmente no sentido de que, por princípio, o *lugar* dos factos instrumentais é na motivação da convicção do julgamento de facto, ABRANTES GERALDES (*Recursos* cit., p. 543) e RAMOS DE FARIA/ANA LUÍSA LOUREIRO (*Primeiras notas* cit., Vol. I, ps. 549).

[68] Assim se expressou MANUEL RODRIGUES, citado por CASTRO MENDES (*Do conceito* cit., p. 176).

[69] Sendo a inspecção judicial (490º) o caso mais impressivo de *prova directa*, também a apresentação de coisas móveis ou imóveis (art. 416º) assim poderá ser considerada. Os outros meios de prova configuram prova indirecta, nomeadamente os documentos (arts. 423º e ss.), a perícia (arts. 467º e ss.), a verificação não judicial qualificada (art. 494º) e a prova testemunhal (arts. 495º).

natural[70]. É este o campo das *presunções judiciais*, ou seja, das ilações tiradas pelo julgador de um facto conhecido para firmar um facto desconhecido, o que só pode ocorrer nos termos e nos casos em que é admissível prova testemunhal (cfr. os arts. 349º e 351º do CC)[71,72].

A lei impõe que o juiz, quando a sua convicção acerca da realidade de factos essenciais resulte de dedução estribada em factos instrumentais, assuma isso mesmo e exponha o raciocínio por si desenvolvido para chegar à ilação relativa ao facto essencial. Considerando que os factos instrumentais, por si só, não relevam para o juízo de procedência ou improcedência das pretensões deduzidas em juízo, compreende-se que, por regra, não sejam tratados noutro plano, isto é, não sejam objecto de um juízo probatório específico, surgindo outrossim na explanação do raciocínio subjacente ao juízo probatório relativo aos factos essenciais[73].

O que importa saber é em que termos o juiz logrou convencer-se da realidade dos factos essenciais. Se tal convencimento resultou de ilação tirada de um facto instrumental, o juiz deverá explicar isso mesmo, referindo com precisão o facto instrumental sobre o qual trabalhou e a progressão do raciocínio encetado até ser alcançado tal resultado probatório. Como é evidente, isto não autoriza que fique por explicar o próprio meio que permitiu ao juiz firmar o facto instrumental (que é o *facto conhecido* que suporta a ilação que conduzirá ao *facto desconhecido*, isto é, ao facto essencial)[74]. É que faz necessariamente parte da motivação da convicção subjacente ao julgamento de facto assente em factos instrumentais a indi-

[70] A este propósito, cfr. Castro Mendes (*Do conceito* cit., ps. 178-184), secundado por Lebre de Freitas (*Introdução* cit., ps. 172-173).

[71] Conforme assinala Castro Mendes (*Do conceito* cit., p. 179), a *ligação* do facto instrumental ao facto essencial que daquele se deduz pode ser imediata ou mediata, querendo esta última significar que pode haver uma cadeia de presunções até se alcançar a ilação do facto essencial.

[72] Podem encontrar-se em Abrantes Geraldes (*Recursos* cit., ps. 546-548) alguns exemplos de acções em que a convicção acerca de factos essenciais se alicerça em presunções judiciais.

[73] É esta também a opinião de Abrantes Geraldes (*Recursos* cit., p. 543). Noutra perspectiva, defendendo a necessidade de um juízo probatório específico sobre os factos instrumentais, Soares Gomes (*Decisões judiciais: simplificar a escrita, comunicar melhor, ganhar eficácia,* O novo processo civil – Contributos da doutrina para a compreensão do novo código de processo civil, Caderno I, 2ª edição, Centro de Estudos Judiciários, ps. 342-344).

[74] Se tal sucedesse, teríamos por certo uma decisão de facto que pecava por deficiência de fundamentação, a ponto de o próprio tribunal da Relação dever determinar a descida do processo à 1ª instância, nos termos da alínea d) do nº 2 do art. 662º.

cação precisa dos termos em que julgador acedeu ao facto instrumental. Caso contrário, por muito esclarecida que fosse a dedução feita a partir do facto instrumental, sempre ficaria por explicitar o quadro subjacente à dedução e, com isso, por fundamentar devidamente o juízo relativo ao próprio facto essencial[75].

Ficou dito que os factos instrumentais podem servir de base a presunções, mais precisamente a presunções judiciais, as quais respeitam a ilações tiradas pelo julgador, guiado por regras da experiência (art. 349º do CC). Nesses casos, a função do facto instrumental é probatória relativamente ao facto essencial, devendo aquele ser tratado a esse título, isto é, ao nível da motivação da convicção do julgamento de facto.

Diferentes serão as coisas quando estivermos perante *presunções legais* (art. 350º do CC), que se caracterizam pela circunstância de, perante a verificação de certos pressupostos de facto, a ilação a tirar corresponder a um resultado imposto por lei.

Se o resultado ou conclusão jurídica é imediata decorrência da verificação de determinados pressupostos de facto, o ponto nuclear da ponderação judicial está precisamente nesses pressupostos. Nessa medida, tais pressupostos de facto assumem *foros de essencialidade*, impondo-se que sejam objecto de um juízo probatório específico, valendo então como factos essenciais e não apenas como instrumentais[76]. Por exemplo, a propósito dos danos causados por edifício que ruir, por vício de construção ou

[75] Ontem como hoje, os riscos de *"manipulação das presunções judiciais"* a que alude Soares Gomes (*Decisões judiciais* cit., p. 343) enfrentam-se com rigor e exigência ao nível da motivação da convicção, e não tanto submetendo os factos instrumentais ao mesmo tratamento dos factos essenciais, na certeza de que uns e outros representam dimensões valorativas diversas. Aliás, uma das consequências das *más práticas* associadas ao questionário e à base instrutória foi a de os factos essenciais e os instrumentais serem tratados indistintamente pelo tribunal (e, assim, submetidos ao mesmo tipo de juízo probatório). Dando nota disso, Abrantes Geraldes (*Recursos* cit., ps. 541-543). É patente que o CPC de 2013, pela formulação do art. 5º 2.a) e especialmente do art. 607º 4, visa recolocar ordem neste delicado domínio. Pode dizer-se, com Ramos de Faria/Ana Luísa Loureiro (*Primeiras notas* cit., ps. 548-549), que isso equivale a *"dotar de maior qualidade a decisão sobre os factos essenciais que vêm a ser os fundamentos da decisão final da causa, em sentido estrito, reconduzindo a motivação da pronúncia de facto, pelo enriquecimento que esta inclusão [dos factos instrumentais] lhe proporciona, à centralidade que o art. 205º, nº 1, da CRP obriga"*.

[76] Neste sentido, Abrantes Geraldes (*Recursos* cit., ps. 543-544).

defeito de conservação, o art. 491º 1 do CC presume a culpa do proprietário ou do possuidor. Este é um caso em que a ilação firmada depende de um juízo probatório específico acerca da posse ou da propriedade, condição necessária para ser accionada a presunção legal. Na mesma linha, se pensarmos nos vários casos de presunção de paternidade estabelecidos no art. 1871º do CC, tratando-se aí de um resultado fixado por lei a partir de certo quadro factual, então os factos susceptíveis de accionar a presunção (previstos em cada uma das alíneas daquele preceito) valem como essenciais e demandam um juízo probatório específico quanto à sua verificação[77,78].

[77] O exemplo relativo à presunção legal de paternidade encontra-se em ABRANTES GERALDES (*Recursos* cit., p. 544), cujas considerações a propósito se acompanham, nomeadamente quando, em coerência com a natureza essencial dos factos que sustentam a presunção, adverte para o seguinte: *i)* na pendência de acção proposta com base numa presunção, a invocação de outra presunção configura alteração da causa de pedir, sujeita às restrições dos arts. 264º e 265º; *ii)* em tal acção, a sentença não pode reconhecer a paternidade com fundamento em presunção distinta da que foi invocada na petição inicial. Com entendimento contrário, TEIXEIRA DE SOUSA (*Algumas questões* cit., ps. 398 e 401), submete ao estrito regime dos factos instrumentais os pressupostos de facto de presunções legais, dizendo que os mesmos "são substituíveis por quaisquer outros". Tal entendimento não coincide, porém, com o defendido pelo mesmo autor noutro lugar: cfr. TEIXEIRA DE SOUSA (*Estudos* cit., p. 73).

[78] A essencialidade a reconhecer aos pressupostos de facto susceptíveis de suportar uma presunção legal terá inevitáveis consequências para os efeitos do disposto no art. 5º. Nesse caso, o ónus de alegação previsto no respectivo nº 1 versa sobre a factualidade que preenche os pressupostos da presunção legal.

A caminho da sentença, facto a facto, no novo processo civil

NUNO DE LEMOS JORGE
Juiz de Direito.

1. Decorridos que são quase dois anos desde a entrada em vigor do Código de Processo Civil (CPC) aprovado pela Lei nº 41/2013, de 26 de Junho, conhecemos um primeiro ano de *habituação natural* e um segundo ano atípico, iniciado com as perturbações decorrentes do novo modelo de organização judiciária. Só mais recentemente a "máquina da justiça" voltou a funcionar sem ruídos de fundo perturbadores. É tempo, pois, de atentar novamente no processo civil com o olhar parcialmente refrescado de quem desviou por momentos a sua atenção.

O tema que me sugeriram e aceitei com muita satisfação – a sentença – é a estação terminal do processo civil (embora as partes, ali apeadas, possam seguir viagem na linha do recurso, claro está), um ponto de chegada, a desejada justiça em forma de afirmação jurisdicional de factos e de direito. Pensando no novo processo civil, pareceu-me útil olhar a sentença assim, ou seja, como destino da dinâmica processual. Por esse motivo, a exposição recua para reconstituir as peças – principalmente, os *elementos de facto* – que, mais adiante, contribuirão para compor o quadro complexo da sentença, procurando explicar o lugar de cada uma.

Começa-se – é uma evidência – pelo início. No processo civil português, o início são os articulados.

2. No CPC anterior à reforma de 2013, o artigo 264º, nº 1, estabelecia que às partes cabe alegar os factos que integram a causa de pedir e aqueles em que se baseiam as exceções invocadas, enquanto o atual prevê, no artigo 5º, nº 1, que às partes cabe alegar os factos *essenciais* que constituem a causa de pedir e aqueles em que se baseiam as exceções invocadas.

Para melhor compreender se, aqui, há algo de novo, será útil conhecer a intenção do legislador, a qual, não esgotando certamente a tarefa de interpretação, constitui elemento de primordial importância para apurar o sentido do que mudou. Cumpre, então, recordar que na exposição de motivos que acompanha a Proposta de Lei nº 113/XII – que culminou na aprovação do novo CPC – se podia ler o seguinte:

> "[...]
>
> *De resto, a instituição de um novo modelo de preparação da audiência final irá repercutir-se também nas fases processuais situadas a montante, influenciando, desde logo, o modo de elaboração dos articulados, devendo as partes concentrarem-se na factualidade essencial e com relevo substantivo, assim se desincentivando a inútil prolixidade que, até agora, face a um processo civil desmesuradamente rígido e preclusivo, derivava da necessidade de neles se incluírem todos os factos e circunstâncias essenciais ou instrumentais mais tarde levados ao questionário. Como é sabido, fruto de uma visão assaz formalista e fundamentalista do ónus de alegação, o entendimento prevalecente na prática forense vem sendo o de que qualquer omissão ou imprecisão na alegação implica o risco de privação do direito à prova sobre matéria que o fluir do pleito viesse a revelar. Agora, homenagear o mérito e a substância em detrimento da mera formalidade processual, confere-se às partes a prerrogativa de articularem os factos essenciais que sustentam as respectivas pretensões, ficando reservada a possibilidade de, ao longo de toda a tramitação, naturalmente amputada de momentos inúteis, vir a entrar nos autos todo um acervo factual merecedor de consideração pelo tribunal com vista à justa composição do litígio.*
>
> [...]"

Aqui encontramos o tom que ressoa na *mens legislatoris*: menos formalismo na exigência legal de alegação – menor, então, o peso do correspondente ónus –, acentuando-se, de algum modo, a respectiva substância. Penso que o legislador pretendeu afastar das partes a sombra de uma exigência formal – por vezes levada com algum exagero – que tendia a capturar um *instantâneo fotográfico* dos factos na fase dos articulados, transformando-o num eixo rígido em torno do qual haveria que fazer orbitar o processo, inexoravelmente, nas fases subsequentes, ainda que o seu desenvolvimento viesse permitir, sem sacrifício dos direitos das partes nem desvio ao núcleo caracterizador do objecto da discussão, que ali se acomodasse(m) outra(s) verdade(s).

O sentido da alteração só pode compreender-se em todos os seus significados e consequências se ao nº 1 do artigo 5º associarmos a alínea b) do seu nº 2, onde se estabelece que, além dos factos articulados pelas partes, são ainda considerados pelo juiz os factos que sejam complemento ou concretização dos que as partes hajam alegado e resultem da instrução da causa, desde que sobre eles tenham tido a possibilidade de se pronunciar. A esta outra norma regressarei adiante, no último segmento desta exposição.

De todo o modo, tem sido possível encontrar diferentes leituras deste nº 1 do artigo 5º. Alguns vêem ali uma sugestão que poderíamos comparar à ideia da arquitectura minimalista, onde se afirmam as formas simples, depuradas, essenciais, limpas do excesso, do supérfluo e até do dispensável. No limite, o legislador exigiria às partes que dos articulados constassem unicamente os mais secos e indispensáveis factos que fazem girar as engrenagens das normas jurídicas, a ossatura estrutural da causa de pedir e das excepções. É esta uma posição com a qual não concordo totalmente, pese embora me pareça que faz fronteira com a melhor solução, na qual facilmente se poderá converter se lhe introduzirmos alguns elementos moderadores.

Na verdade – e antes de mais – não é difícil pressentir que o legislador procurou evitar alguma "profusão carnavalesca" de factos nos articulados que, infelizmente, é ainda frequente na vida quotidiana dos tribunais. Muitos factores contribuíram e contribuem para este fenómeno (inabilidade, aqui e ali, mas também não raramente uma postura defensiva, até certo ponto legítima, de quem já se viu preso nas armadilhas formais de que atrás falava). Todavia, o bom senso recomenda que alegação se apresente enxuta, na medida possível.

Admito a regra da alegação (apenas) dos factos essenciais – digamos "estritamente essenciais" – como *tendencial* (embora *fortemente tendencial*), já que a realidade concreta de cada processo poderá levar a que, por algum motivo, a alegação de outros factos seja *útil* e, por isso, *recomendável*.

Descrevo apenas duas situações para ilustrar esta ideia, entre outras imagináveis.

Muitas vezes, a coloração dos factos – essenciais ou instrumentais – é clara e marcadamente distintiva, mas nem sempre assim acontece. Hipóteses há em que nos encontramos perante zonas cinzentas, de alguma incerteza, porque as normas são abertas e os acontecimentos difusos.

Assim, se a circulação em contramão pode ser um facto essencial bem delimitado na discussão de um acidente de viação, já determinada conversa ou informação prestada por um sujeito pode ser mais duvidosamente relevante (como facto essencial) para formar um quadro de acontecimentos complexo que importa definir para aplicação de regras de responsabilidade pré-contratual. Ocasionalmente, o juiz, por cautela – perfeitamente admissível dentro de certos limites – tem por relevantes factos que, na sentença, acaba por não aproveitar, porque a aplicação do direito a final o conduziu a um horizonte que não tinha antecipado em toda a sua extensão. Em casos de fronteira, pode acontecer que os tribunais superiores aproveitem factos que – na substância – não foram relevantes para a decisão recorrida, concedendo-lhes relevância na apreciação do recurso.

Por outro lado, a referência – parcimoniosa e devidamente ponderada – a factos instrumentais pode ser oportuna, nos articulados, por tais factos constituírem, no caso, elementos de ligação ou contextualização dignos de nota. Assim, a alegação da vontade real do declarante num certo negócio (facto essencial) dispensará, por regra, que se mencionem desde logo as conversas e documentos que, articulados entre si, a podem revelar (factos instrumentais). Mas não podemos excluir que, em determinada hipótese, a menção a algum destes factos possa servir para melhor compreender outros ou, até, para ver a outra luz a utilidade de um requerimento probatório. A este propósito, importa notar que a possibilidade de aquisição de factos complementares ou concretizadores que o artigo 5º, nº 2, alínea b), veio estabelecer não deve ser levada ao extremo de ter por normal ou desejável que o objecto do processo não esteja ainda suficientemente caracterizado e perceptível no momento em que se avança para a produção da prova.

Servem estes exemplos banais para destacar a circunstância de que, na sua rica diversidade, cada processo pressupõe um equilíbrio próprio entre o que é nuclearmente relevante, o que é acessório e o que pura e simplesmente não tem qualquer utilidade, equilíbrio que deve ser procurado com sensatez, atendendo à substância das pretensões deduzidas e sem excessiva preocupação com a ortodoxia da classificação dogmática.

No entanto, dito isto, feitas as ressalvas, é verdade que, as mais das vezes, os articulados se poderão reduzir a uma saudável e tonificada concentração de factos (estritamente) essenciais, *tendência* que o legislador quis – justa e oportunamente – afirmar.

3. O novo CPC admite a réplica unicamente para o autor deduzir a defesa quanto à matéria da reconvenção e, nas acções de simples apreciação negativa, para o autor impugnar os factos constitutivos que o réu tenha alegado e para alegar os factos impeditivos ou extintivos do direito por este invocado (artigo 584º). Consequentemente, *a regra* é a da inadmissibilidade do terceiro articulado.

Da exposição de motivos que acompanha a Proposta de Lei nº 113/XII nada consta relativamente a esta alteração, porque, no respectivo articulado, a solução não era a mesma. Os artigos 584º e 585º tinham, ali, a seguinte redacção:

"[...]

Artigo 584º

Função e prazo da réplica

1 – À contestação pode o autor responder na réplica, se for deduzida alguma excepção e somente quanto à matéria desta; a réplica serve também para o autor deduzir toda a defesa quanto à matéria da reconvenção, mas a esta não pode ele opor nova reconvenção.

2 – Nas acções de simples apreciação negativa, a réplica serve para o autor impugnar os factos constitutivos que o réu tenha alegado e para alegar os factos impeditivos ou extintivos do direito invocado pelo réu.

3 – A réplica é apresentada no prazo de 15 dias, a contar daquele em que for ou se considerar notificada a apresentação da contestação; o prazo é, porém, de 30 dias, se tiver havido reconvenção ou se a acção for de simples apreciação negativa.

4 – Não há lugar a réplica nas acções de valor não superior a metade da alçada da Relação, salvo quando o réu deduza reconvenção ou a acção seja de simples apreciação negativa.

Artigo 585º

Função e prazo da tréplica

1 – Se houver réplica e nesta for modificado o pedido ou a causa de pedir, nos termos do artigo 265º, ou se, no caso de reconvenção, o autor tiver deduzido alguma excepção, poderá o réu responder, por meio de tréplica, à matéria da modificação ou defender-se contra a excepção oposta à reconvenção.

2 – A tréplica é apresentada no prazo de 15 dias a contar daquele em que for ou se considerar notificada a apresentação da réplica.
[...]"

A solução encontrada pelo legislador, suprimindo a tréplica e reduzindo o âmbito da réplica, leva-me a notar que são evidentes as preocupações de celeridade que conduziram à compressão dos articulados. Num contexto de modificações iluminadas por ideias de celeridade e eficiência, não é difícil vislumbrar um "pré-conceito": bem ou mal (não o desenvolverei neste lugar), a tréplica e a réplica mais alargada foram vistas como factores de atraso no processo.

Com esta limitação não ficam as partes privadas, claro está, da possibilidade de contradizer, mantendo-se a regra de que às excepções deduzidas no último articulado admissível pode a parte contrária responder na audiência prévia ou, não havendo lugar a ela, no início da audiência final (artigo 3º, nº 4). Os pilares balizadores da discussão da matéria de facto (sem prejuízo do disposto no artigo 5º, nº 2) podem, pois, acabar de se fixar depois dos articulados.

O uso dos poderes-deveres de gestão processual (artigo 6º) pode conduzir a que o juiz conforme o processo, abrindo-o a um terceiro articulado. Esta possibilidade, porém, é excepcional, devendo ser ponderada com cautela. Goste-se ou não se goste da solução encontrada, a verdade é que foi *clara* a intenção do legislador de restringir os articulados. É este o ponto de partida, que deve ser respeitado na generalidade das acções. Se, a pretexto do uso dos poderes de gestão processual, a réplica ou a tréplica se transformarem *em regra*, não se respeita *a diferente regra que o legislador* – o único legitimado para a impor – pretendeu instituir. Trata-se de um equilíbrio que é, por vezes, de execução difícil. A gestão processual deve partir de um princípio de respeito pelo figurino abstracto previsto na lei. Ali está o modelo desenhado para toda e qualquer acção, que o legislador entendeu ser o melhor. No entanto, tratando-se de vestuário *one size fits all*, o juiz pode (e deve) adaptar o processado – não só a forma, mas também, se necessário, o conteúdo dos actos – adoptando mecanismos de simplificação e agilização processual que garantam a justa composição do litígio em prazo razoável. O equilíbrio que referia está precisamente em fazê-lo – activamente, sempre que necessário – sem ignorar que as razões que estiveram por trás da previsão legal abstracta devem ser respeitadas. Se a alteração legislativa nos dá um sinal forte de que o legislador pretendeu *menos articulados*, não fica o juiz impedido de estabelecer os que forem necessários num determinado processo. Mas, se o fizer sistematicamente, em todos ou quase todos os processos, muito provavelmente ficará desviado da intenção do legislador ao ponto de não conseguir justificar esse desvio com as "especificidades" de *todos* ou *quase todos* os processos. O mesmo poderíamos dizer, por exemplo, do disposto no artigo 272º, nº 4, do CPC (regra que impede a suspensão da instância por vontade das partes quando dela resulte o adiamento da audiência final). Ainda que a solução não agrade ao juiz, deve ele respeitá-la por princípio, não pondo em causa, *por regra*, a realização da audiência final através da suspensão do processo. Poderá, pontualmente, deparar-se com casos em que a suspensão é justificada, ainda que implique o adiamento da audiência. Mas, se, pelo uso dos poderes de gestão processual (directamente por via do artigo 6º ou forçando a nota do "motivo justificado" do nº 1 do artigo 272º), transformar essa suspensão com adiamento *em regra*, não poderá dizer que respeitou o comando abstracto, tanto mais que – também aqui – a alteração da norma mostrou *com muita clareza* que o legislador pretendeu estabelecer uma *regra forte contrária aos adiamentos em virtude de suspensão do processo*. Com isto não se pretende reduzir a gestão processual à quase passividade do juiz (fenómeno que o artigo 6º visou, precisamente, evitar), mas apenas situar esse poder-dever dentro dos seus justos limites. Tal como não há gestão processual contra as garantias fundamentais das partes (igualdade, contraditório, direito à prova, etc.), também ela não deve existir como instrumento de boicote das legítimas opções legislativas. Por outras palavras, o legislador, admitindo que o seu bem intencionado *one size fits all* pode não assentar bem em todo e qualquer processo concreto, permitiu ao juiz que (nos casos em que tal se justifique) compusesse o modelo, encurtando aqui, alongando acolá, tirando e acrescentando, para melhor servir a justa e célere composição do litígio, mas não o autorizou a concluir que o *fits all*, afinal, *does not fit any*. Sou insuspeito para assim concluir, creio, porque não me revejo no drástico corte dos articulados, nem na radical regra do nº 4 do artigo 272º (embora consiga reconhecer que existem motivos pragmáticos e antecedentes "históricos" que levaram o legislador a optar por ela). Já me afastei de qualquer das soluções, pontualmente, com o cuidado de justificar o desvio, mas não o faço, nem o farei, sistematicamente, sem respeito pela regra-base.

4. Os factos *organizam-se* em temas da prova (artigo 596º, nº 1). Esta figura, que constituiu uma das grandes novidades da reforma de 2013, nem sempre tem sido – a meu ver – bem compreendida. Lancemos mão, uma vez mais, da exposição de motivos que acompanha a Proposta de Lei nº 113/XII:

> "[...]
> *Relativamente aos temas da prova a enunciar, não se trata mais de uma quesitação atomística e sincopada de pontos de facto, outrossim de permitir que a instrução, dentro dos limites definidos pela causa de pedir e pelas excepções deduzidas, decorra sem barreiras artificiais, com isso se assegurando a livre investigação e consideração de toda a matéria com atinência para a decisão da causa. Quando, mais adiante, o juiz vier a decidir a vertente fáctica da lide, aquilo que importará é que tal decisão expresse o mais fielmente possível a realidade histórica tal como esta, pela prova produzida, se revelou nos autos. Estamos perante um novo paradigma que, por isso mesmo, tem necessárias implicações, seja na eliminação de preclusões quanto à alegação de factos, seja na eliminação de um nexo directo entre os depoimentos testemunhais e concretos pontos de facto pré-definidos, seja ainda na inexistência de uma decisão judicial que, tratando a vertente fáctica da lide, se limite a "responder" a questões eventualmente até não formuladas.*
> [...]"

Partindo do sentido alinhavado no segmento transcrito, creio que algumas notas – talvez um pouco dispersas – poderão ajudar a compreender melhor o que se pretende com os temas da prova.

Com o abandono da base instrutória, o processo não passou a vogar numa sopa turva de factos. A instrução – como não podia deixar de ser e a exposição de motivos salienta – tem os seus limites definidos pela causa de pedir e pelas excepções deduzidas. Dentro desse perímetro, podem ser validamente adquiridos factos não alegados (artigo 5º, nº 2), mas a *organização* da matéria em temas da prova centrar-se-á naqueles que, com relevância, se encontrarem nos articulados e, eventualmente, nos que forem aditados na audiência prévia (artigos 3º, nº 4 e 590º).

Creio que um dos piores serviços que se poderá prestar à definição e aplicação prática dos temas da prova é tentar mostrá-los como uma receita pré-constituída, rígida e pronta a servir. Esse era o modelo da base instrutória – com as suas virtudes e os seus defeitos – mas, certamente, não é o dos temas da prova. Daí que cada caso, o modo como se discute em cada processo e mesmo (até certo ponto) a dinâmica dos sujeitos processuais possam contribuir para o resultado final. Trata-se, na feliz síntese de Paulo Ramos de Faria ("A reforma da base instrutória: uma regressão", Revista do Ministério Público, número especial dedicado ao "Debate – A Reforma do Processo Civil", 2012, págs. 37 e ss.), de compreender que:

> [...]
> *"Não devemos perder muito tempo com a discussão dogmática em torno do seu conteúdo – v.g., se deve incluir apenas os factos essenciais, estes e os instrumentais ou quaisquer outros. O que importa saber é se a ferramenta especificamente construída é adequada ou não ao julgamento da causa concreta na qual foi elaborada. Sem grande preocupação sobre a qualificação dos factos, há que construir uma base que permita uma instrução escorreita e esclarecida, assim como uma decisão sobre a matéria de facto completa."*
> [...]

Os temas da prova não serão, muitas vezes, exactamente factos, *mas sim categorias de factos, estes reunidos numa expressão agregadora conforme ao que se discute no processo e rigorosa, permitindo preparar, compreender na íntegra e organizar logicamente o objecto da instrução e a discussão sobre a matéria de facto relevante*. Nessa medida, deverão constituir a base de uma boa preparação da fase de instrução. Com isto não se pretende afirmar que um tema da prova não possa corresponder a um facto (embora, por regra, assim não ocorra, basta que exista um facto relevante que não deva ser agregado a outros para que assim possa acontecer), mas, apenas, que, visando reunir conjuntos de factos, por regra corresponderá ao sentido dessa união.

Percebe-se, como é evidente, a tendência clara para uma arrumação menos atomística do que foi a base instrutória, mas só as particularidades do caso e do processo nos darão a medida certa do recorte: de maior proximidade à contextura factual concreta ou maior recuo conceptual. A expressão mais correcta deverá ser suficientemente genérica para permitir agregar os factos (respeitando o respectivo critério lógico), mas também suficientemente detalhada para que a arrumação constitua uma ferramenta útil para a preparação e organização da fase de instrução e dela possamos, depois, extrair sem aporias os factos relevantes para a sentença. Esta última nota é essencial, visto que – podendo conter-se em expressões mais ou menos conclusivas – os temas da prova dizem sempre respeito a *factos* (organizam conjuntos de *factos* que as partes pretendem provar) e devem construir-se de modo a que esses mesmos *factos* se consigam reconhecer e revelar no desenvolvimento dinâmico do processo.

A partir daqui, o resultado será ditado pelo que for mais *útil* ao fim que assinalei. Assim, por exemplo, uma referência genérica a "factos relativos aos danos decorrentes de..." pode ser suficiente num processo em que a discussão sobre o dano se contenha em dois ou três factos que as partes e o juiz identificam imediatamente e sem qualquer dúvida, sendo todavia insuficiente e *inútil* numa causa em que abunda a discussão sobre várias categorias de danos, que importará, então, desdobrar. Se, em certo processo, interessa apurar a vontade real de um declarante e só uma hipotética vontade está alegada e perfeitamente delimitada nos articulados, poderá, eventualmente, a enunciação bastar-se com a "vontade de X subjacente à elaboração do documento Y", mas também não podemos afastar liminarmente que, em outro processo, devido ao modo como o assunto se discutiu nos articulados ou tendo em vista algum desenvolvimento subsequente (p. ex., certo meio de prova), seja mais *útil* especificar um pouco mais o sentido dessa vontade.

O importante, em suma, é que os temas da prova funcionem, com toda a *utilidade*, como verdadeiro *instrumento de diálogo* entre as partes e o juiz, para que todos compreendam rigorosamente, e nos mesmos termos, o objecto da instrução.

Em complemento aos temas da prova, a meu ver, não obstante já não existir directa previsão legal, nada impede que se proceda à enunciação de factos que já se devem ter por provados, designadamente por admissão, confissão ou prova documental, caso se entenda ser útil à boa organização do processo, embora sem o peso da formalidade dos "antigos" factos assentes. Com uma indicação breve e compreensível, ainda que sumária, não só as partes poderão ver esclarecidas algumas dúvidas sobre a atenção do tribunal a determinados aspectos da matéria de facto como também o juiz poderá facilmente detectar eventuais contradições, mais simples de gerir e esclarecer nesta fase do que no momento em que elabora a sentença.

Uma última palavra para notar que, se bem que a preponderância natural na organização dos factos seja dos *factos essenciais*, não devemos dizer que os factos instrumentais estão sempre, em todo e qualquer caso, afastados dos temas da prova. Desde logo, eles vão, as mais das vezes, implicitamente alinhados nas categorias usadas para agrupar os temas (lembro, todavia, que a sua "aquisição" é precária – cfr. a parte final do nº 2 do artigo 574º). Para além disso, nada, a meu ver, impede que, pontualmente, se um facto instrumental se destacar funcionalmente, pela sua centralidade, como ponto fundamental da discussão, ele encontre esse mesmo destaque numa autonomização como tema da prova. Assim – voltando ao exemplo de um facto essencial relativo à vontade real de um certo declarante – se já se tornou claro, designadamente pelo teor dos articulados e pela discussão na audiência prévia, que a prova assentará quase exclusivamente na autoria de um documento revelador dessa vontade, afirmada por uma parte e negada pela outra, nada impede que, dando nota da importância prática e funcional (para a instrução), tal seja (e)levado a tema da prova. Certamente que não se tratará de um "facto provado" da sentença, mas sim de elemento apreciado na motivação da decisão da matéria de facto, mas a verdade é que entre temas da prova e factos provados e não provados da sentença, tendo que haver *congruência*, não tem que existir perfeita *correspondência*.

5. Devidamente organizados, os factos serão objecto de prova na fase de instrução. O artigo 410º estabelece que a instrução tem por objecto os temas da prova enunciados, o que devemos ler habilmente, já que os temas da prova são o instrumento de organização dos factos e são estes que, em última análise, constituem objecto da prova: relatados pelas testemunhas, representados por documentos e percepcionados por peritos. Devemos, pois, reconhecer no artigo 410º a ideia de que a instrução tem por objecto os [factos organizados em] temas da prova, ideia que o nº 1 do artigo 516º talvez transmita com mais rigor, ao estabelecer que a testemunha depõe *a matéria dos* temas da prova.

A prova incide sobre todos os factos *relevantes* que dela careçam, que não podem nem devem ser reduzidos aos factos *principais ou essenciais*, como, por vezes, se vê acontecer. Pelo contrário, a fase de instrução é o palco por excelência da apresentação e discussão dos factos *instrumentais*. Já era errado, no regime anterior à reforma de 2013, limitar a discussão aos factos essenciais "quesitados" (assumindo que só estes o foram), como se a discussão dos factos que a eles conduzem não constituísse *uma parte normal e esperada da instrução*. E (pelo menos) tão errado será se assim continuar a ser feito. Cada parte tem direito a propor e produzir prova sobre os factos essenciais que interessem à posição juridicamente relevante assumida no processo e, por arrastamento, à prova dos respectivos factos instrumentais, que o tribunal deve considerar independentemente de alegação (alínea a) do nº 2 do artigo 5º).

Finda instrução e a discussão, é tempo da decisão, tema (ou pretexto) transformado em ponto de chegada da minha intervenção.

6. A deriva pelos pontos anteriores serviu, essencialmente, para melhor compreender que factos se encontram, a final, na sentença, quais as peças que se juntam na composição final, qual a sua origem, o seu sentido e o modo como chegam ao processo.

Foi, assim, uma forma de olhar a sentença "ao contrário", pelo seu reverso ou antecedentes. A terminar, resta unir e resumir, rematando com breves notas finais.

A sentença não deve lavrar-se sem que o juiz se sinta "suficientemente esclarecido", considerando os elementos de que dispôs e/ou pôde dispor (artigo 607º, nº 1, parte final). A norma tem a utilidade de recordar que o juiz deve ter uma postura de *interesse activo* relativamente aos factos que lhe cumpre conhecer. Como é evidente, sempre encontraríamos solução formal para o seu *desinteresse*, arbitrada pelo distribuição do ónus da prova, mas a lei prefere notoriamente – e nesta norma o revela – a *convicção positiva à falta dela*, como em outro lugar já procurei explicar ("Os Poderes Instrutórios do Juiz: Alguns Problemas", Revista Julgar, nº 3, Setembro-Dezembro de 2007, págs. 61 e ss.).

Na moldura da sentença – relatório, fundamentos de facto, fundamentos de direito e decisão – atentemos, pois, nos fundamentos de facto, que, instintivamente, tendemos a decompor em factos provados, factos não provados e respectiva motivação.

Relembremos, porém, que podem interpor-se questões carecidas de prévia apreciação na sentença, interferindo com a fixação dos factos. Basta pensar, por exemplo, na falta de autenticidade de documento presumido por lei como autêntico, na falsidade do documento, na subscrição de documento particular por pessoa que não sabia ou não podia ler sem a intervenção notarial a que se refere o artigo 373º do Código Civil, e na subtracção de documento particular assinado em branco com inserção de declarações divergentes do ajustado com o signatário (artigo 446º, nº 1). A produção de prova relativamente a estes incidentes, bem como a sua decisão, têm lugar juntamente com as da causa, cujos termos se suspendem para o efeito, mas apenas quando necessário (449º, nº 3). Trata-se, em qualquer dos casos, de questões cuja resolução deve preceder logicamente a decisão relativamente à prova dos factos, pois deles pode resultar a invalidação de meios de prova.

Com o fim da cisão entre as decisões sobre a matéria de facto e sobre a matéria de direito, o juiz deverá conhecer de ambas na sentença.

Deverá ter em consideração, desde logo, *os factos admitidos por acordo* (artigos 574º, nº 2, 587º, nº 1 e 572º, alínea c)). Quanto a estes, importa notar que os factos instrumentais têm o seu lugar na motivação da decisão relativa à matéria de facto – são elementos a apreciar ali –, devendo o juiz ponderar se a admissão foi afastada por prova posterior (nº 2 do artigo 574º). A harmonia e coerência da decisão, bem como a função do facto instrumental, impõem que este se considere afastado não só pela prova (directa) do seu contrário mas também pela afirmação positiva de um facto essencial ou instrumental incompatível, sob pena de insanáveis contradições. Assim, por exemplo, tendo sido alegado que certo documento foi visto na mesa de trabalho do réu (facto instrumental), para demonstrar que a parte conhecia a comunicação nele contida (facto principal atinente ao cumprimento defeituoso), se aquele primeiro facto não tiver sido impugnado, ainda assim o tribunal deve afastá-lo na sentença, não lhe atribuindo relevância (na motivação da decisão sobre a matéria de facto), não só no caso de ficar convencido de que tal documento nunca se encontrou ali, mas também no caso de se convencer de que o pretenso remetente não chegou a enviá-lo. Dito de outro modo, o facto instrumental tem como única utilidade demonstrar o facto essencial e a sua admissão tem sempre carácter provisório, cedendo perante a incompatibilidade com outros factos relativamente aos quais o tribunal alcançou uma convicção positiva.

Para além dos *factos objecto de confissão*, e outros *plenamente provados*, o juiz deve especificar quais os factos relevantes para a decisão que, estando sujeitos à sua livre apreciação, resultaram provados e quais os factos que resultaram não provados.

Deve fazê-lo – insisto na palavra – quanto aos *factos*. Os temas de prova não são perguntas carecidas de resposta directa na sentença, mas antes um instrumento processual destinado à *arrumação dos factos carecidos de prova*. São, pois, esses factos – concretos acontecimentos ou, no caso de factos negativos, não acontecimentos –, e não os temas da prova, que devemos ver fixados ou não fixados como substrato para aplicação do direito.

A remissão para os articulados é admissível relativamente à *enunciação* dos factos não provados (embora nem sempre seja recomendável), mas, no mais, a sentença exigirá do juiz um compromisso directo e pessoal com a decisão relativa aos factos, seja quanto à afirmação positiva dos provados, seja, claro está, quanto à motivação da sua convicção.

Os factos provados devem, desde logo, obedecer a uma certa organização.

Uma vez que tratamos de *factos* que não tiveram um prévio alinhamento lógico – como sucedia com a elaboração da base instrutória – o juiz deve agora organizá-los através de uma determinada sequência, cujos contornos serão ditados pelo caso e processo concretos. Por regra, será conveniente seguir uma sequência que poderei classificar como "lógica-cronológica", ou seja, centrada na ordenação cronológica dos factos que consubstanciam uma certa "realidade histórica", ou várias, ajustando-se (partindo-se) a linha do tempo, se necessário, em segmentos que correspondem a categorias jurídicas amplas, para facilitar a subsequente tarefa de aplicação do direito. Por exemplo, numa sentença em acção de responsabilidade civil emergente de acidente de viação, é usual descrever o encadeamento de factos relativo ao acidente propriamente dito e, depois, todos os factos relativos aos danos; numa acção real assente na usucapião, a decisão tenderá a enunciar cronologicamente os factos relativos ao *corpus* da posse e só depois os que revelam o *animus*. Em muitos casos, a matéria de excepção, principalmente os factos extintivos e modificativos (mais do que os impeditivos), tende a arrumar-se após os factos que integram a causa de pedir. Trata-se de um alinhamento quase instintivo na boa organização de uma sentença, como o é também na boa construção de um articulado.

De todo o modo, o que importa notar, neste ponto, é que os articulados apenas limitaram o juiz quanto à "realidade histórica" de base, delimitada pela causa de pedir e pelas excepções, relativamente à qual é lícito ao juiz dar como provados factos essenciais, desde que contidos no âmbito do artigo 5º, nº 2. Dado que o juiz não os organizou previamente como átomos da base instrutória e, nessa medida, não responde directamente a questões, a sua tarefa, ao enunciar os factos provados, é, simplesmente, *descrever os acontecimentos dentro dos limites que assinalei*. Deve fazê-lo – como referi – ordenadamente, mas livremente dentro daquele perímetro, em função *do que resultou da instrução*, o que, convenhamos, é mais compatível com um discurso próprio do que com a importação das fórmulas dos articulados. O juiz não tem que reproduzir tabelarmente as fórmulas das alegações de factos das partes e estas não podem opor à decisão semelhante desvio, se a sentença se contiver no âmbito dos factos discutidos.

Em suma, a sentença – relativamente à matéria de facto – poderá assentar em factos subtraídos por lei à livre apreciação do tribunal (plenamente provados por documentos, confessados, afirmados por força de presunção legal), factos essenciais que constavam dos articulados e, ainda, os factos que sejam complemento ou concretização dos que as partes hajam alegado e resultem da instrução da causa, desde que sobre eles tenham tido a possibilidade de se pronunciar (artigo 5º, nº 2, alínea b)). Quanto a estes – e independentemente da classificação dogmática, que aqui não desenvolverei –, quero apenas notar que a possibilidade de as partes se pronunciarem não exige, muitas vezes, uma autónoma oportunidade de pronúncia entre o encerramento da audiência e a prolação da sentença. Para que possamos concluir que as partes tiveram a possibilidade de se pronunciar, basta que o facto tenha sido claramente discutido com autonomia na audiência final. Para formar a sua convicção, na parte que não se encontra a ela subtraída, o juiz pode recorrer a todos os factos instrumentais (que devem conter-se no segmento da motivação), quer os alegados, admitidos e não afastados, quer quaisquer outros que resultem da instrução, apreciados criticamente na sua relação uns com os outros e com os factos essenciais (artigo 5º, nº 2, alínea a)). Tudo sem prejuízo da consideração dos factos notórios, que não carecem de alegação ou prova, e daqueles de que o tribunal tem conhecimento por virtude do exercício das suas funções.

7. Exposto o (só aparentemente) complexo mosaico de factos que flui para a sentença, retocado no seu percurso pelas novas regras de direito processual civil, fica – assim espero – a marca de uma ideia de harmonia e coerência interna do sistema quanto à aquisição e valoração dos factos no processo enquanto acontecimento dinâmico, ideia à luz da qual talvez consigamos resolver algumas dúvidas que, a cada dia, a incessante diversidade da vida judiciária certamente nos colocará.

Oposição à execução e à penhora: seus reflexos na acção executiva

LURDES MESQUITA
Professora do Departamento de Direito da Universidade Portucalense
e do Instituto Politécnico do Cávado e do Ave.

SUMÁRIO: I. Considerações introdutórias; II. Oportunidade do contraditório e efeitos da pendência dos apensos no andamento da execução; 1. Oportunidade do contraditório; 2. Efeitos da pendência dos apensos de oposição à execução e de oposição à penhora no andamento da execução; a. Casos gerais; b. Caso em que a penhora tem por objecto a casa de habitação efectiva; c. Substituição da penhora por caução idónea no acto da oposição à execução; III. Regime de fundamentos dos embargos de executado; 1. Novo regime dos fundamentos dos embargos de executado – do regime dualista ao regime tripartido; a. Regime restrito e regime amplo; b. Regime híbrido – fundamentos dos embargos de executado em execução baseada em requerimento de injunção com fórmula executória; i) O estado da arte à data da entrada em vigor do NCPC; ii) O novo regime de fundamentos de oposição à execução baseada em requerimento de injunção; iii) O fim inglório e a oportunidade perdida do regime assente no art. 857º; IV. Efeitos da decisão que põe fim aos embargos de executado; V. Algumas questões relacionadas com a oposição à penhora; 1. Os riscos de desproporcionalidade da penhora realizada ao abrigo do art. 626º.5; 2. Incidente de comunicabilidade da dívida suscitado pelo executado; 3. Substituição dos bens penhorados e oposição à penhora.

I. CONSIDERAÇÕES INTRODUTÓRIAS

Em primeiro lugar, uma pequena nota sobre o novo Código de Processo Civil[1]: há dois anos, as incertezas atormentavam os profissionais do foro e a esperança estava apenas no espírito de alguns. Hoje, a nova lei processual civil conquistou o seu lugar e, em especial no que se refere ao processo executivo, permitiu ganhar segurança e tempo na efectiva reparação de direitos violados, com vantagem também na eficiência do

[1] De ora em diante, abreviado por NCPC.

processo. Esta apreciação geral não impede, naturalmente, que se façam algumas reflexões sobre as soluções adoptadas, particularmente a propósito da oposição à execução e à penhora.

Esta matéria é atinente às garantias do executado contra a inexequibilidade, directa ou indirecta, da obrigação exequenda ou contra os excessos na penhora. Centra-se na análise de dois enxertos de natureza declarativa que podem ter lugar na acção executiva e são manifestação do exercício do princípio do contraditório. Apesar de estarmos na presença dum processo que se inicia com o direito – cuja efectivação coerciva se pretende – previamente acertado no título executivo, partindo da vantagem da presunção da sua existência, mais ou menos forte conforme se trate de título executivo judicial, parajudicial ou extrajudicial, o princípio do contraditório, enquanto pilar fundamental do Direito Processual Civil, está igualmente presente. Só assim se cumpre o *due process of law*, constitucionalmente consagrado (art. 20º da Constituição da República Portuguesa).

Enquanto «litígios» que gravitam à volta da acção executiva e que, apesar de autónomos, lhe estão funcionalmente ligados, a oposição à execução e a oposição à penhora exigem o exercício do poder jurisdicional e, nessa medida, a lei reserva essa competência ao juiz de execução, nos termos do art. 723º.1, al. a), do Código de Processo Civil[2].

Acresce, ainda, em jeito de notas iniciais, uma consideração de ordem terminológica, para justificar a designação de «embargos de executado», e outra relativa à nova inserção sistemática do tema no NCPC.

O meio adequado para o exercício do contraditório em sede de acção executiva sempre foi designado de «embargos de executado». Porém, em 2003, esta terminologia foi abandonada sem que houvesse sido avançada – e sem que realmente existisse – uma justificação adequada[3].

[2] As disposições legais que, a partir de agora, sejam mencionadas sem referência ao respectivo diploma legal, dizem respeito ao Código de Processo Civil, aprovado pela Lei 41/2013, de 26 de junho, com entrada em vigor a 1 de Setembro do mesmo ano.

[3] Paula Costa e Silva, ao tempo da reforma de 2003, procura uma justificação, nos termos seguintes: "Até à reforma, esta oposição tinha o nome de embargos de executado; com a reforma, a oposição passou a ser chamada de oposição à execução. Uma vez que a estrutura da oposição à execução é equivalente à estrutura de uns embargos e não à de uma oposição (na oposição à execução não há uma oposição entre um novo sujeito processual e as duas partes

Na reforma de 2013, o legislador entendeu retomar a terminologia clássica e mais correcta[4].

Quanto à nova inserção sistemática do tema aqui tratado, as alterações são decorrentes não só da renumeração do NCPC, mas também da circunstância de ter sido retomada a dualidade nas formas de processo comum nas execuções para pagamento de quantia certa: forma ordinária e forma sumária (cfr. arts. 546º e 550º).

Assim, a oposição à execução mediante embargos de executado passou a constar dos arts. 728º a 734º, na execução comum ordinária, e dos arts. 856º a 858º, na execução comum sumária. Isto sem esquecer que, por força do art. 551º.3, à execução sumária aplicam-se subsidiariamente as disposições do processo ordinário.

Por sua vez, a oposição à penhora tem previsão nos arts. 784º e 785º, inserida nos trâmites da acção executiva comum ordinária. Estas normas são também aplicáveis, com as devidas adaptações, à forma comum sumária (art. 551º. 3). No processo sumário, no que concerne à oposição à penhora, importa ainda o disposto no art. 856º.

II. OPORTUNIDADE DO CONTRADITÓRIO E EFEITOS DA PENDÊNCIA DOS APENSOS NO ANDAMENTO DA EXECUÇÃO

1. Oportunidade do contraditório

Uma vez chamado à execução através da citação – tenha esta lugar antes ou depois da penhora, ou seja, independentemente de o processo seguir

primitivas, determinativa de uma triangulação da discussão em torno da definição de uma dada situação jurídica), a única razão que conseguimos descortinar para esta opção legislativa é a de se ter tentado criar nos operadores judiciários um distanciamento entre o regime ainda vigente e o regime que vigorará depois de 15 de Setembro de 2003. A alteração do nome da oposição sugere a existência de uma nova figura ou de uma figura com regime profundamente alterado. O operador judiciário deve ser levado a pensar que está perante um novo diploma, pelo menos no que à acção executiva tange, e não perante um antigo Código de Processo Civil no qual hajam sido introduzidas algumas alterações em matéria de execução". Cfr. SILVA, P. C., "As garantias do executado", *Civil Procedure Review*, v. 1, n. 1, 2010, pp. 7 e 8 (http://www.civilprocedurereview.com/busca/baixa_arquivo.php?id=7&embedded=true (consultado em 20 de Maio de 2015).

[4] Assim nos dá conta Paulo Pimenta quando afirma: "No âmbito da oposição à execução, é repristinada a terminologia tradicional do processo civil português (embargos de executado, embargante e embargado)". Cfr. Pimenta, P., "A Acção Executiva na Revisão do Processo Civil", *Revista da Ordem dos Advogados*, Ano 72, vols. II-III, 2012, p. 746.

a forma ordinária ou sumária – o executado tem 20 dias para deduzir embargos de executado, sendo que este prazo corre individualmente para cada executado, no caso de ocorrer pluralidade de partes (arts. 728º.1 e 3, e 856º). Os 20 dias para apresentação da defesa contra a execução podem também contar-se do momento da ocorrência do facto em que se fundam os embargos ou do seu conhecimento por parte do executado, se o mesmo tiver ocorrido ou for conhecido em momento posterior à citação – caso em que estamos na presença de embargos supervenientes (728º.2).

No caso de cumulação sucessiva de execuções, o executado tem igualmente oportunidade de apresentar a sua defesa, também em 20 dias, contados da notificação da cumulação (728º.4).

Para efeitos de defesa contra a penhora ilegal, o prazo concedido ao executado está condicionado pela forma de processo, por razões de coerência na tramitação do processo.

Se a execução para pagamento de quantia certa segue a forma de processo comum ordinário e houve lugar a citação prévia, só posteriormente tem lugar a penhora – que ocorrerá após a realização, com sucesso, das diligências prévias à penhora, iniciadas pelo agente de execução na sequência da notificação efectuada nos termos do art. 748º.1, al. b), c) ou d) – contando-se 10 dias, após a notificação da penhora ao executado, para que este se oponha à mesma.

Caso a execução siga os trâmites do processo comum sumário – por se tratar de forma sumária propriamente dita ou por serem aplicáveis os termos do processo sumário, como sucede quando a execução é ordinária e foi deferido o requerimento de dispensa de citação prévia (art. 727º) ou, ainda, quando se trata de execução de decisão judicial condenatória que corre nos próprios autos (art. 626º.2) – o prazo da oposição à penhora coincide com o prazo de oposição à execução, é de 20 dias, conta-se a partir da notificação da penhora ao executado, a qual ocorre no mesmo momento em que o executado é citado para a execução, na medida em que houve dispensa de citação prévia, e é um prazo único (art. 856º.1).

2. Efeitos da pendência dos apensos de oposição à execução e de oposição à penhora no andamento da execução

a. Casos gerais

À luz do antigo Código de Processo Civil, o executado obtinha a suspensão da execução *ope leges*, logo após o recebimento da oposição à execução, desde que se tratasse de acção executiva com penhora imediata e por mero efeito do despacho de recebimento da oposição (anterior art. 818º.2). Por sua vez, nas execuções com citação prévia, a suspensão dos autos executivos ocorria apenas através da prestação de caução pelo executado. Excepcionalmente, a suspensão da execução era ordenada, sem necessidade de constituição de garantia, se, em execução baseada em documento particular, o opoente tivesse impugnado a assinatura, juntando documento que constituísse princípio de prova, e desde que o juiz entendesse, após cumprimento do contraditório, que se justificava a suspensão (anterior art. 818º.1).

A razão de ser daquele regime assentava, em termos gerais, na circunstância de, ao momento da suspensão (*ope leges*) já se encontrar constituída uma garantia através da imediata penhora de bens, efectivada sem citação prévia do executado. Por sua vez, nas execuções em que a penhora só se viesse a realizar após a citação do executado, este apenas conseguia que o prosseguimento da execução aguardasse a decisão da oposição à execução, se prestasse caução, como forma de garantia.

Apesar de alguma razoabilidade dos fundamentos expostos, a verdade é que – paradoxalmente – era nas execuções consideradas mais «seguras»[5], ou seja, naquelas em que, por isso mesmo, se justificava uma ingerência no património do alegado devedor sem aviso prévio e em que, na maioria dos casos, a probabilidade de êxito da oposição à execução era menor, que o exequente se via onerado com a «espera» do desfecho da oposição à execução para ver a execução avançar para a venda. Este tipo de situação determinava, injustificadamente, um atraso na efectiva reparação do direito violado. Foi esse excessivo ónus que se pretendeu atenuar no novo Código de Processo Civil.

[5] Recorde-se que estão aqui em causa, designadamente, as execuções baseadas em sentença, em requerimento de injunção com fórmula executória e, em certos casos, os documentos autênticos e particulares autenticados.

A partir de setembro de 2013, foi revogado o efeito de suspensão automática nas execuções com penhora imediata[6]. A regra passou a ser, em qualquer caso, a suspensão mediante a prestação de caução[7] pelo executado, a seu requerimento (art. 733º.1.a).

Este é também o princípio que subjaz ao não prosseguimento da execução quando o executado haja deduzido oposição à penhora, embora aqui a suspensão se circunscreva aos bens a que a oposição diz respeito (art. 785º.3).

Porém, quando, nas execuções com penhora imediata, os embargos de executado se cumulem com a oposição à penhora, o regime de suspensão previsto no art. 733º prevalece e consome o regime de suspensão da oposição à penhora.

No NCPC, continuam a vigorar alguns regimes de excepção, designadamente, para a execução fundada em documento particular (agora apenas os títulos de crédito) quando o embargante tenha impugnado a genuinidade da respectiva assinatura, apresentando documento que constitua princípio de prova, e o juiz entenda, ouvido o embargado, que se justifica a suspensão sem prestação de caução[8] (art. 733º.1.b). E, ainda, para duas outras situações novas, a saber: se o fundamento dos embargos de executado for a inexigibilidade da obrigação exequenda ou a iliquidez (art. 733º.1.c). Nestes casos, a suspensão da execução pode ser ordenada pelo juiz, uma vez cumprido o contraditório, sem necessidade de ser prestada caução. É prudente admitir que estes fundamentos exigem um regime diferenciado e desonerar o executado da prestação de caução, na medida em que as razões invocadas, uma vez apreciadas liminarmente pelo juiz, demonstram a probabilidade séria de uma execução injusta e inviabilizam quer uma imediata ingerência no património do executado – por isso são sempre execuções que seguem a forma de processo comum ordinário (art. 550º.3. al. a) e b) – quer a imediata constituição de uma garantia através da prestação de caução. Em especial no caso de o exe-

[6] Volta-se ao regime anterior à reforma de 2003, presente na primitiva redacção do art. 818º.1, dada pelo Decreto-Lei nº 329-A/95, de 12 de Dezembro.

[7] Nos termos previstos nos arts. 913º e 915º.

[8] Esta excepção foi introduzida, originariamente, pelo Decreto-Lei nº 180/96, de 25 de Setembro.

cutado ter deduzido oposição à liquidação da obrigação exequenda que não depende de simples cálculo aritmético, a situação é particularmente justificada pela impossibilidade de fixação imediata do valor a garantir, pois que ainda não se encontra quantificada a obrigação exequenda e, além disso, está em litígio o valor a determinar[9].

Sobre o novo regime da suspensão da execução com embargos de executado pendentes, mais uma nota. Veio o NCPC esclarecer que a suspensão da execução, decretada após a citação dos credores, não abrange o apenso de verificação e graduação dos créditos (art. 733º.2)[10]. Assim, fica claro que o facto de a execução ficar suspensa não determina que se suspenda também o apenso originado pela reclamação de créditos, o qual pode prosseguir para que estes sejam reconhecidos e graduados. Consequentemente, fica salvaguardada a posição de credores reclamantes cujos créditos já se encontrem vencidos, os quais, ainda que os embargos de executado sejam julgados procedentes e, por via disso, extinta a execução, poderão requerer a renovação da execução extinta, ainda que limitada aos bens sobre que incida a garantia real do requerente (art. 850º.2 e 3).

b. Caso em que a penhora tem por objecto a casa de habitação efectiva

A protecção do direito à habitação do executado foi uma das preocupações do legislador no NCPC. Entre outras manifestações dessa intenção legislativa[11], apurada pela conjuntura de crise económica que se vive e gera um aumento das execuções hipotecárias associadas ao crédito à habitação, está o novo regime de suspensão da execução, sem necessi-

[9] Para esta questão já alertava Paulo Pimenta aquando da reforma de 2003 em "Acções e Incidentes Declarativos na Dependência da Execução", *Themis*, Revista da Faculdade de Direito da UNL, nº 9, 2004, pp. 60-72.

[10] Diz-se esclarecer porque esta não é uma previsão absolutamente nova. Na redacção do art. 818º. 2, do antigo CPC, na versão dada pelo Decreto-Lei nº 329-A/95, de 12 de Dezembro, constava exactamente o teor do actual art. 733º.2. Posteriormente, na reforma da acção executiva operada pelo Decreto-Lei nº 38/2003, de 08 de Março, o referido nº 2 do art. 818º foi suprimido, sendo agora retomado.

[11] Também esteve presente, por exemplo, no regime de suspensão da execução de sentença com recurso pendente, nos termos do art. 704º.4, quando a penhora tenha recaído sobre a casa de habitação efectiva do executado.

dade de prestação de caução, quando a penhora tenha recaído sobre a casa de habitação efectiva do executado e o executado tenha deduzido embargos de executado ou oposição à penhora (arts. 733º.5 e 785º.4). Este direito fundamental, de consagração constitucional (art. 65º da Constituição da República Portuguesa), é aqui protegido porque se cria um regime menos penalizador para o executado, através do qual se evita a venda do bem em que o executado mantém a sua habitação efectiva, e que havia sido penhorado, quando está pendente apenso declarativo – embargos de executado ou oposição à penhora – cuja procedência pode tornar a situação reversível.

Neste contexto, o legislador admite que o embargante ou opoente, alegando que a venda é susceptível de causar prejuízo grave e dificilmente reparável, requeira que a mesma aguarde a decisão proferida em 1ª instância sobre os embargos de executado ou sobre a oposição à penhora, sem haver lugar à prestação de caução (art. 733º.5 e 785º.4).

Ao contrário do que sucede nas causas previstas nas als. b) e c) do nº 1, do art. 733º, o legislador não refere expressamente a necessidade de o juiz, antes de decidir sobre a suspensão da execução, ouvir o embargado. Porém, atenta a situação em causa, não se vê razão para haver lugar a qualquer excepção ao princípio do contraditório, pelo que deve ser ouvido o embargado.

Em traços breves, o executado dirige ao juiz de execução o requerimento de suspensão da execução, alega os factos de cuja prova resultará o prejuízo causado com a venda do bem e que o mesmo é grave e de difícil reparação[12], indica a prova e formula o pedido de suspensão da execução com dispensa de prestação de caução. O juiz de execução notifica o exequente para se pronunciar, após o que ordena a realização das diligências probatórias e profere decisão.

Nesta causa de suspensão da execução – assim como nas demais – apesar de a mesma se encontrar prevista a propósito da oposição à execução, o que leva a crer que está sempre associada ao recebimento dos embargos de executado, não há nenhuma associação directa e necessária entre o momento em que os embargos de executado são recebidos e o requeri-

[12] Para isso, bastará pensar nas inúmeras situações em que o imóvel em causa é o único que o executado possui e não tem onde habitar com o seu agregado familiar, após a venda do bem em execução.

mento de suspensão da execução. Pode dizer-se que, enquanto não houver venda, o requerimento de suspensão com o referido fundamento é ainda tempestivo.

O art. 733º é uma disposição sistematicamente inserida na tramitação da execução ordinária, onde a regra é haver citação prévia do executado. Assim sendo, quando são deduzidos embargos de executado, ainda não ocorreu a penhora e, por isso, só fará sentido accionar a suspensão da execução com fundamento no nº 5 do referido art 733º em momento posterior, após ser conhecido o bem que foi objecto de penhora, e, naturalmente, se a suspensão não tiver sido obtida no momento do recebimento dos embargos, por outro fundamento, caso em que nem sequer se alcança a fase da penhora.

Nas execuções sumárias, o embargante pode beneficiar deste regime logo no momento em que deduz os embargos de executado, pois no momento do recebimento dos mesmos já tem conhecimento do bem que foi objecto da penhora, a qual antecedeu a citação. Porém, não é obrigado a requerer a suspensão nesse momento, como se disse.

Nas execuções que seguem a forma de processo comum ordinário é que mais se proporciona a aplicação deste fundamento de suspensão com dispensa de prestação de caução em momento posterior, já na fase da penhora, seja porque anteriormente foram deduzidos embargos de executado, mas não foi logo requerida a suspensão da execução, seja porque se deduz agora oposição à penhora e se pretende evitar a venda enquanto se discute a legalidade da penhora.

Na prática, cabe ao executado avaliar os fundamentos do seu pedido de suspensão da execução, aferir em cada caso se pode evitar a prestação de caução e accionar o fundamento de suspensão adequado.

c. Substituição da penhora por caução idónea no acto da oposição à execução

O art. 751º.7 prevê que *o executado que se oponha à execução pode, no acto da oposição, requerer a substituição da penhora por caução idónea que igualmente garanta os fins da execução.*

É a compatibilidade desta disposição legal – introduzida com a reforma de 2003 e cuja redacção até agora se manteve inalterada – com o actual regime de suspensão da execução com embargos de executado pendentes que importa aqui avaliar.

Antes da entrada em vigor das alterações introduzidas no antigo CPC, pelo Decreto-Lei nº 38/2003, de 08 de Março, não havia norma correspondente ao referido art. 751º.7. Foi na reforma da acção executiva de 2003 que surgiu, pela primeira vez, este preceito, no antigo art. 834º.5, o qual, posteriormente, passou a nº 6 do mesmo artigo, com as alterações introduzidas no processo executivo pelo Decreto-Lei nº 226/2008, de 20 de Novembro.

No contexto em que a norma foi introduzida e enquanto vigorou o regime de suspensão automática da execução por força do recebimento da oposição à execução, nas execuções com penhora imediata (antigo art. 818º.2), a possibilidade de ser requerida a substituição da penhora por caução idónea pelo executado que deduzia oposição à execução constituía uma faculdade sistematicamente coerente.

Esta caução substitutiva permitia que o executado, confrontado com a penhora imediata e tendo deduzido oposição à execução com suspensão automática do processo executivo após o recebimento da mesma, pudesse libertar o bem penhorado, mantendo-se a garantia do exequente.

Nos casos em que na execução havia citação prévia, quando o executado deduz oposição à execução ainda não houve lugar à penhora e, nessa medida, o meio adequado para a suspensão da execução é, nos casos regra, mediante a prestação de caução, que evitará a realização da penhora, e não havia lugar (nem podia haver) à aludida caução substitutiva.

No actual quadro, desaparecido o regime de suspensão automática da execução nos processos com dispensa de citação prévia, poder-se-á pensar que o disposto no art. 751º.7 se tornou inútil e inaplicável.

Porém, considerando a evolução jurisprudencial no sentido de que o requerimento de suspensão da execução através da prestação de caução pode ser apresentado mesmo após terem sido deduzidos embargos de executado[13], é possível encontrar espaço para a aplicação do art. 751º.7.

[13] Cfr. Acórdão da Relação do Porto, de 19 de março de 2015 (Proc. 5150/10.2TBVNG-C.P1) cujo sumário dita: I – O nº 7 do art.751º do CPC não impõe que o executado requeira a substituição da penhora por caução em simultâneo com o requerimento de oposição à penhora. II – Enquanto estiverem pendentes os embargos de executado, o executado pode requerer a

O executado que se oponha à execução pode ter interesse e retirar vantagem da substituição da penhora por caução idónea que igualmente garanta os fins da execução, sem que fique prejudicada a posição do exequente. E, como se defendeu, não terá de fazer, necessariamente, no acto da oposição.

Vejamos.

Em execuções com penhora imediata – sob forma sumária ou ordinária em que se obteve dispensa de citação prévia – é razoável permitir que o executado disponha da faculdade prevista no nº 7 do art. 751º como forma «indirecta» de obter o não prosseguimento da execução e de libertar o bem penhorado por ter interesse em que o mesmo fique sem o ónus da penhora, ao mesmo tempo, e desde que, em nada se altere a garantia do exequente.

Nas execuções com citação prévia, se o executado pretende, desde logo, evitar que se chegue à fase da penhora, requer a suspensão da execução no acto de oposição mediante a prestação de caução. Caso contrário, se não usou dessa prerrogativa e, por isso, a execução prosseguiu e houve lugar à penhora de bens, se em momento posterior lhe for conveniente desonerar o bem penhorado, poderá requerer a prestação de caução substitutiva, nos termos e condições previstas no art. 751º.7. Reflexamente obtém o não prosseguimento da execução que, por força da substituição da penhora por caução, não avança para a venda.

III. REGIME DE FUNDAMENTOS DOS EMBARGOS DE EXECUTADO

1. Novo regime dos fundamentos dos embargos de executado – do regime dualista ao regime tripartido

O Código de Processo Civil de 2013 assumiu um sistema tripartido de regimes de defesa mediante embargos de executado: **a)** um regime restrito para as execuções baseadas em sentença (art. 729º); **b)** um regime amplo para as execuções fundadas noutro título (que não sentença, nem requerimento de injunção ao qual tenha sido aposta fórmula executória)

substituição da penhora por caução idónea, sendo que o objectivo do legislador quando passou a permitir essa possibilidade, foi admitir que as penhoras efectuadas fossem substituídas por caução e levantar-se com a sua prestação. Disponível em http://www.dgsi.pt/jtrp.nsf/56a6e7121657f91e80257cda00381fdf/5647d4e424b6790b80257e200046d978?OpenDocument (consultado a 22 de maio de 2015).

(art. 731º); **c)** um regime híbrido para as execuções baseadas em requerimento de injunção com fórmula executória (art. 857º).

a. Regime restrito e regime amplo

Se a execução seguir o regime amplo de defesa, o executado pode alegar todos os fundamentos de oposição previstos no art. 729º, que sejam aplicáveis, e pode ainda usar da defesa tal como seria exercida em sede declarativa, ou seja, da defesa por impugnação e da defesa por excepção, mesmo peremptória.

No regime restrito, os embargos de executado só podem sustentar-se nos fundamentos previstos no art. 729º.

Considerando que estes dois regimes eram já vigentes no antigo Código de Processo Civil e, substancialmente, em nada se alteraram, assinala-se apenas a modificação de ordem formal operada com a introdução da al. h) do art. 729º, procurando justificar a opção legislativa.

Este «novo» fundamento consiste na previsão expressa de que o executado, mesmo nas execuções baseadas em sentença, pode invocar um contra-crédito, com vista a obter a extinção da obrigação exequenda por compensação.

A sua razão de ser está relacionada com uma questão paralela – a da clarificação das causas de admissibilidade da reconvenção em caso de invocação de contra-crédito para efeitos de compensação – que aqui se repercute.

Considerando a consagração legal da tese da *compensação-reconvenção*, ou seja, que a defesa baseada no pedido de reconhecimento de um crédito passa a ser sempre invocada através de pedido reconvencional, quer o valor do contra-crédito seja inferior e o mesmo sirva para fazer operar a compensação, quer seja superior ao do pedido originário e se vise também o pagamento do excedente (art. 266º.1.al.c); e, tendo também em conta que não são admitidos pedidos reconvencionais na fase executiva, a questão de saber se o executado pode invocar em sede de oposição à execução que é credor do exequente tinha de ser expressamente tratada.

O legislador pretendeu que os executados que estivessem em condições de alegar e provar que eram (igualmente) credores do exequente, continuassem a poder invocar esses contra-créditos, embora apenas como fundamento da oposição para efeitos de compensação, isto é, só até ao valor da obrigação exequenda. O valor excedente, naturalmente, não pode ser reconhecido na execução, pois extravasa a sua função. Por isso, introduziu a previsão expressa desse fundamento, na al. h do art. 729º, e dissipou eventuais dúvidas.

Este já era o sentido da jurisprudência estabilizada e, se o legislador não adoptasse esta medida, iria haver um injustificado retrocesso. Além disso, pretendeu-se fazer cumprir a função da economia processual e da igualdade material entre as partes.

b. Regime híbrido – fundamentos dos embargos de executado em execução baseada em requerimento de injunção com fórmula executória

O regime de fundamentos dos embargos de executado aplicável às execuções fundadas em requerimento de injunção ao qual foi aposta fórmula executória tem sido uma matéria controversa e sensível. Por esse motivo, o legislador voltou a repensar toda a arquitectura deste instituto e evoluiu de um sistema dualista para um sistema tripartido, através da criação de um regime especial de oposição à execução baseada em requerimento de injunção ao qual foi aposta fórmula executória, consagrado no art. 857º.

i) O estado da arte à data da entrada em vigor do NCPC

Desde a reforma de 2003, a instabilidade e dissonância nesta matéria provocou, por diversas vezes, a intervenção do Tribunal Constitucional. É nesse contexto que o legislador tenta encontrar uma solução de compromisso entre a necessidade de manter reforçada a execução instaurada após o procedimento de injunção e o princípio da proibição de indefesa.

Já na fase de desjudicialização do processo executivo, após o Decreto-Lei nº 38/2003, de 8 de março, o Tribunal Constitucional foi chamado a pronunciar-se, por várias vezes, embora em contextos diferentes, sobre esta matéria, ou seja, saber se na execução que tenha como título executivo requerimento de injunção a que tenha sido aposta fórmula executória podem ser opostos outros fundamentos que nao apenas os previstos para a execução fundada em sentença judicial.

Primeiro, no acórdão nº 658/2006, de 28 de novembro de 2006, o Tribunal Constitucional decidiu *julgar inconstitucional, por violação do princípio da proibição da indefesa ínsito no direito de acesso ao direito e aos tribunais, consagrado no artigo 20º da Constituição, a norma do artigo 14º do Regime anexo ao Decreto-Lei 269/98, de 1 de Setembro, na interpretação segundo a qual, na execução baseada em título que resulta da aposição da fórmula executória a um reque-*

rimento de injunção, o executado apenas pode fundar a sua oposição na alegação e prova, que lhe incumbe, de factos impeditivos, modificativos ou extintivos do direito invocado pelo exequente, o qual se tem por demonstrado.

Posteriormente, nas alterações introduzidas na acção executiva pelo Decreto-Lei nº 226/2008, de 20 de novembro, o legislador toma posição mas num sentido que, atenta a decisão antecedente, não se vislumbrava seguro quanto à constitucionalidade da solução adoptada. Nessa altura, foi acrescentado o nº 2 ao art. 814º, o qual determinava que *o disposto no número anterior aplica-se, com as necessárias adaptações, à oposição à execução fundada em requerimento de injunção ao qual tenha sido aposta fórmula executória,* ***desde que o procedimento de formação desse título admita oposição pelo requerido****.*

A solução passava por equiparar, para efeitos de fundamentos de oposição, o requerimento de injunção ao qual foi aposta a fórmula executória à decisão judicial. Deixava, apesar de tudo, uma condição de aplicabilidade do dispositivo, associada à circunstância de o procedimento de injunção ter admitido oposição. Em que consistia, exactamente, esta ressalva, parecia pouco claro. Não seria, com certeza, uma menção genérica à possibilidade de defesa em sede de procedimento de injunção, pois essa está salvaguardada pela própria razão de existência do procedimento. Antes se aproximaria de um requisito a verificar *in casu*, atentas as circunstâncias e os recortes do caso concreto, designadamente quanto à verificação de causas excepcionais que tenham sido impeditivas da apresentação da defesa e das quais se pudesse concluir que se tratou de uma omissão involuntária. Porém, o regime não era claro.

Já após esta alteração, o Tribunal Constitucional volta a pronunciar-se e continua a assinalar a violação do princípio da proibição de indefesa, com a consequente declaração de inconstitucionalidade da norma prevista no art. 814º.2, em mais dois casos:

- No acórdão nº 283/2011 do Tribunal Constitucional, de 7 de junho, estava em causa um requerimento de injunção ao qual tinha sido aposta força executória antes da entrada em vigor do Decreto-Lei nº 226/2008, de 20 de novembro, procurando saber-se se, face à inexistência de regime transitório, o art. 814º.2 lhe era aplicável, na medida em que restringia os fundamentos de defesa do executado;
- No acórdão nº 437/2012, de 26 de Setembro, o Tribunal Constitucional é expressamente chamado a aferir da constitucionalidade

da disposição prevista no art. 814º.2, por confronto com o direito de defesa.

Em face do exposto, a Comissão de Revisão do CPC tinha a responsabilidade de criar um regime cauteloso, de respeito pelos princípios constitucionais, mas que, simultaneamente, não desvirtuasse os objectivos inerentes à revisão do processo executivo no seu conjunto.

Isto é, na medida em que o legislador assumia claramente a intenção de evitar o enxameamento das execuções com enxertos declarativos – designadamente através da diminuição de títulos executivos negociais – e de reforçar o uso do procedimento de injunção, não podia deixar o credor sujeito ao diferimento da defesa para sede executiva, por simples omissão voluntária do devedor[14].

Por outro lado, o procedimento de injunção não podia continuar a constituir um procedimento de mera formação de um título executivo que permitia ao devedor uma não pronúncia inconsequente no que respeita à ulterior defesa em sede executiva.

Já depois de publicada a Lei 41/2013, de 26 de junho, que aprovou o NCPC, mas antes da sua entrada em vigor, o Tribunal Constitucional, no acórdão nº 388/2013, de 9 de julho, *declara, com força obrigatória geral, a inconstitucionalidade da norma constante do artigo 814º, nº 2 do Código de Processo Civil (CPC), na redação do Decreto-Lei nº 226/2008, de 20 de novembro, quando interpretada no sentido de limitar os fundamentos de oposição à execução instaurada com base em requerimentos de injunção à qual foi aposta a fórmula executória, por violação do princípio da proibição da indefesa, consagrado no artigo 20º, nº 1 da Constituição*[15].

[14] Cfr. exposição de motivos da Proposta de Lei nº 113/XII (PL 521/2012) de 2012.11.22. Disponível em http://app.parlamento.pt/webutils/docs/doc.pdf?path=6148523063446f764c3246795a5868774d546f334e7a67774c336470626d6c7561574e7059585270646d467a4c31684a535339305a58683062334d76634842734d54457a4c56684a5353356b62324d3d&fich=ppl113-XII.doc&Inline=true (concultado a 22 de maio de 2015).

[15] Sobre este acórdão e, ainda, sobre o regime de fundamentos previsto no art. 857º, ver o comentário de Mariana França Gouveia e João Pedro Pinto-Ferreira, *in* "A oposição à execução baseada em requerimento de injunção – Comentário ao acórdão do Tribunal Constitucional nº 388/2013", disponível em http://www.fd.unl.pt/docentes_docs/ma/MFG_MA_20831.pdf (consultado a 23 de maio de 2015).

A 15 de Setembro de 2015, essa norma estaria revogada, mas a questão não estava definitivamente ultrapassada.

ii) O novo regime de fundamentos de oposição à execução baseada em requerimento de injunção

O art. 857º prevê os fundamentos de oposição à execução baseada em requerimento de injunção[16]. Aí se estabelece, em primeiro lugar e como regra, que *apenas podem ser alegados os fundamentos de embargos previstos no artigo 729º, com as devidas adaptações*, ou seja, os mesmos fundamentos invocáveis nas execuções baseadas em sentença (art. 857º.1).

Como se vê, o ponto de partida é a equiparação do requerimento de injunção à sentença, para efeitos de fundamentos de oposição à execução.

Porém, há restrições a essa equiparação. À semelhança da injunção europeia (Regulamento (CE) nº 1896/2006 do Parlamento Europeu e do Conselho, de 12 de Dezembro de 2006) procurou-se salvaguardar uma defesa diferida para a fase executiva, mas apenas em casos excepcionais. Precisamente, pretendeu-se evitar uma dualidade de critérios para a injunção europeia e para a injunção nacional, ou seja, esta não devia beneficiar, em sede de acção executiva, de um regime de defesa mais amplo.

A referida equiparação da injunção à sentença comporta excepções, nos termos seguintes:

a) Verificando-se *justo impedimento* à dedução de oposição ao requerimento de injunção, na fase do procedimento de injunção, o executado beneficia do regime amplo de fundamentos de oposição à execução, nos exactos termos previstos no art 731º (art. 857º.2).
b) Em qualquer caso, o executado pode sempre sustentar a sua defesa nos fundamentos seguintes: i) Em questão de conhecimento oficioso que determine a improcedência, total ou parcial, do reque-

[16] Esta norma surge na sequência do Parecer do Conselho Superior da Magistratura sobre a sobre a Proposta de Lei nº 113/XII, relativa ao NCPC, em especial, pp. 77-84 e 128-131. Foi acolhida integralmente a sugestão constante do parecer, onde também se explica como deve ser aplicado, na prática, o regime em causa. O parecer está disponível em http://www.cej.mj.pt/cej/recursos/ebooks/ProcessoCivil/parecer13_novocpc.pdf (consultado a 23 de maio de 2015).

rimento de injunção; ii) Na ocorrência, de forma evidente, no procedimento de injunção de excepções dilatórias de conhecimento oficioso (art. 857º.3).

Com a previsão do justo impedimento (art. 857º.2) visa-se salvaguardar uma reapreciação do litígio sempre que o opoente não haja apresentado a sua defesa no procedimento de injunção, por circunstâncias extraordinárias que o tenham impedido de actuar tempestivamente. Recorre-se ao instituto previsto no art. 140º, com a particularidade de que o acto não praticado e repetível, uma vez deferido o justo impedimento, não o será em sede de procedimento de injunção mas já em sede executiva.

O requerido tem o ónus de declarar o justo impedimento assim que cessar o facto impeditivo, de forma a responsabilizar e «moralizar» os comportamentos.

Este regime de excepção reflecte a aproximação da injunção nacional à injunção europeia, como já se referiu, e, ainda, a justa diferenciação entre situações de falta de apresentação de defesa voluntária e involuntária. Para salvaguardar das situações de indefesa por omissão involuntária, o legislador admite a defesa ampla em sede de acção executiva desde que o requerido/executado tenha declarado, tempestivamente, o justo impedimento, ou seja, assim que tenha cessado o facto que o fundamenta, declaração essa que deve ser apresentada perante a secretaria de injunção.

Resumidamente e a título exemplificativo, estaríamos perante os termos seguintes:

- Apresentação do requerimento de injunção e notificação do requerido;
- Aposição da fórmula executória por não ter sido deduzida oposição;
- Invocação/alegação do justo impedimento perante a secretaria de injunção;
- Propositura da acção executiva e citação do executado;
- Embargos de executado com alegação de todos os fundamentos admissíveis em processo de declaração;
- Também em sede de embargos de executado, como questão prévia, alegação da invocação atempada do justo impedimento, bem como o seu fundamento, juntando a respectiva prova;

- Apreciação, na fase liminar dos embargos de executado, da tempestividade e do fundamento do justo impedimento, antecedida da realização das diligências probatórias que se reputem necessárias, com respeito pelo contraditório nessa vertente;
- Recebimento ou indeferimento liminar dos embargos de executado baseado no regime amplo, conforme fique provado ou não provado o justo impedimento;
- Poderá haver, também, situações de indeferimento parcial, se o justo impedimento for indeferido e houver outro fundamento de defesa, enquadrável no regime fechado, prosseguindo o apenso de embargos de executado para apreciação do mesmo.

Por fim, há fundamentos de defesa excepcionais que, independentemente das situações de justo impedimento, isto é, mesmo que a omissão do requerido tenha sido voluntária, o executado poderá sempre deduzir em sede de embargos de executado, a saber: i) questões de conhecimento oficioso que, uma vez apreciadas, determinariam a improcedência, total ou parcial, do requerimento de injunção; ii) ocorrência, de forma evidente, no procedimento de injunção de excepções dilatórias de conhecimento oficioso (857º.3).

Estes fundamentos, que respeitam às questões que poderiam ser conhecidas pelo juiz, através da análise do requerimento de injunção, caso o nosso sistema de injunção fosse judicial e ele tivesse intervenção no respectivo procedimento, permitem reequilibrar o sistema e torná-lo mais coerente. Trata-se de fundamentos como, por exemplo, alegação de juros usurários, nulidade do negócio, cláusulas contratuais abusivas.

Por um lado, tenta-se contornar o problema que resulta do nosso sistema de injunção ser não judicial, por outro, atenuam-se as desigualdades de tratamento entre o procedimento de injunção e outros processos – concretamente a acção declarativa especial do Decreto-Lei nº 269/98, de 1 de setembro – onde as mesmas situações são avaliadas na medida em que já intervenção do juiz. Na verdade, na acção declarativa especial para exigir o cumprimento de obrigações pecuniárias emergentes de contrato até 15.000 euros, na falta de contestação do réu, o *juiz, com valor de decisão condenatória, limitar-se-á a conferir força executiva à petição,* ***a não ser que ocorram, de forma evidente, excepções dilatórias ou que o pedido seja***

manifestamente improcedente (art. 2º do anexo ao Decreto-Lei nº 269/98, de 1 de Setembro).

O nº 3 do art. 857º vai permitir uma intervenção equivalente e uma mais segura equiparação da injunção à decisão judicial. Na prática, a intervenção do juiz será realizada na acção executiva, por impulso do executado, através da dedução de embargos de executado. E para que o tipo de intervenção e o nível de cognição do juiz seja efectivamente equivalente, estaremos perante uma apreciação liminar e meramente documental, ou seja, baseado apenas na análise do título executivo. Neste caso, os embargos de executado seguem uma tramitação que se cinge à fase liminar, seguida de contraditório e, tendencialmente, terminará no saneador. Contudo, se o exequente trouxer ao processo factos a contrariar a alegação do executado, os embargos deveriam tomar o rumo adequado.

iii) O fim inglório e a oportunidade perdida do regime assente no art. 857º

O regime de fundamentos de oposição à execução baseada em requerimento de injunção ao qual foi aposta fórmula executória só teria sentido e só se encontrava a salvo de eventuais dúvidas sobre a sua constitucionalidade se, e desde que, fossem adoptadas medidas complementares[17], designadamente relacionadas com:

- Alteração das normas relativas ao conteúdo da notificação para oposição no procedimento de injunção, dando conta ao requerido de que, caso não se opusesse, considerava-se reconhecido o crédito, sem que pudesse, em sede executiva, contestar a sua existência ou extinção em data anterior ao termo do prazo para a oposição no procedimento de injunção.
- Inclusão, também na referida notificação, da advertência de que, em caso de justo impedimento, o mesmo deve ser declarado, assim que cessar o facto impeditivo, na secretaria de injunção, sob pena de não poder ser invocado em momento posterior.
- Criação de uma disposição sobre a declaração de justo impedimento, designadamente, sobre as condições e termos em que a mesma deve ser realizada

[17] Para isso também alertou o já citado Parecer do Conselho Superior da Magistratura, onde, inclusivamente, se concretizaram algumas das medidas a serem adoptadas.

- Alteração das modalidades de notificação admissíveis no procedimento de injunção, aceitando apenas as que dão garantias sobre a recepção e conhecimento do teor da notificação, ficando afastadas as notificações por carta simples.
- Consagração de normas transitórias que assegurassem a aplicação da nova arquitectura dos fundamentos de oposição à execução apenas para as execuções iniciadas após a entrada em vigor do NCPC, ou seja, nas execuções baseadas em requerimento de injunção cuja força executória haja sido atribuída à luz do novo regime. Sobretudo porque apenas nesse momento estarão reunidas condições para efectivo conhecimento, por parte dos requeridos em procedimento de injunção, das consequências inerentes à não apresentação de defesa na fase injuntiva. Porém, o legislador não teve esse cuidado, conforme se extrai do art. 6º da Lei 41/2013, de 26 de junho.

Mas tudo isto foi descurado. O trabalho meticuloso subjacente ao art. 857º tornou-se inglório. A inércia do legislador determinou, na prática, o regresso ao sistema bipartido.

Em pouco tempo, na senda do acórdão nº 388/2013, de 9 de julho, do Tribunal Constitucional, sucedem-se declarações de inconstitucionalidade do art. 857º, em casos concretos: acórdão nº 714/2014, de 28 de outubro; acórdão nº 828/2014, de 3 de dezembro; acórdão nº 112/2015, de 11 de fevereiro. Cenário que, previsivelmente, culmina com a declaração de inconstitucionalidade com força obrigatória geral, no acórdão do Tribunal Constitucional nº 264/2015, de 12 de maio de 2015, onde se decidiu "declarar a inconstitucionalidade, com força obrigatória geral, da norma constante do artigo 857º, nº 1, do Código de Processo Civil, aprovado pela Lei nº 41/2013, de 26 de junho, quando interpretada "no sentido de limitar os fundamentos de oposição à execução instaurada com base em requerimentos de injunção ao qual foi aposta a fórmula executória", por violação do princípio da proibição da indefesa, consagrado no artigo 20º, nº 1, da Constituição da República Portuguesa"[18].

[18] Cfr. versão integral em http://www.tribunalconstitucional.pt/tc/acordaos/20150264.html (consultado em 22 de maio de 2015).

Curiosamente, mas não de forma surpreendente, a fundamentação das decisões proferidas pelo Tribunal Constitucional assenta, sobretudo, no modo de chamamento do requerido ao procedimento e no teor da comunicação que lhe é feita nesse momento[19]. Não se usando um modo seguro de notificação em todos os casos, que equipare a notificação em sede de injunção à citação em processo declarativo, e sem que se ao requerido sejam feitas as advertências necessárias para que fique consciente do efeito preclusivo da sua omissão de defesa na fase injuntiva, não estão reunidas as condições necessárias para que se considere imaculado o princípio da proibição de indefesa. Nenhum dos citados acórdãos chega a pronunciar-se, verdadeiramente, sobre a nova arquitectura do sistema e não analisa se os meios de que o executado tem ao seu dispor satisfazem, cabalmente, a sua defesa. E é pena. A inconstitucionalidade do art. 857º reporta-se ao seu nº 1 e, no essencial, à equiparação, que aí se faz, entre o requerimento de injunção e a sentença para efeitos de defesa em sede executiva.

IV. EFEITOS DA DECISÃO QUE PÕE FIM AOS EMBARGOS DE EXECUTADO

A decisão que põe fim aos embargos de executado, se os julgar procedentes, determinará a extinção da execução. De contrário, a execução prosseguirá. Estes são os efeitos da decisão sobre a instância executiva.

Importa ainda saber, no entanto, se esses efeitos extravasam o próprio processo executivo, ou seja, em que termos pode ter lugar formação de caso julgado material. Considerando que os embargos de executado constituem uma acção com autonomia (mas funcionalmente ligada à execução), resta saber se a decisão aí proferida extravasa os seus efeitos, quanto ao conhecimento do mérito da causa, para além do próprio processo de execução.

Até à entrada em vigor do NCPC, não havia disposição expressa em relação a esta matéria, que se manteve controversa. O Código de Processo Civil de 2013 passou a dispor, no art. 732º.5: *Para além dos efeitos sobre a instância executiva, a decisão de mérito proferida nos embargos à execução cons-*

[19] A fragilidade da notificação no procedimento de injunção não é um tema novo mas, lamentavelmente, até hoje não foi reforçada. Ver, sobre este tema, Pimenta, P., "Notificação, citação e revelia", *Themis*, Revista da Faculdade de Direito da UNL, nº 13, 2006, pp. 235-250.

titui, nos termos gerais, caso julgado quanto à existência, validade e exigibilidade da obrigação exequenda.

Tendo em conta que os embargos de executado seguem, após os articulados, a tramitação da acção declarativa comum com forma única, o que assegura a igualdade de garantias face a uma eventual acção declarativa autónoma, deixa de haver razões para não admitir a formação de caso julgado material. Evita-se, assim, a propositura de uma nova acção declarativa e cumpre-se, mais uma vez, a economia processual.

V. ALGUMAS QUESTÕES RELACIONADAS COM A OPOSIÇÃO À PENHORA

1. Os riscos de desproporcionalidade da penhora realizada ao abrigo do art. 626º.5

Na execução de sentença condenatória que corre termos nos próprios autos é, actualmente, permitido cumular a execução de todos os pedidos julgados procedentes, ainda que tenham fins diferentes (arts. 626º e 710º). Por exemplo, na mesma execução pode cumular-se a obrigação de pagamento de quantia certa com a obrigação de prestação de facto ou de entrega de coisa certa.

Neste pressuposto, tendo em conta que estaremos na presença de um processo que, no que concerne à execução da obrigação pecuniária, segue os trâmites da execução comum sumária e, por isso, beneficiará de penhora imediata, o legislador admite, nos termos do art. 626º.5, que se penhore, desde logo, bens suficientes para cobrir, não só a quantia pecuniária, mas também a quantia decorrente de «eventual» conversão daquelas execuções, bem como a quantia destinada à indemnização do exequente e montante devido a título de sanção pecuniária compulsória (art. 867º e 869º). Note-se que para a execução de prestação de um facto ou de entrega de coisa haveria, por sua vez, citação prévia e, além disso, a penhora de bens para efeitos de conversão dessas execuções em execução para pagamento de quantia certa sempre seria precedida de liquidação com cumprimento do contraditório.

O que se permite, ao abrigo do art. 626º.5[20], é «atalhar» caminho, de modo a proporcionar uma «antecipação» da penhora como forma de

[20] Sobre interpretação e críticas a esta disposição, ver FARIA, P. R.; LOUREIRO, A. L., *Primeiras notas ao novo Código de Processo Civil*, vol. I, Almedina, 2013, pp. 569 e 570.

garantia de valores que, aquando da efectivação da penhora, nem se sabe se serão devidos, nem são quantificados de forma a acautelar as garantias de defesa do executado. Neste caso, a economia processual não se nos afigura justificada. Estamos na presença de uma solução que põe em causa o equilíbrio entre os interesses do exequente e os direitos do executado, sem a devida sindicância jurisdicional.

A norma admite que o exequente alegue, logo no requerimento executivo, os factos que permitam concluir qual o montante a salvaguardar no caso de perda da coisa, seja para obtenção do valor da coisa, seja para indeminização dos prejuízos causados pela não entrega da mesma ou pela impossibilidade de prestação do facto. E, consequentemente, a penhora far-se-á atendendo também a esses valores. Ora, facilmente se conclui que a penhora que assim seja realizada tem como pressuposto uma causa «eventual» – o que significa que pode não ter de se efectuar – e o *quantum* dos valores por ela garantidos é atribuído unilateralmente, pelo exequente. Face à situação existente à data da penhora que assim seja efectivada, o acto de ingerência no património do executado faz-se, claramente, em violação do princípio da proporcionalidade, sem cumprimento dos princípios subjacentes ao art. 735º.3, e sem contraditório.

Pode dizer-se, em defesa da solução adoptada, que a mesma configura uma espécie de arresto e que se dispensa o contraditório como sanção pelo não cumprimento da sentença condenatória por parte do réu, ora executado. Porém, há aqui contornos distintos que nos levam a discordar da solução legislativa. Primeiro, se assim não está previsto para os trâmites da execução para entrega de coisa certa ou da execução para prestação de facto e, pelo contrário, há sempre citação prévia, e só posterior liquidação em caso de conversão, com contraditório, não se vislumbra razão para outra tramitação, mais gravosa para o executado, pelo simples facto de estarmos perante uma situação e cumulação de execuções. Segundo, nao há controlo jurisdicional prévio que assegure a posição do executado face à alegação do exequente.

De acordo com a previsão do nº 5 do art. 626º, o exequente faz a alegação dos factos em que sustenta a liquidação da quantia que deve ficar assegurada, pela penhora, para a eventualidade de não se conseguir obter a ou efectuar a prestação de facto e o agente de execução realiza a penhora de bens para a totalidade do valor «liquidado» pelo exequente. Ao agente de execução não é atribuído, expressamente, qualquer poder de controlo sobre o valor alegado pelo exequente. No entanto, entendemos ser razoável que o agente de execução possa provocar a intervenção do juiz de execução, nos termos do art. 723º.1.al. d), se lhe parecer excessivo o valor invocado pelo exequente.

Face ao exposto, não é difícil constatar que há muitas questões que aqui carecem de reposta, num regime que se afigura desprovido dos necessários contornos garantísticos. Designadamente, como discutir o valor indicado pelo exequente, para efeitos da penhora de valores ainda não liquidados? Quais os critérios aplicáveis para a fixação antecipada do *quantum*? Quem faz a sindicância quando ainda não estamos perante a fase da liquidação propriamente dita? Quais as garantias do executado?

A forma de introduzir algum controlo nesta matéria é através da oposição à penhora. Quando o agente de execução tenha realizado a penhora com base no cálculo apresentado pelo exequente, o executado que não se conforme com o valor dado à penhora pode, após a sua notificação para deduzir oposição, opor-se à mesma, com fundamento na violação do critério da proporcionalidade, invocando a inadmissibilidade da penhora na extensão com que foi realizada (art. 784º1.al.a). Acresce que, a discussão da desproporção da penhora está inerente à discussão da liquidação de valores que ainda não são efectivamente devidos, nem efectivamente quantificáveis, pois assentam num cenário que nesta fase é ainda hipotético. Por outro lado, o apenso de oposição à penhora destina-se e tem como objectivo o levantamento total ou parcial da penhora e não a determinação do *quantum* da penhora e a liquidação de valores. Pelo que, nesta fase ajusta-se a penhora ao valor adequado, caso a oposição seja procedente, mas os trâmites da execução prosseguem, designadamente para conversão da execução para entrega de coisa certa ou de prestação de facto, em execução para pagamento de quantia certa. Sendo que tudo isto pode estar a correr em paralelo. Mas se assim acontecer, a oposição à penhora deve extinguir-se por inutilidade superveniente.

2. Incidente de comunicabilidade da dívida suscitado pelo executado

No Código de Processo Civil de 2013, a matéria da comunicabilidade da dívida, isto é, a possibilidade de ser alegada em execução movida apenas contra um dos cônjuges, e baseada em título diverso de sentença, que a dívida é comum, ganhou autonomia de incidente e deixou de ser uma alegação «potencialmente» inócua, visto que, de facto, passa a ser sempre objecto de discussão e decisão judicial (arts. 741º e 742º).

Se o incidente for suscitado pelo exequente, é deduzido no requerimento executivo ou em requerimento autónomo (art. 741º.1). Se for o executado a invocar a comunicabilidade da dívida, a questão só poderá ser levantada como forma de reacção à penhora de bens próprios do executado, em sede de oposição à penhora, e desde que o executado indique especificadamente os bens comuns que podem ser penhorados (art. 742º). Exige-se, assim, a imediata indicação dos bens que deviam responder a título principal, pois que o fundamento da oposição é, exactamente, a imediata penhora de bens que só subsidiariamente respondam pela dívida exequenda (785º.1.al.b).

Esta estreita relação entre a oposição à penhora e o incidente de comunicabilidade da dívida suscitado pelo executado é uma novidade do NCPC. No Código de Processo Civil antigo, a comunicabilidade da dívida também podia ser suscitada pelo executado, no prazo que lhe era concedido para a oposição, mas sem condicionantes e sem que, em caso de impugnação da comunicabilidade da dívida – pelo exequente ou pelo cônjuge – fosse discutida a questão de mérito (antigo art. 825º.6).

Há aqui uma evolução positiva. A invocação da comunicabilidade da dívida deixa de ser um expediente obstaculizável pelo cônjuge do executado ou pelo exequente (quando invocada pelo executado). Mesmo que seja impugnada a comunicabilidade da dívida, os factos alegados são objecto de apreciação pelo juiz, através da produção da respectiva prova, e haverá decisão de mérito que concluirá sobre a natureza comum da dívida. Por outro lado, para que não se transforme esta questão num mero expediente dilatório, o executado só está em condições de obter a penhora subsidiária dos seus bens próprios, em consequência da decisão que declare a dívida comum, caso haja bens comuns para responder a título principal. Se não os houver, como os bens próprios do executado sempre responderiam, não se pode alterar a situação por via deste incidente.

O desfecho do incidente de comunicabilidade da dívida determinará, naturalmente, consequências em relação aos bens que respondem pela dívida. Por isso, quando é deduzido o incidente, fica suspensa a venda dos bens próprios do executado (742º.2).

Findo o incidente e proferida decisão, conforme previsto no art. 741º. 5 e 6, *ex vi*, art. 742º.2: – se a dívida for considerada comum[21], a execução prossegue contra o cônjuge e os bens comuns, levantando-se a penhora sobre os bens próprios do executado originariamente executado, desde que o valor dos bens comuns seja suficiente, e se necessário podem ser penhorados bens próprios do cônjuge (ora também executado); – caso o pedido de declaração de comunicabilidade improceda, a execução prossegue para venda dos bens próprios, sem prejuízo de serem penhorados bens comuns, mas apenas para atingir a meação, nos termos e efeitos do art. 740º.

3. Substituição dos bens penhorados e oposição à penhora

O executado tem a faculdade de requerer, ao agente de execução, a substituição dos bens penhorados, nos casos previstos no art. 751º.4, designadamente por outros que igualmente assegurem os fins da execução, conforme prevê a alínea a) da mesma disposição. Dessa faculdade é advertido aquando da notificação da penhora, devendo exercê-la, querendo, no prazo da oposição (art. 753º.3).

O executado que tenha deduzido oposição à penhora não fica impedido de, simultaneamente, requerer a substituição dos bens penhorados, nos termos previstos no art. 751º.4.al.a). Porém, o pedido fica condicionado pelo desfecho da oposição à penhora e só terá utilidade se a mesma for julgada improcedente. Por isso mesmo, o art. 751º.5 determina, por coerência, que nesses casos o agente de execução remete o pedido de substituição para o juiz de execução, juntamente com a oposição à execução, e é ao juiz que vai competir, nestas circunstâncias, decidir sobre a substituição da penhora, sendo que apenas se pronuncia em caso de improcedência da oposição à penhora.

[21] A dívida é também considerada comum se o cônjuge do executado, após ser citado, aceitar expressa ou tacitamente a comunicabilidade da dívida e, por sua vez, o exequente não se opuser (art. 742º.1 e 741º.2).

Juiz de execução e agente de execução: repartição de competências na fase introdutória da execução

VIRGÍNIO DA COSTA RIBEIRO
Juiz de Direito da 1ª Secção de Execução da Comarca do Porto.

Sumário: 1. Introdução. 2. Como classificar o processo executivo português? 3. A repartição de competências na fase introdutória da execução. 3.1. A relevância dos diversos regimes transitórios. 3.2. A fase introdutória da execução para pagamento de quantia certa com processo ordinário. 3.3 Os modelos de requerimento executivo e os modos da sua apresentação em juízo. 3.4. A obrigatoriedade do envio ao tribunal do original do título executivo quando a execução seja fundada em título de crédito. 3.5. A recusa do requerimento executivo na ação executiva com processo ordinário. 3.6. Apresentação do processo concluso ao juiz para despacho liminar. 3.7. A citação do executado e do seu cônjuge, se for o caso. 3.8. A recusa do requerimento executivo na ação executiva com processo sumário. 3.9. A fase introdutória na execução baseada em sentença que deva correr nos próprios autos. 3.10. A fase introdutória nas demais execuções para entrega de coisa certa ou para prestação de facto. 3.11. A execução no âmbito do procedimento especial de despejo. 3.12. Atualmente, terá o juiz o poder geral de controlo do processo?

1. Introdução.

Desde há muito temos vindo a dedicar uma atenção especial à análise do modelo da ação executiva, relacionando-o, em especial, com a figura do agente de execução, por se nos afigurar que a sua adequada compreensão será essencial para uma interpretação harmonizada das normas regulamentadoras do processo executivo.

Por essa razão, antes de nos debruçarmos, em concreto, sobre a repartição de competências entre o juiz de execução e o agente de execução na fase introdutória da execução, julgamos pertinente fazer uma breve análise do atual modelo do processo executivo português, tentando classificá-lo a partir da intervenção dos seus principais intervenientes.

2. Como classificar o processo executivo português?

Para que possamos fazer uma abordagem adequada do tema que nos foi atribuído, antes de mais, julgamos pertinente colocar a seguinte questão: como classificar o processo executivo português? Será um processo judicializado, desjudicializado ou desjurisdicionalizado?

Expliquemo-nos.

O processo executivo será judicializado quando, correndo termos no tribunal, a sua tramitação seja integralmente regulada por despacho do juiz. Serão, portanto, dois os pressupostos para que possamos considerar um processo como judicializado. Por um lado, que os respetivos atos sejam praticados por alguém que esteja integrado na estrutura designada por tribunal, e, por outro, que os atos a praticar sejam todos determinados por despacho do juiz. Era o que se verificava em Portugal na ação executiva anterior ao início de vigência do DL nº 38/2003, de 8/03, e, ao que julgamos saber, ainda hoje se aplicará em Itália.

Por sua vez, a ação executiva será desjudicializada sempre que, muito embora correndo termos no tribunal, a intervenção do juiz apenas se verifique em casos pontuais bem determinados, ficando a prática da maioria dos atos executivos a cargo de outros agentes. É o que se verifica, por exemplo, no caso espanhol, em que a execução, apesar de tramitada no tribunal por funcionários contratados e pagos pelo Estado, a prática de alguns dos atos executivos não carece da intervenção do juiz, sendo a respetiva competência delegada no secretário judicial.

Finalmente, a ação executiva será desjurisdicionalizada desde que, em simultâneo, o processo não corra no tribunal e a intervenção do juiz tenha lugar apenas em caso de litígio, podendo a execução fazer todo o seu percurso até final sem qualquer interferência do mesmo. É o que se verifica, por exemplo, na Suécia, onde a competência para a cobrança de dívidas é atribuída a uma entidade de natureza administrativa, denominada «*Serviço Público de Cobrança Forçada*», intervindo o juiz somente em caso de litígio.

Dos modelos conhecidos em outros ordenamentos jurídicos, existem alguns que apresentam aproximações a qualquer dos exemplos referidos, como é o caso do alemão (ou austríaco) ou do francês (e dos países do Benelux)[1], sendo essa a razão por que no nosso trabalho sobre "*As Fun-*

[1] Para a finalidade que aqui prosseguimos, a análise dos modelos francês e alemão assume particular relevância, na medida em que, como adiante salientaremos, durante os trabalhos

ções do Agente de Execução"[2] os designámos de semipúblico e semiprivado, respetivamente[3].

No modelo alemão, muito embora o processo corra sempre no tribunal, importa considerar que se a execução for baseada em sentença, o juiz só intervém em caso de litígio e, sendo fundada em outro título, o juiz exerce também uma função de controlo prévio, emitindo a fórmula executiva sem a qual não é desencadeado o processo executivo. Em qualquer dos casos, o agente de execução, ainda que seja um oficial de justiça pago pelo erário público, dispõe de uma autonomia significativa no sentido da pesquisa de bens do executado e de lhe poder dirigir injunções com essa finalidade (p. ex. não sendo encontrados bens do devedor, o agente de execução declara tal facto e ao mesmo tempo convoca-o para comparecer em certo local e a certa hora e interroga-o sobre os bens. No caso de o devedor não comparecer, o agente de execução poderá solicitar a emissão de um mandado de captura. Se o executado comparecer e declarar que não possui bens (a falsidade da declaração é punível criminalmente), o agente de execução procede à sua inscrição na lista pública de pessoas sem crédito.

Ao invés, no modelo francês, o agente de execução é sempre um profissional liberal, contratado e pago pelas partes. No entanto, o processo executivo correrá no tribunal de competência genérica e o patrocínio judiciário será obrigatório se a penhora incidir sobre bens imóveis, tendo o juiz uma função cautelar, sendo que, neste caso, a competência para a prática dos atos executivos fica repartida entre o agente de execução e o advogado do exequente, competindo àquele os atos da penhora e a este os relativos à venda. Incidindo a penhora sobre bens móveis ou direitos de crédito, o processo corre no escritório do agente de execução e o juiz apenas intervém em caso de litígio.

preparatórios da Reforma de 2003 foi sugerido pelo Prof. José Lebre de Freitas que o processo executivo português assentasse num deles.

[2] Almedina, Coimbra, 2011, p.

[3] Ainda que em ambos os casos se reconheça a existência de uma significativa autonomia no desempenho das respetivas funções, no modelo alemão sobreleva a natureza pública do agente de execução, sem qualquer relação com o exequente que não o escolhe nem lhe paga, enquanto no modelo francês assume especial relevância o facto de se tratar de um profissional liberal, escolhido pelo exequente e exclusivamente remunerado por este.

Nos trabalhos preparatórios da Reforma de 2003, na proposta do Prof. José Lebre de Freitas, apresentada na vigência do XIII Governo constitucional, sugeria-se que a futura ação executiva assentasse na figura do agente de execução francês ou alemão, tendo por finalidade libertar o juiz da direção efetiva do processo executivo.

No entanto, o modelo que veio a ser adotado assentou essencialmente:

1 – Na criação da figura de solicitador de execução;
2 – Profissional liberal pago pelo exequente de acordo com tabela previamente fixada;
3 – Com competência para a realização de todas as diligências de execução, incluindo citações, notificações e publicações;
4 – Na dependência funcional do juiz de execução, atribuindo-se a este o poder geral de controlo.

Em termos práticos, na sua formulação global, a Reforma de 2003 acabou por "misturar" os modelos francês e alemão, gerando uma significativa indefinição decorrente da ambiguidade do respetivo estatuto. O agente de execução português assemelhava-se ao *huissier de justice* pelo facto de ambos serem profissionais liberais, mas, ao mesmo tempo, aproximava-o do modelo alemão ao colocá-lo na dependência funcional do juiz e ao atribuir a este o *poder geral de controlo* do processo e a faculdade de fundamentadamente o destituir. Na prática, a Reforma de 2003 conseguiu a quadratura do círculo, ao transformar um profissional liberal num funcionário público, apenas remunerado pelas partes.

Estamos em crer que o modelo híbrido decorrente da Reforma de 2003 resultou essencialmente do facto de o legislador não ignorar que os profissionais chamados a desempenhar as funções de agente de execução, para além de numericamente deficitários, não estavam, muitos deles, preparados para assumir essa tarefa com a importância que a reforma lhes atribuiu, quer por falta de experiência profissional, quer ainda por falta de formação académica adequada.

Só assim será compreensível que o juiz tenha sido instituído como figura tutelar do solicitador de execução, colocando-o na sua dependência funcional (artigo 116º, do ECS), instituindo-se o seu poder geral de controlo (nº 1 do artigo 809º[4]) e permitindo-se o seu afastamento do

[4] As normas mencionadas sem qualquer outra indicação de proveniência, pertencem ao Código de Processo Civil na redação vigente no momento considerado.

processo apenas por decisão judicial e sempre com fundamento em violação dos deveres do cargo (nº 4 do artigo 808º).

Essa ambiguidade não era benéfica, desde logo por dificultar a compreensão sobre o modelo decorrente da Reforma, potenciando a dúvida sobre quem verdadeiramente dirigia o processo executivo. No entanto, na perspetiva da sua implementação imediata, justificava-se a existência de um certo "regime transitório" para permitir o aparecimento de novos profissionais, em maior quantidade e melhor qualificados, designadamente através da conclusão dos cursos superiores de solicitadoria entretanto iniciados e, paralelamente, a realização do 1º estágio de ingresso na carreira de agente de execução.

Daí que, decorridos cerca de cinco anos sobre o início de vigência da Reforma de 2003, através da publicação do Decreto-Lei nº 226/2008, de 20 de novembro, tenha sido possível delimitar (ainda que de forma não muito satisfatória) o âmbito de competências de cada um dos intervenientes processuais (nº 1 do artigo 808º) e o agente de execução tenha deixado de estar na dependência funcional do juiz e retirando-se do artigo 809º a expressão "*poder geral de controlo*", ficando, assim, mais claro, que ao juiz de execução e à secretaria judicial está reservado um papel residual especificado na lei.

Com o Código de Processo Civil publicado pela Lei nº 41/2013, de 26 de junho[5], a repartição de competências foi consagrada de forma inequívoca[6], esclarecendo-se que a intervenção do juiz e da secretaria judicial apenas deverá ocorrer nos casos expressamente previstos (nº 1 do artigo

[5] Adiante apenas designado por nCPC.

[6] Ainda que, em substância, o texto dos artigos 808º, nº 1, do Código revogado, e 719º, nº 1, do nCPC, não tenham diferenças significativas, a verdade é que a epígrafe deste último (*Repartição* de Competências), acrescentou o *quid* que faltava para afastar o peso da tradição e esclarecer de uma vez por todas que o processo executivo português deixou de ser regulado por despacho do juiz e que este apenas deverá intervir nos casos especialmente previstos na lei, revelando-se essa intervenção necessária como foi esclarecido na exposição de motivos da Proposta de Lei nº 113/XII, onde se escreveu: "*Cuida-se da clara repartição de competências entre o juiz, a secretaria e o agente de execução, estabelecendo-se que a este cabe efetuar todas as diligências do processo executivo que não estejam atribuídas à secretaria ou sejam da competência do juiz. É de esperar que, em definitivo, os intervenientes processuais assumam e observem a repartição de competências fixada na lei, por forma a evitar intervenções ou actos desnecessários, gerando perdas de tempo numa tramitação que se quer célere e eficiente*".

719º), assim se clarificando que o principal órgão da ação executiva é o agente de execução.

Ao mesmo tempo, foi dado ainda um relevante contributo ao estabelecer-se no nº 5 do artigo 551º que o processo de execução (só) corre em tribunal quando seja requerida ou decorra da lei a prática de ato da competência da secretaria ou do juiz e até à prática do mesmo. Em face do teor desta norma, conjugando-a com o disposto no nº 1 do artigo 719º, deverá concluir-se que o nCPC tomou posição expressa quanto ao modelo da ação executiva iniciado com a Reforma de 2003, clarificando-o[7].

Feito este breve percurso, julgamos estar agora em condições de responder à pergunta inicialmente formulada: será o processo executivo civil português judicializado, desjudicializado ou desjurisdicionalizado?

Assim, nas ações executivas ordinárias, apesar de se prever a intervenção do juiz e da secretaria, as diligências de execução estão genericamente a cargo do agente de execução, sendo este, salvo casos pontuais e de reduzida relevância, um profissional liberal contratado e pago pelo exequente, poderemos considerar verificada a figura da desjudicialização.

Por sua vez, nas ações executivas sumárias cuja finalidade poderá ser alcançada sem que o processo alguma vez tenha corrido termos no tribunal, poderemos considerar verificada a figura da desjurisdicionalização.

Nessa conformidade, conjugando as duas referidas realidades, julgamos poder afirmar que o processo executivo português poderá ser considerado *desjudicializado* a caminho da *desjurisdicionalização.*

3. A repartição de competências na fase introdutória da execução.

Tendo em consideração os fundamentos teóricos expendidos, analisemos agora, em concreto, a repartição de competências entre o juiz de execução e o agente de execução na fase introdutória da execução (artigos 724º a 727º e 855º, nºs 1 e 2).

[7] A este respeito, como foi salientado por Virgínio da Costa Ribeiro e Sérgio Rebelo na "*Ação Executiva Anotada e Comentada*", Almedina, Coimbra, 2015, p. 129, "*o nº 5 tem natureza inovatória, com relevante significado para a compreensão do atual modelo de ação executiva, confirmando-se agora, expressamente, que a execução não é um processo judicial durante toda a sua pendência, correndo em tribunal apenas quando aí deva ser praticado um ato da competência do juiz ou da secretaria. Na parte restante, a execução não passa de um dossier regulado pelas normas do processo civil e diplomas conexos, com possibilidade de impugnação e reclamação, para o juiz, dos atos praticados pelo agente de execução*".

Neste contexto, para além da necessária abordagem dos regimes transitórios aplicáveis, analisaremos a tramitação da execução para pagamento de quantia certa com processo ordinário e sumário, sem prejuízo de, no momento julgado adequado, fazermos uma breve referência à tramitação inicial da execução para entrega de coisa certa e para prestação de facto.

Na execução para pagamento de quantia certa com processo ordinário, a fase introdutória da execução compreende o requerimento executivo, o modo da sua apresentação e o regime da sua recusa, a obrigatoriedade do envio ao tribunal do original do título executivo no caso de a execução se fundar em título de crédito (sendo esta circunstância comum à execução para pagamento de quantia certa com processo sumário), o despacho liminar e a citação prévia e, finalmente, o pedido de dispensa de citação prévia.

Por sua vez, na execução para pagamento de quantia certa com processo sumário, não havendo lugar ao despacho liminar e à citação prévia do executado, devendo esta ocorrer apenas depois de efetuada a penhora, para além da obrigatoriedade da remessa ao tribunal do original do título de crédito nos termos supra referidos, a fase introdutória está limitada ao regime de recusa do requerimento executivo e à possibilidade de o agente de execução, em certas circunstâncias, dever suscitar a intervenção do juiz.

3.1. A relevância dos diversos regimes transitórios.

Uma vez que nos diversos diplomas publicados após a Reforma de 2003 (Decretos-Leis nºs 38/2003 e 226/2008 e Lei nº 41/2013) foi sempre ressalvada a sua aplicabilidade (total ou parcial) apenas aos processos instaurados posteriormente ao respetivo início de vigência e tendo em consideração que durante muito tempo continuarão a existir processos aos quais se aplicarão as normas de pretérito, importa ter presente o que foi considerado em cada um dos regimes transitórios no que respeita à fase introdutória do processo executivo.

Assim:

Decreto-Lei nº 38/2003, de 8 de março

Artigo 21º
Normas transitórias

1 – As alterações ao Código de Processo Civil (...) só se aplicam nos ou relativamente aos processos instaurados **a partir do dia 15 de Setembro de 2003**.

2 – Excetuam-se do disposto no número anterior as normas dos artigos 806º e 807º (...).

Decreto-Lei nº 226/2008, de 20 de Novembro

Artigo 22º
Aplicação no tempo

1 – As alterações ao Código de Processo Civil **aplicam-se apenas aos processos iniciados após a sua entrada em vigor**, salvo o disposto no nº 6 do artigo 833º -B, na alínea *c*) do nº 1 do artigo 919º e no nº 5 do artigo 920º, que se aplica aos processos pendentes à data da sua entrada em vigor, nos termos do nº 5 do artigo 20º.

Lei nº 41/2013, de 26 de junho

Artigo 6º, do diploma preambular

1 – O disposto no Código de Processo Civil, aprovado em anexo à presente lei, aplica-se, com as necessárias adaptações, a todas as execuções pendentes à data da sua entrada em vigor.

2 – Nas execuções instauradas antes de 15 de setembro de 2003 os atos que, ao abrigo do Código de Processo Civil, aprovado em anexo à presente lei, são da competência do agente de execução competem a oficial de justiça.

3 – O disposto no Código de Processo Civil, aprovado em anexo à presente lei, relativamente aos títulos executivos, às formas do processo executivo, ao requerimento executivo e à tramitação da fase introdutória só se aplica às execuções iniciadas após a sua entrada em vigor." (sublinhados nossos).

4 – O disposto no Código de Processo Civil, aprovado em anexo à presente lei, relativamente aos procedimentos e incidentes de natureza declarativa apenas se aplica aos que sejam deduzidos a partir da data de entrada em vigor da presente lei.

Atendendo à data em que a execução foi instaurada, a delimitação da fase introdutória do processo deverá ser feita nos seguintes termos:

- Às execuções instauradas entre 15/09/2003 e 30/03/2009, aplicar-se-á o disposto nos artigos 810º a 812º-B, na redação dos Decretos-Leis nº 38/2003 e 116/2008[8];
- Às execuções instauradas entre 31/03/2009 e 31/08/2013, aplicar-se-á o disposto nos artigos 675º-A, 810º a 812º-F, na redação do Decreto-Lei nº 226/2008;
- E às execuções instauradas a partir de 01/09/2013, aplicar-se-á o disposto nos artigos 626º, 724º a 727º e 855º, na redação da Lei nº 41/2013.

Sem necessidade de particularizar, nos aludidos diplomas publicados após a Reforma de 2003, como é sabido, foram sendo introduzidas alterações significativas relacionadas com a sujeição do processo a despacho liminar e à necessidade de citação prévia do executado, bem como quanto às execuções em que havia sempre lugar à citação prévia do executado, ainda que sem necessidade de despacho liminar, ou, ainda, relativamente aos processos em que a penhora era efetuada sem necessidade de despacho liminar ou citação prévia do executado.

Pelas referidas razões, a identificação do regime concretamente aplicável a cada uma das execuções, tendo por referência a data da sua instauração, assume relevância significativa, devendo ter-se em consideração que nas execuções cuja instância tenha sido entretanto extinta e que venham a ser renovadas por qualquer das possibilidades previstas no Código (artigos 779º, nº 5, 808º, nº 1 e 850º, nº 5), as disposições do regime transitório deverão ser observadas na medida em que a fase introdutória do processo ainda não haja sido superada.

[8] Este último diploma, no que respeita à fase introdutória do processo, releva apenas no que se refere ao modo de apresentação do título executivo, estabelecendo-se que, sendo o requerimento executivo remetido a juízo por transmissão eletrónica de dados, deverá o mesmo ser acompanhado de cópia digitalizada do título executivo, ficando o exequente dispensado de apresentar o respetivo original, salvo se o juiz, justificadamente, oficiosamente ou a requerimento do executado, entender necessária a apresentação do original. Esta regra foi parcialmente alterada com a publicação do nCPC no que respeita aos títulos de crédito, exigindo-se agora no nº 5 do artigo 725º a apresentação do respetivo original.

3.2. A fase introdutória da execução para pagamento de quantia certa com processo ordinário.

Na fase introdutória da execução para pagamento de quantia certa com processo ordinário, o agente de execução não participa, salvo no que respeita à realização da citação, estando esta sempre dependente de despacho judicial ordenando-a (nº 6 do artigo 726º) ou dispensando-a (artigo 727º).

Por isso, se por qualquer razão, designadamente por erro na atribuição da forma do processo, a execução lhe for enviada sem ter sido proferido um dos referidos despachos, deverá remetê-la imediatamente para o tribunal, uma vez que as diligências de penhora que eventualmente venham a ser praticadas poderão estar feridas de nulidade nos termos do artigo 193º, sendo esta de conhecimento oficioso por aplicação do disposto no artigo 196º.

A referida circunstância poderá ter repercussões significativas quanto ao sucesso da execução, dado que, devendo ser decretada a nulidade dos atos de penhora, impõe-se que o juiz determine a restituição ao executado de tudo quanto tenha sido apreendido, podendo alguns dos bens, devido à facilidade da sua dissipação, nunca mais serem localizados, com a consequente frustração do crédito exequendo.

3.3. Os modelos de requerimento executivo e os modos da sua apresentação em juízo.

Os modelos de requerimento executivo são disponibilizados eletronicamente na página informática do Ministério da Justiça em http://citius.tribunaisnet.mj.pt, constando o seu teor dos anexos à Portaria nº 282/2013, de 29 de agosto, destinando-se o Anexo I às execuções em geral e o Anexo II à execução de decisão judicial condenatória que deva ser executada nos próprios autos, nos termos dos artigos 85º e 626º.

Se o exequente estiver patrocinado por mandatário judicial, o requerimento executivo deverá ser apresentado por via eletrónica, só podendo ser entregue pelo mesmo em suporte físico na secretaria judicial ou remetido a esta pelo correio ou através de telecópia, se não for possível a sua remessa por via eletrónica.

Não se trata de uma opção em função do valor da causa. Mesmo que esta tenha valor igual ou inferior à alçada do tribunal de 1ª instância[9],

[9] Atualmente, € 5.000,00.

se o exequente estiver patrocinado por advogado, advogado estagiário ou solicitador, o requerimento executivo não poderá ser apresentado em suporte físico, a não ser que a via eletrónica esteja indisponível.

Se o exequente não estiver patrocinado por mandatário judicial, o que apenas poderá ocorrer se a execução tiver valor igual ou inferior à alçada fixada para o tribunal de 1ª instância[10], a apresentação do requerimento executivo poderá ser feita em suporte físico, por entrega na secretaria judicial ou remessa pelo correio, sob registo, ou por telecópia, nos termos previstos nos artigos 3º, nº 1 e 4º, nº 3, da Portaria nº 282/2013, de 29 de agosto.

3.4. A obrigatoriedade do envio ao tribunal do original do título executivo quando a execução seja fundada em título de crédito.

O nCPC introduziu a obrigatoriedade do envio ao tribunal do original do título executivo no caso de a execução ser fundada em título de crédito (letra, livrança, cheque ou extrato de fatura[11]). Esta obrigação existirá ainda que o mesmo seja apresentado à execução como mero quirógrafo. Se o exequente não efetuar a sua remessa nos dez dias subsequentes à distribuição, o processo deverá ser concluso ao juiz para que profira despacho ordenando a notificação do exequente para apresentar o documento em falta sob pena de a execução se extinguir. Se por qualquer razão a execução prosseguir sem que o original do título de crédito seja apresentado, mesmo depois de citado o executado e de passado o prazo para a dedução de oposição ou depois de esta terminada, sem que a falta tenha sido detetada, enquanto a execução estiver pendente, verificada a omissão, impõe-se que o juiz profira despacho com a aludida finalidade. *Se o exequente não apresentar o original do título de crédito depois de notificado para o efeito, o juiz deverá proferir decisão declarando extinta a execução. No caso de a execução já se encontrar extinta aquando da verificação da falta, designadamente através da procedência dos embargos de executado, nada deverá ser feito. Uma vez que a consequência para a falta de apresentação do original do título é a extinção da execução, não se poderá extinguir o que já está extinto. Estando a execução a*

[10] Cfr. Nº 3 do artigo 58º.

[11] No sentido de apenas estes deverem ser considerados, cfr. Virgínio da Costa Ribeiro e Sérgio Rebelo, na *Ação Executiva Anotada e Comentada*, Almedina, Coimbra, 2015, pp. 141-144.

"hibernar" nos termos do artigo 850º, nº 5, deverá aguardar-se que a instância seja renovada para, então, se proceder à notificação do exequente nos termos referidos[12].

3.5. A recusa do requerimento executivo na ação executiva com processo ordinário.

Na execução com processo ordinário, a competência para a prática do primeiro ato pertence à secretaria, a qual deverá recusar o requerimento executivo com algum dos motivos previstos no nº 1 do artigo 725º.

No que respeita aos fundamentos da recusa, impõe-se referir que os mesmos, para além de taxativos, têm natureza objetiva, estando vedado ao oficial de justiça proceder a qualquer apreciação subjetiva ou valorativa (assim como ao agente de execução, na previsão da alínea b) do nº 2 do artigo 855º), pelo que, a título de exemplo, se o exequente apresentar um determinado documento afirmando a sua exequibilidade, ainda que a inexequibilidade seja ostensiva, não deverá o oficial de justiça (ou o agente de execução) recusar o requerimento executivo com fundamento na falta de título executivo, devendo antes suscitar a intervenção do juiz nos termos da alínea d) do nº 1 do artigo 723º.

No entanto, convém observar, importa não abusar da referida possibilidade de intervenção do juiz para que o exequente não seja prejudicado com a supressão das possibilidades previstas no nº 4 do artigo 725º.

Havendo recusa do requerimento executivo, o exequente poderá tomar uma de três opções:

a) Apresentar outro requerimento executivo, bem como o documento ou elementos em falta no prazo de 10 dias a contar da data em que a recusa lhe tenha sido notificada;
b) Reclamar para o juiz que decide por despacho irrecorrível, salvo quando se funde na falta de exposição dos factos, podendo ainda, no prazo de 10 dias, apresentar outro requerimento executivo, bem como o documento ou elementos em falta, sendo que, neste caso, bem como no referido em a), a execução considera-se instaurada na data da primeira apresentação;
c) Nada faz e a execução extingue-se, sem mais, havendo apenas lugar à notificação da extinção ao exequente.

[12] Cfr. nesse sentido, Virgínio da Costa Ribeiro e Sérgio Rebelo, ob. cit. p. 225.

3.6. Apresentação do processo concluso ao juiz para despacho liminar. Não havendo fundamento para a recursa do requerimento executivo, o processo deverá ser concluso ao juiz para despacho liminar.

Neste momento processual, impõe-se analisar se, em face do título, a obrigação deverá ser considerada certa, líquida e exigível ou se, pelo contrário, será necessário proceder a diligências com alguma dessas finalidades, observando-se o disposto nos artigos 714º (obrigação alternativa), 715º (obrigação condicional ou dependente de prestação) e 716º (liquidação).

Não sendo necessária a realização de diligências para tornar a obrigação certa, líquida e exigível, no âmbito do despacho liminar o juiz deverá:

a) Convidar o exequente a suprir as irregularidades do requerimento executivo, bem como a sanar a falta de pressupostos processuais, desde que estes sejam passíveis de sanação, aplicando-se o disposto no nº 2 do artigo 6º;
b) Indeferir liminarmente (total ou parcialmente) o requerimento executivo com algum dos fundamentos previstos nas alíneas a) a d) do nº 2 do artigo 726º, essencialmente relacionados com a falta ou inexequibilidade do título executivo, a existência de exceções dilatórias, não supríveis, de conhecimento oficioso e, ainda, no caso de não ter sido suprido o vício ou corrigida a falta objeto do convite;
c) Quando o processo deva prosseguir, ordenar a citação do executado para, no prazo de 20 dias, pagar ou opor-se à execução. Se o exequente tiver alegado no requerimento executivo a comunicabilidade da dívida constante de título diverso de sentença[13], o juiz deverá ainda ordenar a citação do cônjuge do executado para, no referido prazo, declarar se aceita a comunicabilidade da dívida baseada no fundamento alegado pelo exequente, com a cominação de que, se nada disser, a dívida é considerada comum, sem prejuízo da oposição que contra ela deduza. Neste caso, ainda que aceitando a comunicabilidade da dívida de forma expressa ou por via do silêncio relevante, o cônjuge citado poderá deduzir oposição à execução ou à penhora nos mesmos termos e com as limitações que

[13] Se a execução for baseada em sentença, o exequente não poderá fazer uso desta faculdade, uma vez que a comunicabilidade da dívida deveria ter sido alegada no processo declarativo onde foi proferida a sentença.

seriam aplicáveis ao executado[14]. Pretendendo impugnar a comunicabilidade da dívida, o cônjuge do executado poderá fazê-lo na oposição à execução se a pretender deduzir ou, em caso contrário, por meio de requerimento autónomo, devendo este ser autuado e tramitado por apenso.

d) No caso de ter sido requerida a dispensa de citação prévia nos termos do artigo 727º, deverá o juiz determinar a produção das provas oferecidas (se necessário) e decidir em conformidade.

Para este efeito e dado que se trata de um incidente com características semelhantes ao procedimento cautelar de arresto, o exequente deverá alegar no requerimento executivo apenas os factos que traduzem o receio de perda da garantia patrimonial, dado a probabilidade da existência do crédito exequendo estar demonstrada pela exibição do título executivo.

No nCPC reintroduziu-se a possibilidade de o pedido de dispensa de citação prévia ser decidido sem necessidade de produção de provas no caso de constar do registo informático de execuções a existência de execução anteriormente instaurada contra o executado e que se tenha frustrado, total ou parcialmente.

Releva ainda o facto de o referido incidente, atualmente, ser legalmente considerado urgente (nº 2 do artigo 727º), devendo, por isso, ser tramitado mesmo durante as férias judiciais.

Finalmente impõe-se ainda considerar a hipótese de o pedido de dispensa de citação prévia ser efetuado em execução onde no requerimento executivo, o exequente também suscita o incidente de comunicabilidade da dívida.

Neste caso, havendo a possibilidade de o cônjuge não executado poder deduzir oposição à execução ao abrigo da alínea a) do nº 3 do artigo 741º e nesta hipótese, mesmo que a execução não seja suspensa por via da dedução da oposição, só poderem ser penhorados bens comuns, deverá entender-se que os pressupostos da dispensa de citação prévia relacio-

[14] Como vimos, o incidente de comunicabilidade da dívida não é permitido nos casos em que a execução tem como título uma sentença, pelo que à oposição que for deduzida pelo cônjuge não serão aplicáveis as limitações relacionadas com o referido título.

nados com o *periculum in mora* serão extensivos também ao cônjuge do executado[15].

3.7. A citação do executado e do seu cônjuge, se for o caso[16].

A citação do executado e do seu cônjuge, este no caso de o exequente no requerimento executivo ter alegado a comunicabilidade da dívida constante de título diverso de sentença, também deverá considerar-se integrada na fase introdutória do processo.

A citação do executado pessoa singular[17] e do seu cônjuge, poderá ser pessoal ou edital (cfr. nº 1 do artigo 225º)[18], dependendo de prévio despacho judicial nos casos em que a execução esteja sujeita a despacho liminar ou tratando-se de citação urgente (cfr. alíneas e) e f) do nº 4 do artigo 226º).

A citação do executado pessoa singular deverá ser feita, em primeira tentativa, por via postal[19] através de carta registada com aviso de receção, de modelo oficialmente aprovado[20], dirigida pelo agente de execução[21] ao citando e endereçada para a sua residência ou local de trabalho (nº 1 do artigo 228º), contendo cópia do requerimento executivo e dos documentos que o acompanham[22], comunicando-se-lhe que fica citado para a execução a que respeita o requerimento executivo, e indicando-se o tribunal, juízo e secção por onde corre o processo (artigo 227º).

[15] Esta circunstância nem sempre será de fácil resolução, uma vez que o executado e o seu cônjuge, apesar da existência de património comum, poderão ter vidas separadas.

[16] Nesta parte, principalmente no seu aspeto expositivo, seguiremos muito de perto o que foi expendido por Virgínio da Costa Ribeiro e Sérgio Rebelo, ob. cit. pp. 233-236.

[17] A citação das pessoas coletivas será analisada separadamente.

[18] A citação poderá ainda ser feita na pessoa de mandatário constituído pelo executado, com poderes especiais para a receber, mediante procuração passada há menos de quatro anos, nos termos do nº 5 do artigo 225º.

[19] A citação por via postal poderá não ter lugar, passando-se de imediato à citação através de contacto pessoal, se o exequente declarar essa pretensão no requerimento executivo (nº 8 do artigo 231º).

[20] Pela Portaria nº 953/2003, de 9 de setembro, alterada pela Portaria nº 275/2013, de 21 de Agosto.

[21] Artigo 10º, nº 1, da Portaria nº 282/2013, de 29 de Agosto.

[22] Sendo a citação efetuada depois de realizada a penhora, deverá ser ainda remetida ao executado cópia do respetivo auto.

A carta poderá ser entregue ao executado ou a qualquer pessoa que se encontre na sua residência ou local de trabalho e que declare encontrar-se em condições de lha entregar prontamente (nº 2 do artigo 228º), presumindo-se, salvo prova em contrário (presunção *iuris tantum*), que o citando dela teve conhecimento (nº 4 do artigo 225º).

Não sendo possível a entrega da carta por o citando se encontrar ausente em outra morada indicada ao distribuidor postal, a citação será repetida com envio de nova carta registada com aviso de receção para tal endereço (nº 8 do artigo 228º).

Frustrando-se a via postal, a citação deverá ser efetuada através de contacto pessoal do agente de execução com o citando[23]-[24] (nº 1 do artigo 231º), com elaboração de nota contendo as indicações previstas no artigo 227º para lhe ser entregue.

Sendo recusada a assinatura da certidão ou o recebimento do duplicado, o agente de execução dá conhecimento ao executado de que o mesmo fica à sua disposição na secretaria judicial, mencionando essas ocorrências na respetiva certidão e, em seguida, remete-lhe carta registada com a indicação de que o duplicado se encontra à sua disposição na secretaria judicial (nºs 4 e 5 do artigo 231º).

Não sendo possível o contacto pessoal com o executado, mas apurando-se que o mesmo reside ou trabalha no local indicado, o agente de execução deverá deixar nota, que entregará à pessoa encontrada que estiver em melhores condições de a transmitir ao citando ou, quando tal não for possível, afixará no local mais indicado, mencionando a hora certa para a realização da diligência, (nº 1 do artigo 232º). No dia e hora designados, o agente de execução efetuará a citação do executado, se o encontrar. Não o encontrando, procederá à citação na pessoa capaz que esteja em melhores condições de a transmitir ao executado. Não sendo possível a colaboração de terceiros, a citação é feita mediante a afixação, no local mais adequado e na presença de duas testemunhas, da nota de

[23] O agente de execução designado poderá ainda, sob a sua responsabilidade, promover a citação por outro agente de execução ou por um seu empregado devidamente credenciado, sendo que, neste último caso, o referido ato só é válido se o executado assinar a certidão, que o agente de execução designado posteriormente também deverá assinar (nºs 6 e 7 do artigo 231º).

[24] A citação do executado também poderá ser promovida por mandatário judicial, nos termos dos artigos 237º e 238º.

citação contendo os elementos previstos no artigo 227º e declarando-se que o duplicado e os documentos anexos ficam à disposição do citando na secretaria judicial (nº 4 do artigo 232º).

Sendo a citação efetuada em pessoa diversa do executado ou por meio de afixação de nota, nos termos supra referidos, o agente de execução deverá enviar ao executado, no prazo de dois dias, carta registada, comunicando-lhe a data e o modo como o ato foi realizado, o prazo para o oferecimento da defesa e as cominações aplicáveis, o destino dado ao duplicado e a identidade da pessoa que recebeu a citação (artigo 233º).

No que respeita à citação das pessoas coletivas, ainda que com as necessárias adaptações deva aplicar-se o regime da citação previsto para as pessoas singulares (nº 1 do artigo 246º), o nCPC introduziu algumas *nuances* que importa considerar.

Assim, a carta registada com aviso de receção destinada à citação da executada pessoa coletiva, deverá ser remetida para a sede da mesma inscrita no ficheiro central de pessoas coletivas do Registo Nacional de Pessoas Coletivas (nº 2 do artigo 246º). Tratando-se de pessoa coletiva cuja inscrição no Registo Nacional de Pessoas Coletivas seja obrigatória, sendo recusada a assinatura do aviso de receção ou o recebimento da carta por representante legal ou funcionário da executada, o distribuidor postal lavra nota do incidente antes de a devolver e a citação considera-se efetuada face à certificação da ocorrência (nºs 3 e 5 do artigo 246º). Nos demais casos em que ocorra a devolução do expediente, a citação deverá ser repetida, enviando-se nova carta registada com aviso de receção com observância do disposto no nº 5 do artigo 229º, advertindo-se a executada de que a citação se considera efetuada na data certificada pelo distribuidor do serviço postal ou, no caso de ter sido deixado o aviso, no 8º dia posterior a essa data, presumindo-se que o destinatário teve conhecimento dos elementos que lhe foram deixados (artigos 246º, nº 4 e 230º, nº 2).

Não se mostrando viável a realização da citação do executado (pessoa singular ou coletiva) por via postal ou através de contacto pessoal, o agente de execução procederá à sua citação edital, mediante afixação de edital na porta da última residência ou sede que o executado teve no país e, no prazo máximo de cinco dias úteis após a referida afixação, fará publicar, através do sistema informático de suporte à atividade dos agentes de execução, no endereço eletrónico http://www.citius.mj.pt, anúncio eletrónico de citação edital, contando-se o prazo para a apresentação da defesa a partir da data da publicação do anúncio (artigos 10º e 11º da Portaria nº 282/2013, de 29 de Agosto).

Aqui chegados impõe-se perguntar: estará sujeita a despacho judicial a citação edital a efetuar no âmbito da ação executiva?

Em nossa opinião, ao regular a citação edital no âmbito da ação executiva na mencionada Portaria e nos termos em que o fez, o legislador quis autonomizá-la da citação edital a efetuar no âmbito da ação declarativa, devendo entender-se que só esta estará dependente de despacho judicial nos termos dos artigos 236º, 240º, 241º e artigo 24º da Portaria nº 280/2013, de 26/08 (que substituiu a Portaria nº 114/2008, de 6/02).

De facto, ao afirmar-se no artigo 10º, nº 2, daquela primeira Portaria que, frustrada a citação postal ou por contacto pessoal "*o agente de execução procede à citação eletrónica do executado*", sem que a prática deste ato tenha sido condicionada à verificação de qualquer outro formalismo, deverá entender-se que, neste caso, o legislador entendeu não ser necessária a intervenção do juiz ou da secretaria, relevando ainda o facto de no nCPC a repartição de competências estar devidamente delimitada, com expressa menção do que compete a cada um dos intervenientes, bem como a circunstância de o agente de execução não necessitar do contributo do juiz para proceder às consultas nas bases de dados gerais previstas no artigo 2º, nº 1, da Portaria nº 331-A/2009, de 30/03, na redação que lhe foi dada pela Portaria nº 350/2013, de 03/12, com vista à localização do executado e, quanto às outras, se necessário, poderá solicitar a devida autorização nos termos do nº 7 do artigo 749º.

Finalmente, importa ainda salientar que, para além do referido prazo de 20 dias, em certos casos, designadamente quando tenha sido citado em pessoa diversa ou fora da área da comarca sede do tribunal onde corre o processo, o executado beneficiará da dilação de 5 dias, nos termos do artigo 245º.

A este respeito, atendendo à alteração da configuração territorial das comarcas, a dilação prevista na alínea b) do nº 1 do artigo 245º, apenas existe nos casos em que o demandado tenha sido citado fora da área da comarca sede do tribunal, neste caso, da área da comarca onde corre o processo com a delimitação decorrente do Decreto-Lei nº 49/2014, de 27 de março, uma vez que, não tendo o normativo sofrido alteração na sua redação (cfr. artigo 252º-A, do Código revogado), deverá manter-

-se o entendimento anterior, fazendo coincidir o âmbito de aplicação da norma à área abrangida pela comarca na sua totalidade, sem atender ao facto de a mesma poder abranger diversos municípios, como era o caso, por exemplo, dos municípios da Trofa e de Santo Tirso, em que uma pessoa citada na área do primeiro, não beneficiava da referida dilação pelo facto de a ação correr os seus termos no tribunal instalado na sede do segundo.

3.8. A recusa do requerimento executivo na ação executiva com processo sumário.

Na fase introdutória da execução para pagamento de quantia certa com processo sumário pertence ao agente de execução a competência para proceder à recusa do requerimento executivo desde que verificado algum dos fundamentos previstos na alínea a) do artigo 725º e, se esta tiver lugar, procede-se nos mesmos termos previstos para a recusa efetuada pela secretaria (alínea a) do nº 2 do artigo 855º).

Nesta fase, deverá ainda o agente de execução suscitar a intervenção do juiz quando se lhe afigure provável a ocorrência de qualquer circunstância passível de convite ao aperfeiçoamento ou de indeferimento total ou parcial do requerimento executivo (alínea b) do nº 2 do artigo 855º).

3.9. A fase introdutória na execução baseada em sentença que deva correr nos próprios autos.

E poderemos ainda considerar a existência de um terceiro tipo de fase introdutória relacionado com a execução baseada em sentença que deva correr nos próprios autos na previsão dos artigos 85º e 626º.

Atente-se que esta, tendo por finalidade o pagamento de quantia certa, não é uma ação executiva sumária, mas antes uma execução que segue a tramitação prevista para a forma sumária, razão por que, atendendo às suas especificidades, designadamente a possibilidade de cumulação das três espécies de execução (pagamento de quantia certa, entrega de coisa certa e/ou prestação de facto), poderemos considerá-la como uma terceira forma processual.

Nesta execução baseada em sentença que deva correr nos próprios autos, apesar de no nº 1 do artigo 626º, se estabelecer que a mesma "*inicia-se mediante requerimento executivo, ao qual se aplica, com as necessárias adaptações, o disposto no artigo 727º e seguintes*" afigura-se-nos que este segmento deverá ser lido com o seguinte enquadramento:

a) O requerimento executivo obedece a um modelo próprio (Anexo II da Portaria nº 282/2013), diferente daquele que é utilizado para as demais execuções (Anexo I);
b) As execuções para pagamento de quantia certa, para entrega de coisa certa ou para prestação de facto (esta última com prazo para o cumprimento da obrigação previamente fixado), ainda que cumuladas, não estão sujeitas a despacho liminar;
c) Na execução para prestação de facto sem prazo fixado para o cumprimento da obrigação, ainda que cumulada com as demais, afigura-se-nos que a mesma deverá ser sujeita a despacho liminar para efeito do artigo 874º, ainda que a citação do executado só tenha lugar no momento definido no nº 4 do artigo 626º;
d) Em qualquer caso, não obstante a competência para a recusa do requerimento executivo pertencer ao agente de execução nos termos da alínea a) do nº 2 do artigo 855º, a secretaria do tribunal que tramitou a ação declarativa, em vez de remeter o requerimento executivo e demais documentos para a Secção de Execução, deverá antes suscitar a intervenção do respetivo juiz no caso de a sentença (ainda) não poder ser executada, designadamente por ter sido objeto de recurso ao qual tenha sido atribuído efeito suspensivo por força da lei ou a requerimento do recorrente e este tenha prestado caução (nºs 2 a 4 do artigo 647º). Se assim acontecer, o juiz titular do processo declarativo deverá obstar ao envio do requerimento executivo para a Secção de Execução, evitando o prosseguimento da execução, declarando a sua inexequibilidade (ainda que provisória).

3.10. A fase introdutória nas demais execuções para entrega de coisa certa ou para prestação de facto.

Poder-se-á questionar se as demais execuções para entrega de coisa certa ou para prestação de facto estarão sujeitas a despacho liminar (quanto à necessidade da citação prévia do executado parece não haver qualquer dúvida, atendendo ao estatuído nos artigos 859º e 868º, nº 2).

Também neste caso se impõe fazer a distinção: se a execução for baseada em decisão arbitral ou em sentença que não deva correr nos próprios autos, afigura-se-nos que, conjugando-se o disposto na alínea a) do nº 2 do artigo 550º com o nº 2 do artigo 551º, deverá entender-se que a mesma não está sujeita a despacho liminar; nos demais casos, inexistindo título executivo subsumível nas alíneas b) a d) do nº 2 do artigo 550º (as quais estão previstas apenas para a execução destinada ao pagamento de quantia certa), por força do disposto do nº 2 do artigo 551º, ser-lhes-á aplicável o regime regra da execução para pagamento de quantia certa e, em consequência, estarão sujeitas a despacho liminar.

3.11. A execução no âmbito do procedimento especial de despejo.
Existe ainda uma outra execução que o legislador na parte final do nº 1 do artigo 626º excluiu expressamente da tramitação prevista para a execução de decisão condenatória.

Trata-se do título para desocupação do locado ou da sentença previstos no procedimento especial de despejo – artigos 15º a 15º-S, do NRAU (Lei nº 6/2006, de 27 de fevereiro, na redação que lhe foi dada pela Lei nº 79/2014, de 29 de dezembro), regulamentado pela Portaria nº 9/2013, de 10 de janeiro.

Num e noutro caso (título para desocupação do locado ou sentença), no que respeita à entrega, emitido o título ou proferida a sentença, o agente de execução, notário ou o oficial de justiça, consoante o caso, procede *imediatamente* à tomada de posse do locado, podendo solicitar diretamente o auxílio da força pública para entrada forçada, salvo tratando-se de domicílio, situação que, para além da observância de limitação do horário da diligência, deverá ser precedida de autorização do juiz (artigos 15º-J, nº 4 e 15º-L, nº 1, do NRAU).

Apesar do advérbio "imediatamente", não deverá ignorar-se que no artigo 15-Q do NRAU estipula-se que *independentemente do valor da causa e da sucumbência, da decisão judicial para desocupação do locado cabe sempre recurso de apelação, nos termos do Código de Processo Civil, o qual tem sempre efeito meramente devolutivo.*

Como é sabido, não existe qualquer obstáculo à execução de sentenças pendentes de recurso, desde que este tenha sido admitido com efeito meramente devolutivo (nº 1 do artigo 704º).

No entanto, apesar de no artigo 15º-Q do NRAU se dizer que o recurso tem sempre efeito meramente devolutivo, não poderá ignorar-se o regime geral de execução das sentenças previsto no artigo 704º, designadamente os seus nºs 3 a 5.

Com efeito, estabelece-se no nº 3 deste último normativo que *enquanto a sentença estiver pendente de recurso, não pode o exequente ou qualquer credor ser pago sem prestar caução*, pelo que, traduzindo-se a entrega do locado na satisfação do direito do credor, o que equivale ao pagamento, não deverá a mesma ter lugar durante a pendência do recurso sem que seja prestada caução.

Para além disso, não deverá ignorar-se o disposto no nº 4 do mesmo normativo onde se estipula que *enquanto a sentença estiver pendente de recurso, se o bem penhorado for a casa de habitação efetiva do executado, o juiz pode, a requerimento daquele, determinar que a venda aguarde a decisão definitiva, quando aquela seja suscetível de causar prejuízo grave e dificilmente reparável*, razão por que não deverá afastar-se a possibilidade de o executado, tratando-se da sua casa de habitação efetiva, poder requerer que a entrega aguarde a decisão do recurso demonstrando que a sua execução lhe causará prejuízo grave e dificilmente reparável.

E também não deverá descartar-se a hipótese prevista no nº 5 do mencionado normativo, permitindo ao executado obter a suspensão da execução mediante prestação de caução, aplicando-se, devidamente adaptado, o nº 3 do artigo 733º e os nºs 3 e 4 do artigo 650º.

Sendo cumulado no procedimento especial de despejo o pedido de pagamento de rendas, encargos ou despesas em atraso, os aludidos documentos (título para desocupação do locado ou sentença) constituem título executivo, aplicando-se, com as necessárias adaptações, as disposições do Código de Processo Civil para a execução para pagamento de quantia certa baseada em injunção, não sendo permitida a oposição à execução (nºs 5º e 6 do artigo 15º-J, do NRAU).

3.12. Atualmente, terá o juiz de execução o poder geral de controlo do processo?

Finalmente, impõe-se analisar se em face da supressão da expressão "*poder geral de controlo*", o juiz deixou de poder controlar os atos do agente de execução.

A nosso ver, a resposta poderá variar consoante a questão em concreto.

Assim:

Tratando-se de atos legais integrados nas competências do agente de execução, deverá entender-se que a sua sindicância pelo juiz de execução só poderá ter lugar através da reclamação ou impugnação previstas nas alíneas c) e d) do nº 1 do artigo 723º.

Estando-se perante atos ilegais, afigura-se-nos que o juiz, apercebendo-se da sua prática, deverá exercer o poder geral de controlo, declarando a sua invalidade ou convidando o agente de execução a praticar os atos necessários para que a execução prossiga os seus termos com observância das normas legais.

Para tanto, atentemos nos seguintes exemplos:

a) Se a uma execução sujeita à tramitação prevista para o processo ordinário tiver sido erradamente atribuída a forma sumária e o agente de execução, sem atentar nesse facto, proceder de imediato à realização da penhora, deverá o juiz, em face dos atos ilegais praticados, oficiosamente ou a requerimento do executado, observado o contraditório, declarar a nulidade do ato de penhora nos termos do artigos 193º e 196º;

b) Se for intentada ação executiva para entrega de imóvel contra pessoa incapaz por menoridade e o agente de execução, sem atentar neste facto, proceder à citação na pessoa do próprio menor e, decorrido o prazo para a dedução da oposição sem que esta seja apresentada solicitar ao juiz a requisição do auxílio da força pública para proceder à respetiva entrega, deverá o juiz determinar a repetição da citação do executado na pessoa de quem o deva representar, nos termos conjugados dos artigos 27º, nº 1, 28º e 566º, aplicáveis por força do estatuído no nº 1 do artigo 551º.

c) Imagine-se ainda que o agente de execução solicitou ao juiz a designação de data para a realização da adjudicação ou da venda de imóvel ou de estabelecimento comercial de valor elevado por meio de propostas em carta fechada, verificando-se no processo irregularidades que, pela sua relevância, poderão levar à anulação da execução ou da venda nos termos dos artigos 838º, 839º e 851º. Também neste caso, a falta de um preceito legal estabelecendo o *poder geral de controlo* não impede o juiz de recusar a prática do ato solicitado e de alertar o agente de execução para as irregularidades detetadas e para providenciar pela sua supressão.

Finalmente, para além dos casos exemplificados e da previsão das alíneas c) e d) do artigo 723º, deverá entender-se que, havendo necessidade de dizer o direito, a respetiva competência pertencerá sempre ao juiz, por força do princípio da reserva de juiz ínsito no artigo 202º, da Constituição.

Santo Tirso, 29 de maio de 2015

O regime da execução por dívidas conjugais no novo código de processo civil – Em particular o incidente de comunicabilidade de dívida conjugal

J. P. REMÉDIO MARQUES
Professor da Faculdade de Direito da Universidade de Coimbra. Membro da Comissão de Revisão do Processo Civil.

SUMÁRIO: I. Introdução. O problema. – 2. Breve excurso histórico; a moratória forçada. – 3. A comunicabilidade da dívida; evolução do regime jurídico. – 4. A comunicabilidade da dívida exequenda fundada em título diverso de sentença no CPC de 2013. – 4.1. Quando a alegação da comunicabilidade é suscitada no requerimento executivo. – 4.2. A tramitação do incidente quando a comunicabilidade é alegada em requerimento autónomo. – 5. O regime transitório do novo CPC, no respeitante ao incidente da comunicabilidade. 6. A força da decisão proferida relativa à comunicabilidade da dívida. – 7. A tempestividade da alegação da comunicabilidade da dívida; a estratégia do exequente. – 8. O valor da declaração de aceitação do cônjuge do executado. – 9. O valor do silêncio do cônjuge do executado. – 10. O valor do reconhecimento expresso da dívida pelo cônjuge do executado. – 11. Conclusão.

1. Introdução. O Problema

A execução por dívidas dos cônjuges postula – à primeira aparência, de uma forma inusitada – uma questão de *compatibilidade entre o regime jurídico substantivo e o correspondente regime jurídico processual*. Como é sabido, no plano substantivo, é legítimo distinguir as *dívidas da exclusiva responsabilidade de um dos cônjuges* (arts. 1692º, alínea *a)* e a alínea *b)*, 1ª parte, 1693º, nº 1, e 1694º, nº 2, todos do CC) das dívidas da responsabilidade de ambos os cônjuges ou dívidas comunicáveis (arts. 1691º, 1692º, alínea *b)*, 2ª parte, 1693º, nº 2, e 1694º, nº 1, todos do CC).

Numa dimensão puramente processual a efectivação da responsabilidade patrimonial está condicionada:

– pela presença de um ou de ambos como partes na acção executiva;

- pela circunstância de a penhora ter incidido sobre bens próprios de um dos cônjuges ou sobre bens comuns;
- pelo facto de o exequente estar premunido de título executivo somente contra um dos cônjuges e a dívida poder ser qualificada como dívida da responsabilidade de ambos os cônjuges.

No plano do direito substantivo, uma dívida contraída por um dos cônjuges pode vir a ser jurisdicionalmente qualificada, *em sede de acção declarativa*, como sendo da *responsabilidade dos dois cônjuges* (art. 1691º CC), alargando-se a garantia patrimonial do credor à *totalidade dos bens do casal* (próprios e comuns, se estiverem casados num dos regimes de comunhão, ou tiver adoptado um regime de bens misto que preveja a existência de bens comuns).

Todavia, por força do *regime da legitimidade processual* na acção executiva, sucede que, *no plano do direito processual*, a natureza e o(s) sujeito(s) que tenha subscrito o título executivo podem determinar a existência de uma desconformidade – a todos os títulos indesejável – entre o *direito material da responsabilidade por dívidas contraídas por um dos cônjuges* e o *regime processual da execução patrimonial* pela não prestação voluntária de tais deveres. Na verdade, pode bem suceder que a dívida seja contraída por um dos cônjuges – o qual figura sozinho no título executivo com a qualidade de devedor –, mas do *ponto de vista substantivo*, esse dever de prestar possa responsabilizar os dois cônjuges.

O natural será que o respectivo *regime processual* permita, nestas hipóteses, exercer a garantia patrimonial do credor exequente *de acordo e segundo o regime previsto no direito substantivo*: em primeiro lugar, contra os bens comuns; e, subsidiariamente, na falta ou insuficiência, destes contra os bens próprios de qualquer um dos cônjuges. Foi precisamente esta *correspondência* entre a imputação subjectiva da responsabilidade por dívidas conjugais e a responsabilidade patrimonial que o novo CPC veio estabelecer.

2. Breve excurso histórico; a moratória forçada

2.1. No antigo direito português – atentas as enormíssimas restrições à capacidade de exercício de direitos da mulher casada[1] – pelas dívidas

[1] Na verdade, conforme o disposto no artigo 1116º do CC de 1867, a mulher casada não podia contrair dívidas sem autorização do marido, excepto se ele estivesse ausente ou impedido e se

próprias contraídas pelo marido, sem a outorga da mulher, respondiam primeiramente os bens próprios do marido; na falta de bens próprios, essas dívidas eram pagas pela meação dele nos bens comuns (artigo 1114º, § 1, 1ª parte, do CC de 1867). Porém, o dito pagamento somente poderia ser exigido depois de dissolvido o matrimónio, ou havendo separação de bens entre os cônjuges, podia o credor para sua garantia seguir com a execução até à penhora do direito e acção do marido nos bens comuns (artigo 1114º, § 1, 2ª parte, do mesmo Código[2]). Eis a denominada *moratória* quanto à execução (*subsidiária*) dos (concretos) bens comuns na execução por dívidas da exclusiva responsabilidade do marido. Na falta ou insuficiência de bens próprios deste, ao exequente ficava apenas salva a possibilidade de penhorar o *direito à meação*, que não bens comuns concretos e determinados; *direito* penhorado, este, que somente se concretizava ou *subrogava* na penhora de outros bens (outrora comuns) *quando o casamento fosse dissolvido e ao ex-cônjuge* (executado) fossem adjudicados, na subsequente partilha, bens concretizadores ou integradores dessa mesma meação. Com o que desta penhora do direito (e acção) do marido nos bens comuns pouca ou nenhuma efectividade retirava o credor exequente.

2.2. Todavia, a efectivação prática da *penhorabilidade subsidiária* nos bens comuns *concretos e determinados* foi reforçada, independentemente de o exequente ter que aguardar pela dissolução do casamento do cônjuge único devedor. Na verdade, esta *moratória forçada* não era oponível ao exequente em várias situações, a saber:

- a mais conhecida, ou seja, no quadro do artigo 10º do CCom, segundo o qual "*o pagamento das dívidas comerciais do marido, que tiver de ser feito pela meação dele nos bens comuns, pode ser exigido antes de dissolvido o matrimónio ou de haver separação, sendo, porém a mulher citada para requerer, querendo, a separação judicial de pessoas e bens no decêndio posterior à penhora*", mas também nos casos de:

o fim para que a dívida fora contraída não permitisse que se esperasse pelo regresso do marido ou pela cessação do seu impedimento.

[2] Esta foi a redação introduzida pelo Decreto-Lei nº 19.126, de 16/12/1930, mas a redação originária era semelhante. Em 1930, apenas se esclareceu que o credor podia, para sua garantia, seguir com a acção e execução até à penhora do direito e acção do marido nos bens comuns do casal.

- dívidas e fianças de dívidas resultantes de empréstimos com penhor de azeite (artigo 2º, § parágrafo único do Decreto-Lei nº 28.757, de 16/06/1938);
- nas dívidas emergentes de acidentes de viação (artigo 138º, alínea *c)*, do Código da Estrada, aprovado pelo Decreto nº 18.406, de 31/5/1930)[3]; excepção, esta, à moratória retomada no art. 56º, nº 11, do Código da Estrada aprovado pelo Decreto-Lei nº 39.672, de 2/05/1954; e
- nas dívidas contraídas por certos funcionários dos correios e telégrafos (artigo 4º, § 2, da Lei nº 1.922, de 14/6/1935).

Em todas estas situações, ao exequente era lícito penhorar *subsidiariamente* bens que eram comuns antes da dissolução do casamento ou de haver separação judicial de pessoas e bens (ou simples separação judicial de bens fundada em acto ilícito do marido[4-5]. Nas restantes, não, ficando a mulher casada de *embargar de terceiro,* sem necessidade de autorização do marido executado, quando fossem penhorados bens comuns, bens dotais

[3] Isto embora o referido Código da Estrada não estatuísse o meio pelo qual o exequente poderia executar os bens comuns: se o outro cônjuge teria, ou não, que ser citado para, querendo, proceder à imediata separação dos bens comuns entretanto penhorados. Neste sentido, ALBERTO DOS REIS, J., *Processo de Execução,* cv. I, cit., pp. 305-306, sugerindo a *aplicação analógica* do disposto no artigo 10º do CCom. e a aplicação da tramitação especial do inventário para separação de meações então constante dos arts. 1445º e 1447º do CPC de 1939.

[4] Na verdade, o artigo 1219º do CC de 1867 atribuía à mulher casada (em qualquer regime de bens: comunhão gera, regime dotal, comunhão de adquiridos) a separação dos bens nos termos dos arts. 1219º e ss. do mesmo Código. Todavia, esta «simples separação judicial de bens» não incidia necessariamente sobre os *bens comuns,* podendo incidir sobre os *dotais* ou os abrangidos por outra espécie de separação, de modo que o efeito jurídico seria, neste caso, a entrega da administração dos bens à mulher ... de bens que já eram próprios (art. 1223º do referido Código).

[5] Colocava-se então a dúvida da altura em que a mulher deveria ser citada para, querendo, requerer a separação de bens comuns. BARBOSA DE MAGALHÃES (*Código de Processo Comercial Anotado,* vol. 3º, p. 135) entendia que só depois de efectuada a penhora é que podia ter lugar a citação da mulher, pois somente nessa época se saberia que a apreensão havia recaído sobre bens comuns. ALBERTO DOS REIS ("Execução por dívidas dos cônjuges", cit., p. 239-241; *idem, Processo de Execução,* vol. I, cit., p. 298; e já antes JOSÉ CIPRIANO, in: *Revista dos Tribunais*, ano 38º, p. 338), pelo contrário pugnava pela tese de que a citação da mulher deveria ser requerida e realizada antes da penhora (dos bens comuns), pois que a citação da mulher somente viesse a ser realizada depois da penhora podia suceder que o decêndio dentro do qual a separação podia ser pedida já tivesse decorrido na altura da citação da mulher, privando-a de exercer o seu direito ou ficando a dispor de um prazo mais curto.

ou próprios dela (embora administrados pelo marido, se ficasse privada da possibilidade de sustento): artigo 924º do CPC de 1876 e artigo 1230º do CC de 1867.

2.3. O regime da *moratória forçada* impossibilitadora da penhora (e da subsequente transmissão executiva de bens comuns em execuções movidas apenas contra um dos cônjuges no suposto de se curarem de dívidas da exclusiva responsabilidade desse cônjuge posto que somente este tivesse subscrito o título executivo extrajudicial ou tivesse sido condenado) perdurou durante a vigência do CPC de 1939, à luz do seu artigo 824º, exceptuadas as excepções que há pouco referimos; bem como vigorou, ainda, no domínio do CPC de 1961 (artigo 825º, nº 1), e no CC de 1966, no seu artigo 1696º, nº 1, até 1995 com o advento do Decreto-Lei nº 329-A/95, de 12 de Dezembro[6].

2.5. A Reforma processual de 1995/1996 aboliu, como se sabe e para todos os tipos de obrigações pecuniárias, a referida *moratória forçada* quanto à execução (subsidiária) dos bens comuns concretos e determinados (ainda que não especificados). Assim, conforme o disposto na nova redação do artigo 825º, nºs 1, 2 e 3, decorrente desta reforma processual em meados dos anos noventa do século passado, na execução movida contra um dos cônjuges (por somente haver título executivo contra este)

[6] Até 1996, ainda surpreendemos *excepções à moratória* no artigo 95º do Código de Processo do Trabalho, aprovado pelo Decreto-Lei nº 272-A/81, de 30 de Setembro, segundo o qual "Na execução movida apenas contra um dos cônjuges para efectivação de direitos resultante de acidentes de trabalho ou de doenças profissionais aplica-se o disposto no nº 3 do artigo 825º do Código de Processo Civil; e no artigo 195º, 2ª parte, do Código de Processo das Contribuições e Impostos, aprovado pelo Decreto-Lei nº 45 005, de 27/04/1963, nos termos do qual "... Na execução para cobrança de multa fiscal imposta a um dos cônjuges podem ser imediatamente penhorados bens comuns, devendo, neste caso, citar-se o outro cônjuge para requerer a separação judicial de bens". Outra excepção encontrava-se, a partir de 1977, na decorrência do Decreto-Lei nº 363/77, de 2 de Setembro, na alteração ao artigo 10º do CCom, segundo o qual "Não há lugar à moratória estabelecida no nº 1 do artigo 1696º do Código Civil quando for exigido de qualquer dos cônjuges o cumprimento de uma obrigação emergente de acto de comércio, ainda que este o seja apenas em relação a uma das partes"; bem como a que resultava do nº 3 do artigo 1696º do Código Civil, nos termos do qual "Não há lugar à moratória estabelecida no nº 1 se a incomunicabilidade da dívida cujo cumprimento se pretende exigir resulta do disposto na alínea *b)* do artigo 1692º".

a penhora podia recair sobre bens comuns, desde que o exequente, ao nomeá-los à penhora, pedisse a citação do cônjuge do executado para, querendo, requerer a separação de bens no prazo de 15 dias (ou exibisse certidão comprovativa da pendência da acção em que a separação já tivesse sido requerida)[7]. Donde, a penhora (conquanto subsidiária) nos bens comuns *era consumada*, sendo seguida da imediata citação do outro cônjuge (não executado) para proteger e "salvar" os bens que iriam integrar a sua meação por meio do processo de separação judicial de bens previsto nos arts. 1404º e 1406º do CPC de 1961.

Tal como no domínio do CPC de 1876 e do CPC de 1939, a penhora dos bens comuns *nos casos não sujeitos a moratória* (*maxime*, no caso do art. 10º do CCom.), era primeiramente efectuada e *só depois* o cônjuge do executado era citado para, querendo, requerer a separação de bens comuns[8].

[7] Note-se que já encontra consolidada (e bem) ao abrigo do CPC de 1961 a jurisprudência, segundo a qual, a despeito de o artigo 825.°, nº 1, do CPC aludir apenas à citação do cônjuge do executado não se pode fazer uma interpretação meramente literal. De modo que ele também abrange o ex-cônjuge do executado, já que o texto da lei adjectiva não abrange exclusivamente os casos de sociedade conjugal em vigor, mas também aqueles em que o executado tenha sido membro de uma tal sociedade e já não o seja por a mesma se ter dissolvido, desde os bens comuns ainda estejam indivisos na data da citação deste ex-cônjuge. Isto porque o fim dessa norma era (e é), por um lado, permitir definir a situação do exequente, assegurando o seu direito de crédito e, por outro, a do cônjuge ou ex- cônjuge do executado relativamente à penhora e subsequente venda, de forma que o património comum seja separado e o cônjuge (ou ex-cônjuge) que não é responsável pela dívida se veja livre de sofrer qualquer prejuízo, já que pelo cumprimento da obrigação, em princípio, apenas responde o património do devedor (ac. da Relação do Porto, de 21/05/2009, proc. nº 8654/05.5TBVFR-A.P1, acessível em www.dgsi.pt; ac. da Relação de Lisboa, de 11/09/2014, proc. nº 45740/06.6YYLSB-A.L1-8, acessível em www.dgsi.pt). De sorte, o *divórcio do executado* não inviabilizava que o exequente já mobilizasse o disposto no artigo 825º, nº 1, do CPC de 1961 (ac. da elação de Lisboa, de 04/03/2004; *idem*, de 21/01/2008; *ibidem*, de 11/03/2010; ac. da Relação do Porto, de 21/05/2009; *idem*, de 19/04/2010; *ibidem*, de 16/11/2010,). Esta solução deve, evidentemente, perdurar ao abrigo do novo CPC de 2013.

[8] Para ALBERTO DOS REIS, no domínio do CPC de 1876, se o exequente esperasse pela nomeação dos bens por parte do executado ficava ele a saber se a penhora iria recair sobre bens comuns; hipótese em que promoveria a citação da mulher, nos temos e para os efeitos do art. 10º do CCom, mas a penhora era feita apos a citação da mulher, o mesmo acontecendo quando logo na petição inicial o exequente requeresse que a mulher fosse citada: nos dois casos, primeiro citar-se-ia a mulher casada e só depois se faria a penhora ("Execução por dívidas..." cit., pp. 260-261). Posição diferente era arrimada por BARBOSA DE MAGALHÃES (*Código de Processo comercial anotado*, vol. 3º, p. 135), o qual entendia que *só depois de efectuada a penhora* é

A penhora que incidira nos bens comuns ficava suspensa até à partilha destes; se pela partilha os bens (outrora comuns, ou alguns deles) penhorados viessem a caber ao cônjuge do executado, ficava o exequente salvo de nomear à penhora outros que tivessem sido adjudicados ao cônjuge executado.

2.6. Tendo o credor deduzido uma prévia acção declarativa de condenação, a questão da comunicabilidade da dívida deveria ser suscitada[9], discutida e resolvida nessa acção, não podendo ser relegada (nem pelo exequente, nem pelo cônjuge único executado) para a acção executiva. O CPC de 1939 curou de resolver esse problema[10], cuja solução é, desde então, pacífica[11].

que podai ter lugar a *citação da mulher do executado*, porque somente nessa altura se saberia se a apreensão teria recaído sobre bens comuns.

[9] Lembre-se que, mesmo no quadro do CPC de 1961, até à Reforma de 1995-1996, o cônjuge executado poderia embargar de terceiro, quer nos termos do art. 1037º, nº 2, 2º parágrafo ("o próprio condenado ou obrigado pode deduzir embargos de terceiro quanto aos bens que, pelo título da sua aquisição ou pela qualidade em que os possuir, não devam ser atingidos ela diligência ordenada": *id est*, o cônjuge único executado deduzia embargos de terceiro alegando que não poderiam ser penhorados, em primeiro lugar, os seus bens próprios, uma vez que a dívida era comunicável, devendo, nesse caso, ser atingidos, prima facie, os bens comuns), quer no quadro do artigo 1038º, nº 2, *maxime*, a alínea *c)*.

[10] Na verdade, passou a entender-se que os embargos de terceiro eram um meio processual meramente possessório, servindo apenas para discutir a posse (e a eventual questão de fundo, se fosse suscitada a *exceptio dominii*). Donde, não poderia neles ser apreciada a questão de saber se a dívida aproveitou, ou não, ao casal. Argumento decisivo parece ser o levantado por Alberto Dos Reis ("Execução por dívidas conjugais", 1930-1931, cit., pp. 226-227), ainda antes do CPC de 1939: o alcance e a eficácia da sentença na acção declarativa de condenação não podem ser ampliados na fase executória, já que, por motivos de certeza e segurança jurídica, a sentença é título executivo (e tem que ser executada coercivamente) nos precisos termos em que foi proferida. O título executivo judicial não pode estender a sua eficácia subjectiva à pessoa do outro cônjuge, por ocasião dos embargos de terceiro deste cônjuge quando, na contestação a estes embargos, o exequente suscitasse a questão da comunicabilidade da dívida.

[11] Atente-se, porém, que a expressão que constava do nº 2 do artigo 825º, segundo a qual "a dívida é considerada comum *para efeitos de execução*" introduzida na Reforma de 2003 (o itálico é meu), era entendida para alguns como permitindo a discussão da comunicabilidade da dívida em sede de oposição à execução (bem como em outro processo declarativo) quando o cônjuge do executado nada dissesse relativamente à alegação da comunicabilidade de dívida fundada em título extrajudicial – neste sentido, Lebre De Freitas, J./Ribeiro Mendes, A.,

3. A comunicabilidade da dívida; evolução do regime jurídico

3.1. Um outro problema – o mais importante, o qual somente com o CPC de 2013 foi expressamente resolvido – tangia às eventualidades em que *havia título executivo (extrajudicial) contra um dos cônjuges, mas a dívida havia sido contraída em proveito comum do casal ou no exercício do comércio* (do marido)[12]. É que, se de harmonia com o regime substantivo, ambos os cônjuges eram responsáveis pelo pagamento da dívida, a acção executiva só podia ser instaurada contra o cônjuge que constava do título na *qualidade de devedor*, por força da observância das regras sobre a *legitimidade passiva na acção executiva*.

Esta regra de *legitimação meramente formal* ainda vigora no novo CPC de 2013: a execução tem de ser promovida pela pessoa que no título figura na qualidade de credor e deve ser instaurada contra a pessoa que nela tenha posição de devedor (artigo 53º, nº 1). *No plano do direito substantivo*, a dívida pode ser da responsabilidade de ambos os cônjuges apesar de ter sido apenas contraída por um deles. Logo, apenas este figura no título (extrajudicial) na posição ou qualidade de devedor. De sorte que a dívida por ser comunicável e o credor se achar somente munido de título executivo contra um dos cônjuges.

E a questão da comunicabilidade da dívida constante de título extrajudicial interessa, não apenas ao credor exequente, mas também ao cônjuge executado, a quem tenham sido penhorados bens próprios e quer afirmar processualmente a comunicabilidade dessa dívida[13], por ser essa a qualificação que quadra ao direito substantivo.

Código de Processo Civil A*notado*, vol. 3º, Coimbra, Coimbra Editora, 2003, p. 369; contra Maria José Capelo ("Ainda o artigo 825º do Código de Processo Civil: o alcance e o valor da declaração sobre a comunicabilidade da dívida", in: *Lex Familiae, Revista Portuguesa de Direito da Família*, ano 3º, nº 5, 2006, p. 59), considerando que a oposição à execução não seria como meio adequado para discutir a comunicabilidade da dívida exequenda.

[12] E, outrossim, no caso de a dívida ser contraída pela mulher no exercício do governo doméstico (art. 39º do Decreto-Lei nº 1, de 25/12/1910), as referidas no artigo 1199º, bem como as directamente excluídas do nº 2 do artigo 1115º do CC de 1867 (ou seja as dívidas por juros, foros, censos ou quinhões de bens incomunicáveis, vencidas depois da aquisição de tais bens na constância do casamento).

[13] Alberto Dos Reis, J., *Processo de Execução*, vol. I, 3ª ed., cit., p. 280 ss.; Teixeira De Sousa, M., "A execução por dívidas dos cônjuges: perspectivas de evolução", in: *O Novo Processo Civil. Contributos da Doutrina para a Compreensão do Novo Código de Processo Civil*, Caderno I, 2ª ed., Lisboa, Centro de Estudos Judiciários, Dezembro de 2013, = http://www.cej.mj.pt/cej/recur-

3.2. A questão colocava-se já no domínio do CPC de 1876 e do CC de 1867, em particular nos casos em que a dívida, contraída em *proveito comum do casal*, no exercício do comércio pelo cônjuge (marido) comerciante (art. 15ºº CCom), quando o credor fosse comerciante (art. 10º CCom.), ou quando, sendo exclusivamente civil, houvesse sido contraída unicamente pelo marido[14].

Alguma doutrina entendia que a questão da *comunicabilidade da dívida* – e, logo, o alargamento ou a manutenção da eficácia subjectiva do título executivo – poderia ser discutida em sede de *embargos de terceiro do cônjuge do executado*. O assento do STJ, de 9 de Abril de 1935, julgou que os *embargos de terceiro* constituíam o meio processual adequado para a mulher casada com marido comerciante, executado por dívida contraída no exercício do seu comércio, poder ilidir a presunção ao artigo 15º do CCom. Porém, a questão permaneceu em aberto relativamente às *dívidas de natureza civil* e às dívidas comerciais contraídas (junto de um comerciante) pelo *marido não comerciante*.

Albertos Dos Reis[15] defendia que, quando *o credor estivesse munido com um título extrajudicial* e a dívida tivesse sido aplicada em proveito comum, o marido podia alegar e provar esse facto, a fim de a execução recair sobre os bens comuns e apenas subsidiariamente sobre os bens próprios de qualquer um dos cônjuges. O cônjuge executado (*scilicet*, o marido) desviaria a execução dos seus bens próprios por meio do *cha mamento à demanda* (art. 335º, nº 4, do CPC de 1939), *na própria acção executiva*, do outro cônjuge que não subscrevera, na qualidade de credor, o título executivo extrajudicial.

Assim, em *embargos de executado, após tal chamamento*, o marido alegaria os factos tendentes a demonstrar que a dívida havia sido contraída em proveito comum do casal; podendo a mulher dizer o que se lhe oferecesse quanto a esses factos, no prazo de oito dias depois daqueles em que o marido tivesse apresentado os seus, mandando, de seguida, o juiz

sos/ebooks/ProcessoCivil/M_TEIXEIRA_DE_SOUSA_A_execucao_das_dividas_dos_conjuges.pdf. p. 7.

[14] Sobre estas complexas questões, cfr. Alberto Dos Reis, J., "Execução por dívidas dos cônjuges", in: *Revista da Faculdade de Direito de Coimbra*, ano 12º, 1930-1931, p. 213 e ss.; Alberto Dos Reis, J., *Processo de Execução*, vol. I, 3ª ed., reimpressão, Coimbra, Coimbra Editora, 1985, p. 279 e ss.

[15] Alberto Dos Reis, J., *Processo de Execução*, vol. I, 3ª ed., cit., pp. 282-285.

(depois de proferir imediato despacho a julgar reconhecido o direito do exequente) tramitar os embargos de executado unicamente entre os dois cônjuges nos termos do processo ordinário ou sumário de declaração, valendo os embargos da mulher como contestação.

3.3. Na vigência do CPC de 1961, TEIXEIRA DE SOUSA[16] retomou, antes da reforma da acção executiva de 2003, esta solução, defendendo que o chamamento à (nova) *intervenção principal* deveria ser objecto de *requerimento autónomo*, quando o cônjuge executado não pretendesse embargar a execução. Aliás, este ilustre Professor preconizou a *necessidade* de instauração da acção executiva contra ambos os cônjuges (em *litisconsórcio necessário passivo*), a despeito de o título executivo obrigar somente um deles, sob pena de *ilegitimidade processual* por motivo exactamente de preterição de *listisconsórcio necessário*[17].

Contra este entendimento militava uma parte significativa da doutrina, mesmo no domínio do CPC de 1876[18], de 1939 e de 1961[19]. Argu-

[16] TEIXEIRA DE SOUSA, M., *Ação Executiva Singular*, Lisboa, Lex, 1998, pp. 219-220.

[17] TEIXEIRA DE SOUSA, *Estudos Sobre o Novo Processo Civil*, 2ª ed., Lisboa, Lex, 1997, p. 159; TEIXEIRA DE SOUSA, M., Acção Executiva Singular, 1998, cit., pp. 219-220; tb., já depois da Reforma de 20013, TEIXEIRA DE SOUSA, M., *A Reforma da Acção Executiva*, Lisboa, Lex, 2004, p. 143. Isto porque a uma responsabilidade comum há-de corresponder uma execução contra os dois cônjuges, mesmo que haja título extrajudicial apenas contra um deles. Outrossim, a intervenção principal do cônjuge do executado na própria acção executiva pendente não visaria a constituição de título executivo contra o cônjuge inicialmente não executado, mas sim a comunicabilidade da dívida.

[18] Muitos defenderam que não era lícito discutir nos embargos de terceiro a comunicabilidade da dívida (é duvidoso saber se esta posição era firme mesmo nos casos em que não houve fase declaratória em acção de condenação) – DIAS DA SILVA, M., *Processos Especiais*, 2ª ed., p. 529; BARBOSA DE MAGALHÃES, *Código de Processo Comercial Anotado*, vol. 3º, p. 195; NEVES E CASTRO, F. A. das, *Manual das Execuções*, 1885, p. 215; na jurisprudência, por exemplo, ac. do STJ, de 2/8/1878 (in: *Diário do Governo*, 1878, nº 289), ac. da Relação do Porto, de 17/3/1928, in: *Revista dos Tribunais*, ano 46º, p. 281).

[19] LOPES CARDOSO, E., *Manual da Ação Executiva*, Coimbra, Almedina, 1964, pp. 114-115, com base no argumento de harmonia com o qual a comunicabilidade da dívida ao cônjuge que não subscreveu o título extrajudicial faz-se por via de uma condenação do tribunal, a qual não é susceptível de ser obtida no seio de uma acção executiva (e dos seus incidentes e acções de natureza declarativa) e que, caducado o assento do STJ, de 9/4/1935, não é na acção executiva ou nos seus apensos declarativos que se deve conhecer da comunicabilidade das dívidas conjugais; ANSELMO DE CASTRO, A., *A Ação Executiva Singular, Comum e Especial*, 3ª ed., Coimbra, Coimbra Editora, 1977, pp. 120-121; SALVADOR DA COSTA, *Os Incidentes da Instância*, 5ª

menta-se que o cônjuge do executado, na ausência de previsão expressa na lei, não poderia ser condenado na execução, a fim de ser imediatamente executado (nos bens comuns e nos seus bens próprios), não se coadunando tal solução com os *fins* e os *limites* da execução alicerçados literal e taxativamente no título executivo; até porque o título extrajudicial formara-se sem a intervenção dos dois cônjuges e o credor seria alheio à questão da comunicabilidade da dívida.

Não por mero acaso, ligeireza ou irreflexão se não designavam as execuções como execuções «por dívidas comuns» ou «por dívidas próprias» – formula que resultava do direito substantivo –, mas como «execuções contra ambos ou um só dos cônjuges, já que, nesta perspectiva não impor-

edição, Coimbra, Almedina, 2008, p. 137; LEBRE DE FREITAS, J., *A Ação Executiva à Luz do Código Revisto*, 2ª ed., Coimbra, Coimbra Editora, 1997, p. 186, com base na ideia de que a intervenção principal do cônjuge do executado "visaria, afinal, obter a condenação do chamado (e, logo um título executivo contra ele), para ser seguidamente executado juntamente com o executado primitivo, o que não se compadece nem com o fim nem com os limites da execução". Além de que o antigo art. 28º-A. nº 3, do CPC de 1961 (na redação da reforma de 1995-1996) confere ao credor a possibilidade de (escolher e) accionar um ou ambos os cônjuges, no caso de facto praticado por um deles, mas da responsabilidade de ambos; este preceito encontra-se, nesta perspectiva, funcionalmente ligado à acção declarativa, na qual está em causa a própria definição do regime de responsabilidade patrimonial, aí onde a própria letra do nº 3 do então artigo 28º A se aplicava aos casos "(...) em que pretenda obter-se *decisão susceptível de ser executado* sobre bens próprios do outro (...)" – o itálico é meu; REMÉDIO MARQUES, J. P., *Curso de Processo Executivo Comum à Face do Código* Revisto, Porto, SPB Editores, 1998, pp. 183-187, com base na ideia de que o regime da legitimidade processual na execução impede a extensão da eficácia subjectiva do título à pessoa do executado, mesmo em sede de oposição à execução do próprio cônjuge executado (o que inutilizaria, a jusante, toda a execução, devendo o exequente propor acção declarativa condenatória contra ambos os cônjuges), por razões de segurança jurídica quanto à agressão ao património das pessoas, e que o credor, conquanto premunido de *título contra os dois, fica salvo de renunciar demandá-los conjuntamente;* REMÉDIO MARQUES, J. P., *Curso de Processo Executivo Comum à Face do Código Revisto*, Coimbra, Almedina, 2000, p. 188 ss.; REMÉDIO MARQUES, J. P., *A Penhora e a Reforma do Processo Civil – Em Especial a Penhora de Depósitos Bancários e do Estabelecimento*, Lisboa, Lex, 2000, pp. 21-33, nota nºs 24 a 26. Donde, neste enfoque, o artigo do artigo 825º abrangia não só as situações de execução de dívida da exclusiva responsabilidade do executado, como também se aplicava a casos em que o cônjuge demandado respondia por uma dívida da responsabilidade do casal (quer fosse uma dívida comum quer fosse uma dívida comunicável). Tb. negando a possibilidade de instaurar a execução (ou pedir a sua intervenção) contra o cônjuge cujo nome não figura no título extrajudicial, TIMÓTEO RAMOS PEREIRA, *Prontuário de Formulários e Trâmites*, Vol. IV, *Processo Executivo*, Tomo 1 Título, *Instância e Fase Inicial da Acção Executiva*, 5ª edição, Lisboa, Quid Juris, 2011, pp. 220-221.

tava que a dívida fosse comum ou própria se a execução somente poderia ser movida contra um dos cônjuges[20]. Tudo estava, portanto, dependente do(s) cônjuge(s) que figurasse(m) como devedor(es) e da(s) pessoa(s) contra quem o exequente moveu a execução[21].

3.4. A importante reforma do processo civil, de 1995-1996, pretendeu responder a este problema: fê-lo, porém, de uma forma incompleta e provavelmente ingénua.

O nº 2 do artigo 825º do CPC de 1961, na redacção introduzida por esta reforma, permitia que o exequente alegasse os factos subjacentes à comunicabilidade da dívida fundada em título extrajudicial. Nesse caso, o cônjuge do executado, em alternativa ao requerimento de separação de bens, era citado para declarar no mesmo prazo, se aceitava, ou não, a comunicabilidade da dívida; se nada dissesse, a dívida seria considerada da responsabilidade de ambos (comum) e a execução prosseguia nos bens comuns (já entretanto penhorados) e, subsidiariamente, nos bens próprios de qualquer um dos cônjuges. O mesmo título extrajudicial estendia assim a sua eficácia subjectiva ao cônjuge que o não subscrevera na posição de devedor.

Se o cônjuge do executado negasse essa comunicabilidade, não era produzida qualquer actividade processual posterior quanto à discussão

[20] Neste sentido, já Anselmo De Castro, A., *A Acção Executiva Singular, Comum e Especial*, 2ª ed., Coimbra, Almedina, 1973, p. 109, nota 1.

[21] Remédio Marques, J. P., *A Penhora e a Reforma do Processo Civil*, 2000, cit., p. 21. Lembre-se que já no domínio do CPC de 1876, embora não existisse uma disposição como a do art. 55º, nº 1, do CPC de 1961 (*idem*, no CPC de 1939; *ibidem*, no art. 53º, nº1, do CPC de 2013), quando a dívida constasse de um título de obrigação comercial ao art. 143º do então Código de Processo Comercial (aprovado pela Lei de 13 de Maio de 1896 e com termo de vigência por força do art. 3º do Decreto-Lei nº 29.697, que aprovou o CPC de 1939) determinava que o processo especial de acção de letra somente podia ser empregue contra "os signatários da letra" e seus "herdeiros e representantes". A mulher não podia ser demandada pelo referido processo especial, uma vez que não era a subscritora da letra, nem herdeira ou representante de qualquer subscritor (já, neste sentido, Alberto Dos Reis, J., "Execução por dívidas dos cônjuges", 1930-1931, cit., p. 245, embora este distinto Professor defendesse que, tendo o marido confessado a firma e negado a obrigação, podia na contestação alegar a comunicabilidade da divida para o efeito de fazer recair a responsabilidade sobre os bens comuns, eventualidade, esta, que *implicava a intervenção da mulher* para poder tomar posição quanto à comunicabilidade da dívida, a qual deveria ser citada para contestar – ob. cit., p. 251, pp. 253-254).

e apreciação judicial dessa comunicabilidade[22]. *A execução somente podia prosseguir nos bens comuns já penhorados* se o cônjuge do executado não tivesse requerido a separação destes bens comuns, nem junto certidão comprovativa da pendência da respectiva acção; mas jamais podia, neste último caso, prosseguir nos bens próprios do cônjuge do executado, sob pena de embargos de terceiros deduzidos, com êxito, por este cônjuge. Isto porque, nem o exequente – nem o cônjuge executado – dispunham da possibilidade de discutir e fazer apreciar, jurisdicionalmente, a referida comunicabilidade.

Quer à negação da comunicabilidade, quer à aceitação dessa comunicabilidade, quer à inacção do cônjuge do devedor a lei processual associava, *sic et simpliciter* – por meio de uma mera declaração de ciência, positiva ou negativa, ou da inacção do citado – efeitos processuais e substantivos diferentes *não dependentes da produção de prova e formação de convicção do tribunal acerca da (in)comunicabilidade da dívida*[23].

[22] Por outro lado, face ao regime acima descrito, afigurava-se complicado admitir que o cônjuge do executado pudesse, mediante declaração unilateral de ciência, reconhecer a sua responsabilidade pela dívida, independentemente da alegação fundada dessa comunicabilidade por parte do exequente (assim, no entanto, Maria José Capelo, "Pressupostos processuais gerais na acção executiva – A legitimidade e as regras da penhorabilidade", in: *Themis, Revista da Faculdade de Direito da Universidade Nova de Lisboa*, ano IV, nº 7, 2003, p. 83 ss.; Maria José Capelo, "O novo regime da execução das dívidas comuns fundadas em título diverso de sentença à luz da nova redacção do artigo 825º do Código de Processo Civil", in: *Lex Familiae, Revista Portuguesa de Direito da Família*, Ano I, nº 2, 2004, p. 124). De facto, a circunstância de o regime então em vigor (entre 1996 e 2013) fazer depender a comunicabilidade da dívida da alegação dos factos essências e do pedido de reconhecimento dessa comunicabilidade não parece compatível com a definição do carácter substantivo da dívida por parte de alguém que é terceiro (não é parte) na execução.

[23] Teixeira De Sousa, M., *A Reforma da Acção Executiva*, Lisboa, Lex, 2004, p. 96, entendia, porém, que, após a rejeição pelo cônjuge do executado do carácter comunicável da dívida, quer o exequente, quer o executado podiam submeter a apreciação da questão desta (in) comunicabilidade ao juiz, nos termos do então artigo 809º, nº 1, alínea *a)*, CPC, ao qual competia emitir uma decisão sobre essa comunicabilidade, de harmonia com as regras e a tramitação geral dos *incidentes processuais* (então art. 303º e 304º CPC). E a mesma solução era defendia por este Ilustre Professor quando o cônjuge do executado aceitasse a comunicabilidade da dívida, na medida em que esta aceitação não poderia, *sic et simpliciter*, ser imposta ao exequente.

3.5. Na Reforma de 2004 foi mantida a possibilidade de suscitar, junto do cônjuge do executado, a declaração de aceitação ou de recusa da comunicabilidade da dívida fundada em título extrajudicial. E se a execução seguisse (processualmente) o regime das dívidas próprias, a citação do cônjuge do executado para proceder, querendo, à separação de bens comuns (ou juntar certidão comprovativa de acção pendente) *passou a ser efectuada pelo agente de execução*, após a penhora dos bens comuns. Ou seja, esta citação deixou de ser requerida pelo exequente.

4. A comunicabilidade da dívida fundada em título diverso de sentença no CPC de 2013

A Comissão Para a Reforma do Processo Civil estava bem ciente da *desconformidade do regime da responsabilidade civil dos cônjuges por dívidas conjugais* com as regras da *legitimidade processual passiva* na acção executiva quando o título executivo é diverso de decisão judicial.

Esta constatação revelava, afinal, a fragilidade da tese que propugnava – com boas razões, face ao direito então constituído – a possibilidade de o cônjuge do executado, contra quem o *título extrajudicial não era oponível*, poder ser condenado na execução. Parte considerável da doutrina e da jurisprudência, já desde o CPC de 1876, não acolhia tal possibilidade. Embora o Prof. Alberto Dos Reis estivesse no bom caminho em sugerir a possibilidade de o cônjuge executado poder ser *chamado à demanda* pelo executado – aí onde o executado em *embargos de executado* alegaria a responsabilidade comum[24] –, ou, seja, por meio da criação de um incidente da instância na fase liminar da execução, a verdade é que, *de iure condito*, os escolhos eram enormes. A *garantia constitucional da propriedade privada*[25] e a *tutela jurisdicional efectiva do cônjuge do executado* não se coadunavam adequadamente com a possibilidade de *condenação na própria execução*, do cônjuge não inicialmente executado, pois o título executivo tinha-se formado sem a intervenção de ambos os cônjuges. Os fins e os limites da acção executiva alicerçada em título diverso de sentença depunham

[24] Sem esquecer, já no domínio do CPC de 1961, a posição de M. Teixeira De Sousa, que defendia *a intervenção principal provocada passiva* do cônjuge do executado, promovida pelo próprio executado, em requerimento autónomo, quando o executado não desejasse deduzir embargos.

[25] Mesmo à face da Constituição de 1933 (art. 8º, § 15).

contra esta solução: só pode ser exequente ou executado quem tenha a qualidade de credor ou devedor *literalmente enunciada* nesse documento.

Foi assim propósito desta Comissão de Revisão do Processo Civil evitar que o regime substantivo da responsabilidade patrimonial pelas dívidas conjugais pudesse ser predeterminado pelo regime processual e pela (aparente) *renúncia* (ou ligeireza) ou impossibilidade do exequente em premunir-se de título extrajudicial somente contra um dos cônjuges quando o dever de prestar a obrigação pecuniária pode ser imputado subjectivamente aos dois cônjuges.

O dever de prestar deixa, desta sorte, de estar na disponibilidade processual do exequente, coincidindo com o regime previsto no direito substantivo, seja nas hipóteses em que o exequente deseja incidir a responsabilidade patrimonial sobre a totalidade dos bens (atingindo-se os bens comuns e subsidiariamente os bens próprios de qualquer um dos cônjuges), seja nas eventualidades em que o cônjuge executado pretende alegar e fazer declarar a comunicabilidade da dívida na pendência da execução[26].

[26] Isto não obsta a que, num momento inicial, o nº 1 do artigo 740º CPC possa ser aplicado às dívidas próprias e às dividas (substantivamente qualificadas como) comuns, já que releva apenas os termos em que, nessa fase inicial da execução, o exequente pretende exercer o seu direito de crédito. Tal como já era meu entendimento no direito anterior (no mesmo sentido Lebre De Freitas) – o exequente, querendo, ao exercício da responsabilidade patrimonial contra ambos os cônjuges e da inerente faculdade de exigibilidade em relação aos bens dos obrigados à face do direito substantivo (Remédio Marques, J. P., *A Penhora e a Reforma do Processo Civil, em Especial a Penhora de Depósitos Bancários e do Estabelecimento,* Lisboa, Lex, 2000, pp. 23-24, nota 25, pois são susceptíveis de renúncia os direitos que são susceptíveis de *disposição* e que traduzam interesses puramente particulares) –, este executado não pode ser obrigado a exercer o seu crédito contra ambos os cônjuges se o título é extrajudicial e foi somente subscrito por um deles. De modo que, não sendo suscitada a comunicabilidade da dívida, não pode deixar de valer a responsabilidade singular do executado (artigo 1696º, nº 1, do CC). Vale, por conseguinte, o regime previsto neste artigo, independentemente do regime substantivo de responsabilidade conjugal pela dívida – neste sentido, no domínio do novo CPC, cfr. Faria, Paulo Ramos de/Loureiro, Ana Luísa, *Primeiras Nota ao Novo Código de Processo Civil,* Vol. II, Coimbra, Almedina, 2014, pág. 2; Santos De Carvalho, Filipa I., *Os Poderes Processuais do Cônjuge do Executado,* Dissertação de Mestrado, Coimbra, Faculdade de direito da Universidade de Coimbra, 2014, p. 27 (existente no fundo bibliográfico da biblioteca da Faculdade de Direito desta Universidade, acessível em https://estudogeral.sib.uc.pt/bitstream/10316/28539/1/Os%20poderes%20processuais%20do%20conjuge%20do%20executado.pdf).

Estes desideratos foram atingidos por meio da previsão de um *incidente processual declarativo* destinado a determinar a comunicabilidade da dívida alicerçada em título extrajudicial (arts. 740º a 742º do novo CPC)[27], o

Do mesmo modo, *se no título surgem os dois cônjuges na qualidade de devedores*, continuo a entender que o exequente está livre de somente demandar um dos cônjuges, atenta a *disponibilidade* do direito do exequente relativo à responsabilidade patrimonial do(s) devedor(es). Assim, o art. 34º, nº 3, do CPC apenas deve ser convocado nas *acções declarativas*, posto que está em causa o *acertamento* ou a *definição* de um regime de responsabilidade patrimonial; na execução está somente em equação a realização coactiva esse acertamento. A tutela da posição do cônjuge do executado quanto à execução de bens comuns surpreende-se nos arts. 741º e 787º CPC; no mesmo sentido, Lebre De Freitas, J., *A Ação Executiva*, 6ª ed., 2013, cit., p. 159, nota 7. Contra, no direito actual, Andrade Pissarra, N., "O incidente de comunicabilidade de dívidas conjugais", in: *O Direito*, ano 146º, 2014, III, p. 737 e ss., p. 746, pp. 756-759 (o litisconsórcio é necessário sempre que a dívida seja comum e haja título executivo contra os dois cônjuges). Do facto de *o regime das dívidas conjugais ser indisponível* em virtude da *inoponibilidade* a terceiros de estipulações havidas entre os cônjuges (em convenção antenupcial) ou entre estes e concretos terceiros relativamente ao regime da responsabilidade por dívidas não deriva que o credor não tenha a possibilidade de demandar apenas um dos cônjuges (tanto na acção declarativa quanto na acção executiva, cujo título extrajudicial seja apenas subscrito por um deles. Independentemente do teor literal da epígrafe do artigo 34ºº do CPC, que não vincula o intérprete, o legislador só impõe o litisconsórcio na acção declarativa quando, sendo o facto praticado por um deles, o credor "pretenda" obter decisão susceptível de ser executada sobre bens próprios do outro. Pelo que não haverá *ilegitimidade processual*, nem a imperiosa necessidade de requerer o *incidente da intervenção principal* pelo autor ou pelo réu (art. 316º CPC). A autonomização do incidente de comunicabilidade, nos arts. 741º 3e 742º. significa apenas isso: conferir a possibilidade de dívidas alicerçadas em títulos extrajudiciais somente contra um dos cônjuges possam estender a sua eficácia subjectiva à pessoa do outro cônjuge até um momento quase final da execução, qual seja o do início das diligências destinadas à venda ou adjudicação dos bens penhorados.

[27] Repare-se que, quando sujeitos a execução, todos os títulos executivos que não sejam decisões condenatórias (despachos, sentenças e acórdãos; outrossim, decisões condenatórias de tribunais arbitrais proferidas em Portugal ou no estrangeiro; bem como as *sentenças homologatórias*: *scilicet*, sentenças homologatórias de confissão do pedido, de transação; de partilha) permitem, doravante, suscitar o incidente da comunicabilidade da dívida (pelo exequente ou pelo próprio cônjuge executado). Estou, portanto, a referir-me aos documentos exarados ou autenticados, por notários ou por outras entidades ou profissionais com competência para tal, que importem a constituição ou reconhecimento de uma obrigação; aos títulos de crédito, ainda que meros quirógrafos, desde que, neste caso, os factos constitutivos da relação subjacente constem do próprio documento ou sejam alegados no requerimento executivo; e, por último, aos documentos a que, por disposição especial, seja atribuída força executiva – alíneas *b*), *c*) e *d*) do artigo 703º do CPC.

qual é mobilizável tanto pelo exequente quanto pelo próprio cônjuge executado[28].

Observe-se ainda que a nova solução trazida com o incidente de comunicabilidade é independente do regime de bens em que o executado se encontra casado. Vale dizer: mesmo que esteja casado no regime de separação de bens (ou num regime misto que inclua soluções de incomunicabilidade de certos bens), o exequente e o próprio executado podem suscitar o referido incidente, a fim de tornar o título executivo patrimonialmente eficaz relativamente à pessoa do outro cônjuge[29].

4.1. Quando a alegação da comunicabilidade é suscitada no requerimento executivo

Uma vez alegada a comunicabilidade da dívida no requerimento executivo, a execução tramita sempre em *processo ordinário*[30], ainda que o título apresentado pudesse desencadear a tramitação sob a forma sumária. Logo, *se o exequente entende a dívida como comum*, a despeito de constar de título extrajudicial somente subscrito pelo executado, a penhora deve recair sobre *bens comuns*, sob pena de oposição à penhora. *Se*, iniciando-se a execução sob a forma de processo ordinário (em razão da alegação da comunicabilidade), *a citação prévia do executado for dispensada* por meio da apreciação liminar da alegação e prova sumária do justo receio da perda

[28] Repare-se que, no direito revogado em 1 de Setembro de 2013, o cônjuge executado não podia sequer invocar a referida comunicabilidade se o seu cônjuge (terceiro na acção executiva) já tivesse requerido a separação de bens, na sequência da citação que lhe fora feita pelo agente de execução; outrossim, essa comunicabilidade não era permitida se, eventualmente, o exequente se opusesse a tal comunicabilidade (art. 825º, nº 6, CPC).

[29] Isto porque as dívidas podem ser da responsabilidade de ambos (*hoc sensu*, podem ser comunicáveis) mesmo quando o casamento tenha sido celebrado no regime de separação de bens – entre outros, Antunes Varela, *Direito da Família*, 1º vol., 4ª ed., Lisboa, Livraria Petrony, 1996, p. 395; Pires De Lima/Antunes Varela, Código Civil anotado, vol. IV, 2ª ed., Coimbra, Coimbra Editora, 1992, p. 327; Duarte Pinheiro, J., *O Direito da Família Contemporâneo*, 3ª ed., Lisboa, Associação Académica da Faculdade de Direito de Lisboa, 2010, p. 624; Andrade Pissarra, N., "O incidente da comunicabilidade de dívidas conjugais", 2014, cit., pp. 741-742, nota 15.

[30] O que significa que as diligências destinadas a identificar e localizar bens ou direitos penhoráveis somente se iniciam após ter decorrido o prazo de oposição à execução (se esta não for deduzida) ou após ter sido julgada improcedente (art. 748º, nº 1, alíneas *b)* a *d)*, CPC). Donde, o cônjuge do executado poderá pronunciar-se sobre a questão da comunicabilidade antes, em regra, da efectivação da penhora sobre qualquer bem (comum ou próprio).

da garantia patrimonial do exequente (art. 727º CPC), o agente de execução deve proceder logo às diligências destinadas à penhora dos bens (em primeiro lugar bens comuns: art. 741º, nº 3, alínea *a)*, CPC); após a penhora de tais bens deverá citar o executado para se opor à execução ou à penhora e, uno actu, proceder à citação do cônjuge do executado para declarar se aceita a comunicabilidade da dívida (art. 741º, nº 2, CPC) ou, querendo, impugnar essa comunicabilidade por meio da negação, directa ou indirecta, da veracidade dos factos alegação pelo exequente ou mediante a alegação de circunstâncias extintivas, impeditivas ou modificativas. Se apenas se limitar a recusar essa comunicabilidade, sic et simpliciter, sem alegar quaisquer circunstâncias factuais, cuja prova pretende seja feita (seja por via de impugnação, seja por via de excepção), parece que a dívida deverá ser considerada comunicável, pois haverá admissão, nos termos gerais, dos factos alegados pelo exequente.

Além de que, o cônjuge do executado fica impedido de requerer a separação de bens[31]. Sendo ele citado pelo agente de execução, o conteúdo da citação permite-lhe aceitar ou recusar essa comunicabilidade; mas não lhe permite requerer a separação de bens. Isso somente ocorre *se*, na sequência da decisão final do incidente declarativo, *a dívida não for considerada comum* (art. 741º, nº 6, CPC).

4.2. A tramitação do incidente quando a comunicabilidade é alegada em requerimento autónomo

Tanto o exequente, quanto o cônjuge executado podem, como vimos, alegar a comunicabilidade da dívida *em requerimento autónomo* até ao início das diligências para a venda ou adjudicação dos bens penhorados.

a. Se a comunicabilidade for alegada pelo exequente, em requerimento autónomo, a impugnação apresentada pelo cônjuge do executado apresenta a estrutura de *incidente da instância* (arts. 293º a 295º CPC). Este é *autuado por apenso*, com as especialidades do nº 4 do artigo 741º CPC[32].

[31] ANDRADE PISSARRA, N., "O incidente de comunicabilidade de dívidas conjugais", 2014, cit., p. 777.

[32] O mesmo acontece quando a alegação consta do requerimento executivo, mas o cônjuge do executado não pretende apresentar impugnação a essa comunicabilidade por meio de *oposição à execução*, mas, sim, *em articulado próprio* (art. 741º, nº 3, alínea *a)*, 1ª parte, CPC).

O exequente deve oferecer logo os meios de prova que alicerçam a sua impugnação. Por exemplo, o cônjuge do executado pode requerer que o executado preste *depoimento* (*de parte*) sobre os factos em discussão e se revelem controvertidos (art. 452º e ss. CPC), bem como a prestação de *declarações de parte* sobre os factos em que o cônjuge executado tenha intervindo pessoalmente, ou de que tenha tido conhecimento directo (art. 466º, nº 2, CPC).

Ao invés do que se preceitua para a oposição à execução mediante embargos de executado, a impugnação da comunicabilidade por parte do cônjuge do executado determina a *suspensão da venda*, quer dos bens próprios do executado que já estejam penhorados, quer dos bens comuns do casal, ficando este terceiro (cônjuge do executado) dispensado de prestar caução a fim de obter a suspensão destas diligências executivas. Donde, mantêm-se as penhoras já realizadas até ao proferimento da decisão respeitante a este incidente declarativo[33].

Se o cônjuge do executado pretender impugnar a alegação da comunicabilidade suscitada pelo exequente através da *oposição à execução*, o incidente seguirá a *tramitação da oposição à execução*, prevista no art. 732º do CPC[34]. Ademais, a oposição à execução apresentada pelo cônjuge do executado terá de ser articulada, cumprindo-se os requisitos da petição inicial e observar os requisitos do nº 2 do art. 552º CPC, mesmo no que tange ao pagamento da taxa de justiça[35].

b. Se a comunicabilidade for alegada pelo próprio executado, deve observar-se que, não obstante esta alegação deva ser realizada no quadro do *incidente de oposição à penhora* (art. 742º, nº 1, 1ª parte, CPC) – e só aí, que não nos *embargos de executado*[36] –, a suspensão das diligências executivas não

[33] V. Da Costa Ribeiro/Sérgio Vasques, *A Ação Executiva Anotada e Comentada*, Coimbra, Almedina, 2015, p. 302.

[34] Tb, já neste sentido, cfr. P. Ramos De Faria/A. Luísa loureiro, *Primeiras Notas ao Novo Código de Processo Civil*, vol. II, Coimbra, Almedina, 2014, p. 267.

[35] Tb. Abílio Neto, *Novo Código de Processo Civil Anotado*, 2ª ed., Lisboa, Ediforum, 2014, p. 901 = 3ª ed., 2015.

[36] O que teria a vantagem de, seguindo a execução a forma de *processo ordinário* e sendo essa matéria julgada procedente nos embargos de executado, o executado poder prevenir a eventual penhora de bens próprios se e quando a execução prosseguisse e fosse, nesses embargos, acertada a comunicabilidade da dívida – salienta já este aspecto, Rui Pinto, *Manual da*

segue o regime previsto para o incidente de oposição à penhora, aqui onde a suspensão só atinge *os bens a que a oposição à penhora respeita* e está dependente de prestação de caução pelo executado (art. 785º, nº 3, CPC).

Alegada a comunicabilidade pelo executado, não faria qualquer sentido fazer depender a suspensão da execução da prestação de caução e, muito menos, suspender a execução relativamente aos bens penhorados a que a oposição diz respeito. Como é evidente, a alegação de comunicabilidade não tem como *causa de pedir* a *ilegalidade da concreta penhora*, mas sim os factos subjacentes à *responsabilidade comum* da dívida e à inerente *responsabilidade patrimonial comum* susceptível de ser actuada, imediatamente, sobre um determinado património, *scilicet*, os bens comuns. Daí que se o exequente se opuser a esta alegação, ou ela for impugnada pelo cônjuge do executado (citado para declarar se aceita esta comunicabilidade), a venda dos bens próprios do executado (anteriormente penhorados) é suspensa – e o mesmo devendo valer para a tramitação da adjudicação desses bens próprios –, independentemente de prestação de caução. Lembre-se que o *prosseguimento da tramitação da alegação da comunicabilidade por parte do executado* está condicionado ao facto de o executado especificar, nesse mesmo requerimento, quais os *bens comuns* que podem ser penhorados (art. 742º, nº 1, 2ª parte, CPC)[37]. Neste caso, pode, consequentemente, o agente de execução *proceder logo à sua penhora. Após este acto* citará o cônjuge do executado para declarar se aceita essa comunicabilidade ou se a esta pretende opor-se (art. 741º, nº 2, *ex vi* do art. 742º, nº 1, 2ª parte, CPC).

Se na execução movida apenas contra um dos cônjuges – em particular em execuções soba forma de processo sumário –, o cônjuge do executado já tiver sido citado para requerer a separação dos bens comuns, uma vez que tenham sido penhorados bens próprios do executado e

Execução e do Despejo, Coimbra, Coimbra Editora, 2013, p. 453; ANDRADE PISSARRA, N., "O incidente de comunicabilidade de dívidas conjugais", in: *O Direito*, ano 146º, 2014, III, p. 737 e ss., p. 784.

[37] Na verdade, a Comissão Para a Reforma do Processo Civil ponderou que não seria justo atribuir ao exequente a faculdade de alegar a comunicabilidade desta dívida sem que este ficasse com o ónus processual de apresentar, perante o agente de execução, bens comuns que, de harmonia com a alegação da comunicabilidade, pudessem ser logo penhorados como contrapartida da suspensão das diligências executivas relativamente aos *bens próprios* do executado.

bens comuns, *a alegação da comunicabilidade da dívida pode ser efectuada pelo próprio executado estando já requerida a separação bens comuns pelo seu cônjuge* (que, nesse momento, é *terceiro* relativamente à execução). Neste caso, parece que o processo especial de separação dos bens comuns *deve ser suspenso* e a questão da comunicabilidade tem que ser apreciada e julgada na oposição à penhora. Assim, o cônjuge do executado deve ser notificado[38] da alegação da comunicabilidade, para o efeito de se pronunciar sobre os seus fundamentos; e, outrossim, o exequente, sendo a questão *apreciada e decidida* pelo juiz no quadro (do incidente declarativo) da oposição à penhora (art. 742º, nº 2, CPC).

c. Se, na sequência da decisão emitida neste incidente declarativo, *a dívida não for considerada comum e tiverem sido penhorados bens comuns do casal* – lembre-se que é ónus do cônjuge executado, que consta do título como único devedor, indicar logo os bens comuns que podem ser penhorados[39], podendo operar-se a substituição da penhora dos bens próprios pela dos bens comuns – o cônjuge do executado deve, no prazo de 20 dias após o trânsito da decisão proferida neste novo incidente declarativo, *requerer a separação de bens* ou juntar certidão comprovativa da pendência de acção em que a separação já tenha sido requerida. Se o não fizer, a execução prossegue sobre os bens comuns (art. 741º, nº 6, CPC)[40] *que tenham sido concretamente penhorados*[41], mas nunca sob os bens próprios do cônjuge

[38] Que não citado, pois já o havia sido antes, a fim de (tendo sido penhorados bens comuns) requerer, querendo, a separação de bens comuns.

[39] Não faz sentido que, sendo alegada a natureza comum da dívida, continuem penhorados bens próprios do executado inicial. Isso só deve ser assim se os bens comuns adrede indicados pelo cônjuge executado no requerimento destinado a alegar a comunicabilidade da dívida não forem suficientes para saldar a obrigação exequenda, no quadro de uma avaliação promovida pelo agente de execução, conquanto com o recurso a terceiro perito.

[40] A apreensão incide assim sobre *bens que irão ser adjudicados em partilha ao cônjuge único devedor* (ou relativamente ao crédito de tornas cujo pagamento possa ser determinado na sentença homologatória da partilha).

[41] Já assim após a Reforma de 2003, PAULA COSTA E SILVA, A *Reforma da Acção Executiva*, 3ª ed., Coimbra, Coimbra Editora, 2003, p. 84; aderindo, igualmente, a esta posição, TEIXEIRA DE SOUSA, M., *A Reforma da Acção Executiva*, 2004, cit., p. 144.

do executado, sob pena de este ficar salvo de deduzir *embargos de terceiro* com êxito[42].

Requerendo tempestivamente o *cônjuge único executado* – e único responsável pela obrigação exequenda na decorrência da decisão proferida no referido incidente declarativo – a separação de bens ou juntar a referida certidão, o novo CPC manda aplicar o regime previsto para a penhora de bens comuns em execução movida contra um dos cônjuges.

Quer dizer: *a execução nos bens comuns fica suspensa até à partilha dos bens* que constituem esta massa patrimonial dos cônjuges (ou ex-cônjuges).

[42] Note-se que, *independentemente da questão da alegação da comunicabilidade da dívida* – alicerçando-se a execução em título executivo somente contra um dos cônjuges – o cônjuge do executado deve ser citado, pelo agente de execução quando a penhora tenha recaído sobre bens *imóveis* ou *estabelecimento comercial que o executado não possa alienar livremente*, ou sobre *bens comuns* do casal (art. 786º, nº 1, alínea *a*), CPC), por não se conhecerem bens próprios suficientes. Este cônjuge não executado está então salvo de requerer a *separação de bens* (ou juntar certidão comprovativa da pendência de acção) e, querendo, oposição à penhora, no prazo de 20 dias (art. 787º, nº 1, CPC), tornando-se, *a partir daí*, nas fases da acção executiva *posteriores* à sua citação (e não antes, *maxime*, para efeitos de arguição de irregularidades ocorridas em momento anterior ao da sua citação), um sujeito processual, qual *verdadeira parte principal passiva*, já que a sua actuação, na oposição à execução, *caso ele a deduza*, pode determinar a extinção desta execução (tb. Rui Pinto, *Manual da Execução e do Despejo*, 2013, cit., p. 843); *não deduzindo oposição à execução*, parece que este cônjuge exibe apenas um *interesse conexo* na obrigação exequenda (em sentido diferente, Lebre De Freitas, J., *A Ação Executiva à Luz do Código de Processo Civil de 2013*, 6ª ed., cit., p. 307, vendo o cônjuge do executado como um *substituto processual* do executado, que pode invocar outros fundamentos de embargos para além dos invocados pelo cônjuge devedor); designadamente pode este cônjuge impugnar créditos reclamados; pronunciar-se sobre a forma e as condições da alienação dos bens penhorados; participar na deliberação sobre as consequências da falta de depósito do preço pelo proponente ou preferente; impugnar irregularidades que se comentam no acto de alienação dos bens; requerer a sustação da venda executiva; deduzir oposição quanto à entrega ao agente de execução da realização das diligências para a venda por negociação particular; reclamar de actos do agente de execução; suscitar questões parente o juiz, etc. Evidentemente, se o cônjuge do executado aceitar a comunicabilidade da dívida ou a decisão do juiz, no incidente, for no sentido dessa responsabilidade comum, o cônjuge do executado torna-se *parte principal passiva*, gozando do *estatuto processual de executado* (em litisconsórcio voluntário sucessivo). Se forem penhorados salários, abonos ou vencimentos do executado e do seu cônjuge, só não deverá efectuada a citação deste último cônjuge se existir nos autos informação segura de que o executado contraiu matrimónio no regime de separação de bens (Virgínio Ribeiro, *As Funções do Agente de Execução*, Coimbra, Almedina, 2011, p. 146, nota 253) ou sob um regime misto em que o produto do trabalho seja, nos termos de convenção antenupcial, considerado bem comum.

E vale dizer: achando-se os bens comuns já penhorados, o processo de separação deve ser tramitado nos termos do artigo 81º do Regime Jurídico do Processo de Inventário aprovado (RJPI) pela Lei nº 23/2013, de 5 de Março. Neste quadro aplicam-se as disposições relativas ao inventário em consequência de separação, divórcio, declaração de nulidade (de casamento canónico) ou anulação (de casamento civil ou dos efeitos civis de casamento celebrado segundo outro culto religioso reconhecido em Portugal, nos termos da Lei da Liberdade Religiosa).

Neste processo de inventário, o cônjuge do executado tem o direito de escolher os bens com que deve ser formada a sua meação[43]. Todavia, o exequente é notificado dessa escolha e pode reclamar fundamentadamente contra a mesma (art. 81º, nº 1, alínea *c)*, *in fine*, do RJPI). Se o notário julgar atendível a reclamação, ordena a avaliação dos bens que lhe pareçam mal avaliados. Se essa avaliação alterar o valor dos bens escolhidos pelo cônjuge, este goza da faculdade de declarar que desiste da escolha. Neste último caso, as meações são adjudicadas (*scilicet*, concretizadas em bens concretos, provindos da massa dos bens comuns) por meio de sorteio (art. 81º, nº 2 e 3, do RJPI). Se o cônjuge do executado não exerceu o direito de escolha, mas tenha havido avaliação que modifique o valor dos bens (na sequência de reclamação atendida pelo notário), as meações são, igualmente, adjudicadas por meio de sorteio (nº 3 do citado art. 81º). Concluída a partilha se os bens (comuns) penhorados não couberem ao cônjuge único executado, podem ser penhorados os que lhe tenham cabido (incluindo o crédito de tornas[44]), permanecendo

[43] Observe-se que, mesmo quando o inventário finde na conferência de interessados (em caso de acordo dos cônjuges ou ex-cônjuges), devendo a partilha ser concretizada e homologada pelo juiz (art. 66º, nº 1, do RJPI), o exequente terá que intervir numa eventual transação, sob pena de, em sede de recurso de apelação, a sentença homologatória da partilha dever ser revogada, ordenando-se uma nova conferência dos interessados e subsequente partilha. Se a sentença homologatória da partilha (na sequência da transação) já tiver transitado em julgado sem a intervenção do exequente ela é ineficaz relativamente a este, podendo a execução prosseguir nos bens (comuns) penhorados.

[44] O qual pode, inclusivamente, ser penhorado como *expectativa de aquisição* durante o processo de inventário (art. 778º CPC). De todo o modo, a declaração do cônjuge executado de que já recebeu as tornas não tem força confessória (esse facto não lhe é necessariamente desfavorável), pelo que se revela necessário o *efectivo depósito das tornas* (ac. do STJ, de 6/7/2006, proc. nº 06B1651, acessível em www.dgsi.pt), juntando ao processo o documento de depósito, sem prejuízo de a quantia lhe poder ser exigida, nos termos do artigo 777º, nº 3, CPC.

a anterior penhora (sobre bens que, na decorrência da partilha, passam a ter a natureza de bens próprios do cônjuge não executado)[45].

d. Se, pela decisão proferida neste incidente declarativo, *a dívida for considerada comum*, a execução prossegue também contra o cônjuge não executado, cujos bens próprios podem ser nela subsidiariamente penhorados; se, antes da penhora dos bens comuns, tiverem sido penhorados bens próprios do executado inicial, pode este requerer a respectiva substituição (artigo 741º, nº 5, CPC).

5. Regime transitório do novo CPC, no respeitante ao incidente da comunicabilidade

5.1. A realização coactiva da prestação no domínio da lei processual antiga (CPC de 1961) foi confrontada, com o início de vigência do novo CPC, com uma disciplina diferente no que tange à situação processual relativa à *extensão subjectiva do mesmo título executivo extrajudicial à pessoa do cônjuge do executado*[46]. Foi introduzido na lei nova, como vimos, um verda-

[45] Embora possa continuar a ser discutida a constitucionalidade desta regra (introduzida na Reforma de 1995/1996) – por manter a penhora em bens que já não são do executado (mas que foram adjudicados ao outro cônjuge ou ex-cônjuge) –, ela desfruta de um carácter coercitivo (para além de ser destinada a preservar a autoridade dos tribunais na delicada fase da realização coactiva dos deveres de prestar dos devedores executados) e visa induzir o cônjuge do executado a não dificultar a penhora dos bens que tenham sido atribuídos ao próprio executado (tb., em sentido análogo, Teixeira De Sousa, M., *A Reforma da Acção Executiva*, 2004, cit., p. 143), *maxime*, o eventual *crédito de tornas*. Este cônjuge não devedor terá assim todo o interesse em *depositar o crédito de tornas na conta bancária* aberta pelo agente de execução ou à ordem da Secretaria, nos casos em que as diligências sejam realizadas por oficial de justiça (art.777º, nº 1, alínea *a)*, CPC) e requerer o levantamento da penhora dos referidos bens (doravante bens próprios, outrora bens comuns).

[46] Esta afirmação parte da ideia segundo a qual, se, neste incidente declarativo, ficar estabelecido que a dívida é da responsabilidade de ambos os cônjuges *não se forma um novo e autónomo título executivo* contra o cônjuge do executado (contra, Maria José Capelo, "Ainda o artigo 825º do Código de Processo Civil e o alcance e o valor da declaração sobre a comunicabilidade da dívida", in: *Lex Familiae, Revista Portuguesa de Direito da Família*, ano 3, nº 5, 2006, p. 57 ss., p. 58, nota 6), somente se verificando uma extensão da responsabilidade pela dívida, permanecendo intocável o conteúdo do negócio jurídico cujo regime decorre do direito substantivo – já assim, Rui Pinto, "Execução Civil de Dívidas dos Cônjuges – Novas Reflexões sobre um Velho Problema", in: *Revista do CEJ*, nº 14, 2º semestre, 2010, p. 41, embora considere que a constituição de *litisconsórcio passivo superveniente*, por não conter, em si, qualquer apreciação

deiro incidente processual declarativo destinado à afirmação da comunicabilidade desta dívida. É, por isso, muito importante saber se este novo regime se aplica e em que medida às execuções pendentes no dia 1 de Setembro de 2013.

Como é sabido, a lei processual aplica-se, por regra, *imediatamente aos processos pendentes*, mas só no que respeita aos efeitos processuais que, no futuro, venham a ser praticados. E pode esta lei nova respeitar a factos ou efeitos jurídicos e factos. Neste último caso, o seu domínio de aplicação atinge os efeitos que se venham a produzir após o seu início de

judicial, subsumir-se-ia na alínea *d)* do então nº 1 do artigo 46º (hoje, art. 703º, nº 1, alínea *d)*, do novo CPC) vendo aí título judicial impróprio ou de formação judicial face ao projectado novo regime; porém, no seu *Manual da Execução e do Despejo*, o Autor (ob. cit., p. 221) conclui que a decisão final favorável do juiz neste incidente, quanto à comunicabilidade, estende, *ipso facto*, subjectivamente o título executivo ao cônjuge do devedor; AMÂNCIO FERREIRA, *Curso de Processo de Execução*, 11ª ed., Coimbra, Almedina, 2009, p. 220, via aí a formação, no próprio processo executivo, de um *título parajudicial* a favor do exequente, alargando o âmbito subjectivo do título inicial; perante o projectado novo regime, TEIXEIRA DE SOUSA, M., "A execução das dívidas dos cônjuges: perspectivas de evolução", 2013, cit., p. 9, sustentando apenas a oponibilidade do título inicial ao cônjuge do executado, atendendo ao *enunciado taxativo* dos títulos executivos, agora previsto no artigo 703º do CPC; LOPES DO REGO, *Comentários ao Código de Processo Civil*, vol. II, 2ª ed., Coimbra, Almedina, 2005, pp. 54-55, considerando que ocorria uma ampliação incidental do âmbito subjectivo do título executivo e da instância executiva; contra, LEBRE DE FREITAS, J., *A Ação Executiva à Luz do Código de Processo Civil de 2013*, 6ª ed., Coimbra, Coimbra Editora, 2013, p. 78, nota 61-A, considerando que a declaração de aceitação do cônjuge do executado ou a sua notificação seguida da omissão de declarar constituem *títulos executivos impróprios* formados na execução pendente.
Repare-se que, à luz da ideia do *numerus clausus* e da *tipicidade taxativa* dos títulos executivos o legislador – dentro e fora do CPC, conquanto por remissão da sua alínea *d)* do nº 1 do art. 703º – tem sempre o cuidado de estabelecer qual o documento que habilita e acerta os elementos objectivos e subjectivos da obrigação cuja realização coactiva é por ele permitida. Vejam-se, por exemplo, os casos previstos nos arts. 777º, nº 3 (na penhora de bens do devedor do executado) e 828º (na execução promovida pelo adquirente na venda executiva contra o detentor da coisa). Noutros casos, na tramitação do processo declarativo especial é *enxertada uma fase executiva* também claramente delineada. De resto, a Exposição de Motivos que acompanhou a Reforma do CPC de 2013 (anexa à Lei nº 41/2013, de 26 de Junho, que aprovou o novo CPC), confirma que esta foi a intenção precípua do legislador, na medida em que, segundo a referida Exposição, ao assegurar-se a comunicabilidade da dívida exequenda ao cônjuge do executado, nos títulos extrajudiciais apenas subscritos por um dos membros do casal, cria-se, na própria execução, um incidente declarativo, a fim de estender a eficácia do título ao cônjuge do executado. Tb., neste sentido, SANTOS DE CARVALHO, Filipa I., *Os Poderes Processuais do Cônjuge do Executado*, 2014, cit., p. 57.

suais praticados ao abrigo da lei processual antiga, pois a lei nova não pode atingir e destruir a eficácia dos actos processuais, das *preclusões* já produzidas e das *decisões* já tomadas ao abrigo desta lei processual antiga.

a. Se a comunicabilidade foi alegada antes de 1 de Setembro de 2013, sem que tenha sido, nessa data, realizada a citação do cônjuge do executado nos termos do antigo artigo 825º do CPC, nada obsta, no meu entender, que o exequente renove o requerimento nesta execução pendente[48], *agora à luz do novo e verdadeiro incidente declarativo de comunicabilidade da dívida*. Incidente que é assim deduzido já na vigência do novo CPC. Dado que a forma de processo executivo comum era única ao abrigo da reforma processual de 2003 ao CPC de 1961 e o nº 3 do artigo 6º da Lei nº 41/2013 determina a manutenção do regime anterior para as acções instauradas antes da entrada em vigor do novo CPC, parece que a adaptação da sequência processual à luz do novo CPC implica que o cônjuge do executado seja citado para contestar os factos consubstanciadores dessa comunicabilidade. Não se faz mister remeter o requerimento ao juiz para que este aprecia liminarmente o título executivo e só depois, se for caso disso, citar o cônjuge do executado para declara se aceita a comunicabilidade ou se a quer impugnar em sede de oposição a este incidente.

b. Se a comunicabilidade foi requerida antes do dia 1 de Setembro de 2013 e já foi, nessa data, efectuada a citação do cônjuge do executado, nos termos da antiga redação do artigo 825º, o exequente, face à provável recusa de comunicabilidade pelo cônjuge do executado pode ainda beneficiar do novo regime do artigo 741º deduzindo o incidente de comunicabilidade, *contanto que a sua aplicação não seja incompatível com os actos processuais já praticados* cuja eficácia, validade e regularidade tem que ser mantida se tiver sido observado o regime da lei processual antiga[49]. Não se esqueça

[48] Repare-se que no anterior regime não se curava de um incidente processual susceptível de apreciação jurisdicional face ao conflito de interesses então gerado, pois, embora a comunicabilidade pudesse ser expressamente recusada pelo cônjuge do executado, não existia qualquer actividade processual que confluísse numa decisão sobre essa mesma questão.

[49] Vale dizer, a dedução deste incidente parece ser incompatível com a pendência de acção de separação de bens deduzida pelo cônjuge do executado ao abrigo da lei processual antiga. Se o exequente (ou o próprio executado) pudessem, nestas eventualidades, deduzir este novo incidente declarativo, tal atitude importaria a *eficácia retroactiva da lei processual nova*. Esta iria

que este novo incidente declarativo pode ser requerido *até ao início das diligências destinadas à venda ou adjudicação dos bens penhorados*, podendo ser exercitado no domínio das execuções pendentes na data da entrada em vigor do novo CPC.

Por outro lado, mesmo ao abrigo da lei antiga, a então redação do nº 6 do artigo 825º produzia o seguinte efeito, *se o cônjuge do executado tivesse requerido a separação de bens antes do dia 1 de Setembro de 2013*: o executado já não podia invocar que contraira a dívida, por exemplo, em proveito comum ou no exercício do comércio. Donde a dívida seria tratada processualmente como própria, respondendo pela mesma os bens próprios do cônjuge devedor e a sua meação nos bens comuns[50], o que – reconheça-se – era desconforme ao regime substantivo previsto no CC.

c. Se, pelo contrário, *a comunicabilidade foi alegada ao abrigo da lei processual antiga e o cônjuge do executado recusou essa comunicabilidade e requereu, ainda ao abrigo da lei antiga, a separação de bens comuns no tribunal ou no cartório notarial competente* (ou juntou certidão comprovativa da pendência da acção em que a separação já tenha sido requerida), pareceria que a lei processual nova *não pode destruir os efeitos processuais já produzidos* à sombra da lei processual pretérita. Essa solução seria evidentemente incompatível com a separação de bens.

Donde, pareceria que, se esta separação de bens comuns já tiver sido requerida, ou se o cônjuge do executado tiver provado que a requereu antes de o exequente (ou executado) suscitar, ao abrigo da lei processual nova, a questão da comunicabilidade da dívida, já não teria lugar a citação do cônjuge do executado para se pronunciar sobre esta comunicabilidade. Isto significaria que o processo de inventário para separação de meações (*scilicet*, dos bens comuns) deveria prosseguir a respectiva tramitação e precludiria a dedução do (novo) incidente de comunicabilidade ao abrigo da lei processual nova.

destruir, na prática, actos processuais e sequências já tramitados no domínio da lei processual antiga.

[50] Maria José Capelo, "Pressupostos Processuais Gerais na Acção Executiva – A Legitimidade e as Regras da Penhorabilidade", in: *Themis, Revista da Faculdade de Direito da Universidade Nova de Lisboa,* ano IV, nº 7, 2003, p. 86.

Creio, porém, que a solução deverá ser a inversa. A nova lei prevê que a dedução de incidente declarativo da comunicabilidade superveniente (art. 741º, nº 4, CPC), após a penhora dos bens comuns do casal, tentando, dessa maneira, fazer corresponder o regime processual da realização coactiva da prestação ao regime ada responsabilidade por dívidas prevista no direito substantivo. Pelo que, se à luz da lei nova, este incidente pode ser deduzido *até ao início das diligências para a venda ou adjudicação* e a norma transitória do nº 4 do artigo 6º da Lei nº 41/2013 manda aplicar o regime do novo CPC aos incidentes de natureza declarativa deduzidos a partir do dia 1 de Setembro de 2013, parece que não se pode vedar ao exequente a invocação fundada e superveniente da comunicabilidade, mesmo quando já tenha sido requerida, à luz da lei antiga, a separação de bens comuns.

Nestes termos, deverá ser *suspenso o processo de separação de bens comuns* enquanto não for proferida decisão sobre a comunicabilidade da dívida, já que aquele incidente é *prejudicial* deste outro[51]. A resposta será diferente se, tendo sido deduzido ao abrigo da lei nova o incidente de comunicabilidade, já tiver havido sentença homologatória de patilha de bens comuns transitada em julgado.

6. A força da decisão proferida relativa à comunicabilidade da dívida

Deve discutir-se se a decisão de mérito proferida neste novo incidente de comunicabilidade da dívida fundada em título extrajudicial constitui, nos termos gerais, caso julgado material quanto à responsabilidade do cônjuge do executado na obrigação exequenda[52]. A questão ainda não foi analisada *ex professo* no quadro do novo CPC[53].

[51] Neste sentido, fora do concreto problema da sucessão de regimes processuais no tempo, ANDRADE PISSARRA, N., "O incidente de comunicabilidade de dívidas conjugais", 2014, cit., pp. 782-783.

[52] A questão é mais importante se o tribunal considerar a dívida comunicável. Isto, subsequentemente, no quadro de uma subsequente dissolução do casamento por morte ou divórcio ou no caso de ulterior separação de pessoas e bens ou somente de bens. Mas o seu relevo também se manifesta no quadro dos interesses do credor, se, por exemplo, o tribunal negar a comunicabilidade da dívida à pessoa do cônjuge do executado e, mais tarde, o exequente deduzir uma acção declarativa de condenação contra os dois cônjuges, a fim de se fazer pagar (pelo eventual remanescente da obrigação exequenda) pelos bens próprios do cônjuge do

A favor da circunscrição intraprocessual o caso julgado formado pela decisão do acertamento ou rejeição da comunicabilidade da dívida militam ponderosas razões. Desde logo, estaria apenas em causa a *exequibilidade do título executivo* e a sua extensão subjectiva, que não o *acertamento da pretensão titulada* nesse documento. Ao que acresce a *natureza incidental* e a *falta de autonomia estrutural* deste incidente, contrariamente ao que sucede nos embargos de executado e nos embargos de terceiro.

Nesta perspectiva, este incidente declarativo destinar-se-ia a *acertar o pressuposto processual da legitimidade processual* na acção executiva, servindo apenas as finalidades da execução. Enquanto *meio declarativo expedido*, ele não se amoldaria à estabilidade própria da eficácia do caso julgado (material). Se fosse julgado improcedente *retiraria ao título executivo a sua potencial exequibilidade contra os dois cônjuges* e o património do casal (bens comuns e bens próprios de qualquer um deles). Se o credor pretendesse obter uma decisão material definitiva, deveria desencadear uma *acção declarativa autónoma, estrutural e funcionalmente*, contra os dois cônjuges. No anverso, o cônjuge executado – face ao indeferimento do pedido de comunicabilidade da dívida – poderia sempre obter a compensação relativamente ao outro, a qual seria exigível no momento da partilha dos bens (comuns) do casal (artigo 1697º, nº 1, do CC).

A adequada e justa ponderação dos interesses em jogo parece sugerir, porém, uma solução diferente. Vejamos.

A alegação da comunicabilidade da dívida (pelo exequente ou pelo próprio executado) dá, hoje, lugar a um *incidente declarativo* se o cônjuge do executado impugnar os factos subjacentes a essa comunicabilidade com vista a obter uma decisão que declare que a dívida não é comunicável. Ora, a sequência processual deste *incidente declarativo* não é hoje substancialmente diferente da sequência processual das *acções declarativas com processo comum* – circunstância que é, hoje, acentuada na medida em que o juiz pode, também hoje, usar os seus poderes de *agilização pro-*

primitivo executado (na consideração de que houve separação de bens comuns na anterior execução) e pelos restantes bens próprios do primitivo executado.

[53] Rui Pinto, *Manual da Execução e do Despejo*, 2013, cit., p. 561, pronuncia-se, embora com dúvidas, a favor da não formação de caso julgado, mas sem desenvolver a posição. No direito posterior à Reforma de 2003, Maria José Capelo ("Ainda o artigo 825º do Código de Processo Civil: o alcance e o valor da declaração sobre a comunicabilidade da dívida", cit., págs. 57 e ss.) também se pronunciou sobre a questão.

cessual (art. 7º, nº 1, CPC), simplificando a marcha e a estrutura processual (por meio da adequação formal: art. 547º CPC). A marcha dos incidentes declarativos não é, hoje, tão menos solene do que a prevista para as acções declarativas que correm em processo comum[54]. Os meios probatórios são os mesmos, embora haja uma limitação quanto ao número de testemunhas: 5 nos incidentes declarativos (art. 294º, nº 1, CPC); 10 nas acções com processo comum (art. 511º, nº 1). A realização da audiência final nas acções declarativas termina com alegações orais dos advogados, tendo sido abolida a sequência posterior ao encerramento da audiência, respeitante às *alegações (escritas) sobre a matéria de direito*. De igual sorte, nas acções declarativas foi suprimido o *julgamento autónomo da matéria de facto*, que tinha lugar logo a seguir ao encerramento da audiência final. Embora nos incidentes declarativos o legislador determine que, finda a produção de prova, e efectuada uma breve alegação oral de cada um dos advogados, a decisão escrita deva ser imediatamente prolactada (art. 294º CPC), decerto que a remissão que nesta norma é feita para o artigo 607º do mesmo Código sugere que tem que existir um tempo mínimo de ponderação e reflexão indispensáveis à formação da convicção sobre os factos controvertidos (que tem que ser objecto de prova e análise crítica) e à elaboração da decisão[55]. De resto, também no quadro das acções declarativas com processo comum e forma única a prolação da sentença está submetida a um prazo relativamente curto, ou seja, 30 dias após o encerramento da audiência final (art. 607º, nº 1, CPC).

As mesmas considerações valem para a hipótese em que o próprio *cônjuge executado* alega a comunicabilidade da dívida, uma vez que essa alegação tem lugar num outro *incidente declarativo* – o da *oposição à penhora* (art. 742º, nº 1, CPC); nestes termos, ocorrendo a impugnação destas alegações (pelo exequente ou pelo cônjuge do executado, que é para o efeito citado para se opor, no prazo de 20 dias: art. 741º, nº 2, *ex vi* do artigo 742º,

[54] Atente-se que, no processo comum (forma única), a réplica somente é admitida quando o réu deduzir reconvenção e nas acções de simples apreciação negativa (art. 584º CPC). A tramitação dos incidentes processuais somente contempla, igualmente, dois articulados, embora a oposição tenha que ser deduzida no prazo de 10 dias (art. 293º, nº 2, CPC), diferentemente do que sucede com a tempestividade da contestação (em regra *30 dias*, a contar da citação: 569º, nº 1, CPC). Porém, a oposição do cônjuge do executado relativamente à alegação da comunicabilidade deve ser apresentada no prazo de *20 dias* (artigo 741º, nº 2, CPC).

[55] Tb. Abílio Neto, *Novo Código de Processo Civil – Anotado*, cit., 2014, p. 116.

nº 1, parte final, CPC), a comunicabilidade da dívida é apreciada e julgada pelo juiz no âmbito do *incidente (declarativo) de oposição à penhora*[56].

Este procedimento plasmado no incidente declarativo de comunicabilidade da dívida exequenda é – conceda-se – *sumário*; mas a sequência das acções declarativas com processo comum também pode ser agilizada. Temos, assim, em ambos os casos um *modelo participativo-igualitário do contraditório* entre as partes e sequências de actos predeterminadas pautadas, nos dois casos, por uma discricionariedade *in procedendo* que não suprime o direito das partes a um contraditório paritário[57].

Acresce que neste incidente declarativo é respeitado o *princípio do contraditório* e o da *igualdade de armas*. Aliás, a *definitividade* da decisão nele tomada e a sua *indiscutibilidade* estão dependentes da não diminuição das garantidas processuais que ao juiz cabe velar, conquanto estando ele livre de conformar o processo nos termos dos seus poderes de gestão processual com a previsão *ad hoc* de uma certa tramitação processual em decisão expressa e fundamentada provida de carácter vinculativo.

Daqui resulta que as apontadas limitações ao *direito à prova* devam conduzir, *sic et simpliciter*, à conclusão de que o caso julgado não se deve formar com a prolação da decisão judicial sobre a (in)comunicabilidade da dívida. Vale dizer: só *em concreto* se poderá aferir se o direito à prova foi efectivamente limitado e se a decisão neste incidente declarativo é provisória e apenas desfruta de eficácia intraprocessual. Na acção que vier a ser, posterior e eventualmente, instaurada com a mesma causa de pedir (factos alicerçadores da comunicabilidade da dívida) – em que se volte a por em causa (afirmando ou infirmando) a existência da responsabilidade comum dos cônjuges (ou ex-cônjuges) – a parte poderá demonstrar que as limitações da prova a impediram de fazer de testemunhos que influíram na decisão final do referido incidente de comunicabilidade.

Com o que propendemos a aplicar *analogicamente* o disposto na alínea *a)* do artigo 332º do CPC, relativamente à formação de caso julgado da sentença quanto ao assistente.

[56] Assim, o objecto deste incidente extravasa a mera cognoscibilidade e decisão sobre a impenhorabilidade objectiva, seja ela absoluta, relativa, subsidiária ou parcial.

[57] Celeste Fonseca, I., *Processo temporalmente justo e urgência – Contributo para a autonomização da categoria da tutela jurisdicional de urgência na Justiça Administrativa*, Coimbra, Coimbra Editora, 2009, pp. 717-718.

Pode assim muito bem suceder que a procedência do incidente de comunicabilidade – tornando a responsabilidade patrimonial extensível à totalidade dos bens comuns e aos bens próprios do cônjuge do que obrigou sozinho no título extrajudicial – não se limite a *ilidir a presunção estabelecida no próprio título executivo* sobre a responsabilidade patrimonial do executado. É assim possível conceber que essa decisão goza de *eficácia extraprocessual,* definindo uma nova situação jurídica de direito substantivo que passará a vincular as partes [(ex)cônjuge executado, (ex)cônjuge do executado, exequente].

Dito de outra maneira: a decisão proferida neste incidente não declara, por exemplo, apenas que é possível executar a totalidade dos bens comuns e, subsidiariamente, os bens próprios de qualquer dos cônjuges (estendendo a eficácia subjectiva do mesmo título extrajudicial); ela declara, igualmente, que, face aos concretos factos narrados e integrantes da causa de pedir deste incidente declarativo, *a concreta dívida contraída pelo cônjuge executado é da responsabilidade de ambos os cônjuges.*

7. A tempestividade da alegação da comunicabilidade da dívida; a estratégia do exequente

A alegação de que a dívida é comum tanto pode ser feita *pelo exequente* como pelo *próprio executado.*

Se for da iniciativa do exequente, esta alegação fundamentada *pode* ocorrer no requerimento executivo ou até ao início das diligências destinadas à venda ou adjudicação dos bens penhorados (art. 741º, nº 1, CPC). *Se partir do executado,* a alegação da comunicabilidade tem que ser deduzida em sede de oposição à penhora, uma vez que o legislador presume que terão sido, *prima facie,* penhorados bens próprios deste (ou bens comuns que *respondem imediatamente* ou ao mesmo tempo dos bens próprios: art. 1696º, nº 2, CC[58]), por motivo de o exequente somente desfrutar de título executivo extrajudicial contra este cônjuge[59].

[58] Ou seja, os rendimentos de bens próprios do cônjuge executado, o produto do seu trabalho e seus os direitos (patrimoniais) de autor.

[59] Repare-se que a *penhora imediata* dos bens comuns mencionados no nº 2 do artigo 1696º do Código Civil, por dívidas tituladas somente contra um dos cônjuges, não deve desencadear a citação do cônjuge do executado nos termos do artigo 740º, nº 1, CPC, para o efeito de este requerer a separação de bens comuns, pois que esta norma (tal como no direito anterior) apenas se aplica às situações de penhora de bens comuns que só *subsidiariamente* podem

Pode assim dizer-se que, embora o novo regime impeça que esteja na disponibilidade do exequente a qualificação da dívida como própria ou comum – que o mesmo é dizer que ele está agora impedido de a executar como própria ou em «alternativa» como comum[60] –, ele está livre, em regra, de ponderar o melhor momento para suscitar a apreciação da comunicabilidade da dívida[61].

A ponderação respeita evidentemente ao (des)conhecimento que este pode ter que a dívida é da responsabilidade comum dos cônjuges, e não apenas daquele que a contraiu no título extrajudicial; não seria justo impor-lhe, quando o descobrisse, em momento posterior ao envio do requerimento executivo, a necessidade de instaurar uma acção de condenação contra ambos os cônjuges; ou resignar-se, por força da lei, a executar somente os bens próprios do executado e eventualmente metade dos bens comuns; ou resignar-se a esperar pela eventual e incerta invocação da comunicabilidade dessa dívida pelo próprio executado.

Assim, mesmo que, *no momento da apresentação do requerimento executivo*, desconfie ou não tenha formado a convicção subjectiva de que a dívida é comunicável, pode guardar para momento posterior a alegação da comunicabilidade que é base do incidente declarativo e da posterior decisão judicial sobre essa (in)comunicabilidade.

Aliás – este é um ponto decisivo à luz dos interesses puramente egoísticos do exequente –, a sua melhor estratégia consistirá em protrair a alegação da comunicabilidade para uma data posterior ao início da execução, se e quando dispuser de um título executivo extrajudicial que suscite o emprego da *forma sumária* de processo executivo comum.

responder. Os bens comuns a atingir *de imediato* estão expressamente identificados, não se mostrando relevante o interesse em permitir ao cônjuge do executado incluir tais bens na sua meação, na decorrência da partilha (Pereira Coelho/Guilherme De Oliveira, *Curso de Direito da Família*, vol. I, *Introdução. Direito Matrimonial*, 4ª ed., 2008, Coimbra, Coimbra Editora, 2008, p. 426; Andrade Pissarra, N., "O incidente de comunicabilidade de dívidas conjugais", 2014, cit., p. 766. De resto, os arts. 786º, nº 1, alínea *a)*, e 787º já não se referem às situações de "penhora de bens comuns do casal", ao contrário do estatuído no antigo art. 864º, nº 3, alínea *a)*, do CPC de 1961.

[60] Assim, Teixeira De Sousa, M., "A execução das dívidas dos cônjuges: perspectivas de evolução", 2013, cit., p. 11.

[61] Nuno Lemos Jorge, "A Reforma da Acção Executiva de 2012: Um Olhar sobre o (Primeiro) Projecto", in: *Julgar*, nº 17, 2012, p. 75 e ss., p. 92.

Na verdade, *se o título executivo subscrito apenas por um dos cônjuges for extrajudicial*:

(1) de obrigação pecuniária vencida, garantida por hipoteca ou penhor (cuja interpelação já tenha sido efectuada antes da instauração da execução);

(2) de obrigação pecuniária, cujo valor não exceda € 10.000,00 (dobro da alçada da 1ª instância;

(3) requerimento de injunção ao qual tenha sido aposta a fórmula executória, então o exequente pode deduzir a execução sob a *forma sumária*.

A vantagem (para ele) está na *não existência de despacho liminar por parte do juiz*. Neste caso, o requerimento executivo deve ser imediatamente enviado pela secretaria ao agente de execução, que inicia logo as buscas e as diligências necessárias à efectivação das penhoras. *Last, but not the least*, as penhoras (mesmo as de bens que sejam, *depois*, considerados como bens comuns) são efectuadas sem a citação prévia do executado; somente depois da concreta efectivação da penhora é que o cônjuge, único executado, fica ciente de que contra si está a correr uma execução (art. 855º, nºs 1 e 3; art. 856º, nº 1, CPC), podendo, só então deduzir, querendo, embargos de executado e/ou oposição à penhora.

Ao invés, se o exequente dispuser dos títulos executivos extrajudiciais acima referidos (apenas subscritos por um dos cônjuges), *mas alegar no requerimento executivo a comunicabilidade da dívida*, a execução correrá sob a forma de *processo ordinário* (art. 550º, nº 3, alínea *c)*, CPC). Ora, como é sabido, a *tramitação inicial* desta sequência executiva inclui o *despacho liminar do juiz*. As diligências de penhora não têm lugar nesta fase liminar. Procede-se, pelo contrário, à citação do executado para pagar ou opor-se à penhora no prazo de 20 dias (art. 726º, nº 6, CPC). E somente *se o executado não deduzir oposição à execução* (mediante embargos de executado), ou, tendo-a deduzido, não lograr a suspensão da execução, é que têm lugar a notificação da secretaria ao agente de execução destinada a alertar este do dever de iniciar as diligências para penhora (art. 748º, nº 1, CPC). A fim de desencadear o incidente de comunicabilidade logo no requerimento executivo e manter o efeito-surpresa da penhora dos bens, o exequente terá que alegar as circunstâncias que, após um juízo sumário, permitem dispensar a citação prévia do executado (art. 727º CPC) – ou seja, os factos que indiciem o *receio da perda da garantia patrimonial do seu crédito*, pelo menos quanto aos bens próprios do executado e aos bens comuns).

Assim se vê que, salvo no caso de o exequente conseguir convencer o tribunal da *dispensa de citação prévia do executado* (art. 727º CPC), o *efeito-surpresa* da penhora não é alcançado, pois uma execução que tramitaria com processo sumário converte-se numa execução com processo ordinário se e quando for alegada a comunicabilidade da dívida no requerimento executivo.

8. O valor da declaração de aceitação do cônjuge do executado

Não poderemos esquecer a *impossibilidade de atribuir efeito vinculativo decisões emanadas de acções declarativas* (ou incidentes) onde tenha preponderado uma *cognição superficial* do objecto do litígio, em processos muito abreviados e concisos sem a fase da discussão[62], ou com a não observância do *princípio do contraditório*[63].

Quanto a este ponto, remeto para o que afirmei em 5.2. e respectiva nota de pé de página. Em suma, o *cônjuge do executado* limita-se a aceitar a alegação efectuada pelo exequente (ou pelo *cônjuge executado*) de que a dívida é comum. Não existe qualquer cognição e decisão por parte do tribunal. Não existe, após essa declaração, decisão do tribunal que se pronuncie sobre o mérito da responsabilidade comum (ou ausência dela), pelo que não existe qualquer questão que tenha sido conhecida com autoridade de caso julgado[64]. Porém, verificada essa aceitação, a execução correrá, igualmente, contra o cônjuge aceitante (litisconsórcio passivo superveniente).

[62] ALBERTO DOS REIS, J., *Processos Especiais*, vol. I, reimpressão, Coimbra, Coimbra Editora, 1982, p. 477, a propósito do processo especial de posse e entrega judicial, entretanto abolido do elenco dos processos especiais.

[63] MARIA JOSÉ CAPELO, *A Sentença entre a Autoridade e a Prova – Em Busca de Traços distintivos do Caso Julgado Civil*, Coimbra, Almedina, 2015, p. 78.

[64] E nem ficam precludidas quaisquer questões que pudessem ser alegadas pelo cônjuge do executado. Sobre o caso julgado na oposição à execução, cfr., no dealbar da Reforma de 2003, CARLOS OLIVEIRA SOARES, "O caso julgado na acção executiva", in: *Themis – Revista da Faculdade de Direito da Universidade Nova de Lisboa*, ano IV, nº 7, 2003, págs. 241 e ss.; tb. JORGE DE ALMEIDA ESTEVES, "A formação de caso julgado na decisão da oposição à execução", in: *Themis – Revista da Faculdade de Direito da Universidade Nova de Lisboa*, ano X, nº 18, 2010, pág. 75.

9. O valor do silêncio do cônjuge do executado

Sabemos que o silêncio do cônjuge do executado implica que a dívida seja considerada da responsabilidade de ambos os cônjuges (art. 741º, nº 2, 2ª parte, CPC). Não se prevê, face a esse silêncio, uma discussão – qualquer discussão – sobre a comunicabilidade com a observância de garantias processuais mínimas de contraditório e igualdade de armas. O executado não é ouvido quando o seu cônjuge nada declara no prazo de 20 dias estatuído no nº 2 do artigo 741º CPC. Não exerce este executado qualquer tipo de contraditório acerca das alegações de comunicabilidade trazidas ao processo pelo exequente. O silêncio do cônjuge citado é suficiente para considerar a dívida comunicável.

Dado que a natureza da comunicabilidade da dívida assenta, deste modo, numa ficção *ex lege*, a qual é justificada para estender a eficácia subjectiva do título executivo, bem se compreende que não ficará, no futuro, impedida uma discussão sobre a natureza dessa mesma dívida (por exemplo, no momento em que o cônjuge do executado pretenda exercer o crédito de compensação, nos termos do art. 1697º, nº 2, CC, ou numa subsequente acção executiva). Não se poderá, destarte, formar um juízo definitivo e indiscutível acerca da natureza da dívida fora da acção executiva onde este incidente foi suscitado.

A admissão da natureza comum da dívida decorrente do silêncio circunscreve os seus efeitos ao *plano processual* por via do alargamento da oponibilidade do título à pessoa do cônjuge do executado[65]; esta admissão *não faz caso julgado mate*rial.

10. O valor do reconhecimento expresso da dívida

Mais fácil se afigura o tratamento do reconhecimento da natureza comunicável da dívida por parte do cônjuge do executado. Estamos, na verdade, perante uma *confissão* (arts. 352º, 355º, nº 3, 358º, nº 2, todos do CC) ou *reconhecimento de dívida*, o qual valerá, igualmente, *fora* do processo executivo em que foi produzida[66].

[65] Neste sentido, Lebre De Freitas, J., *A Ação Executiva à Luz do Código de Processo Civil de 2013*, 6ª ed., 2014, cit., p. 257, nota 37.

[66] Lebre De Freitas, J., *A Ação Executiva*, 6ª ed., 2014, cit., loc. cit.

11. Conclusão

Tendo sido, no quadro da acção executiva para pagamento de quantia certa, expressamente previsto, no novo CPC, um *específico incidente processual* destinado estender a *oponibilidade* e a *eficácia* subjectiva do *título executivo extrajudicial* à pessoa do *cônjuge do executado* (que subscrevera sozinho esse documento na qualidade de devedor), ficam, doravante, prejudicadas todas as posições que se degladiavam, pelo menos, desde o CPC de 1876, sobre a possibilidade de fazer intervir o cônjuge do executado na execução pendente – seja por iniciativa do executado, seja no quadro dos embargos de terceiro do cônjuge do executado; isto para o efeito de fazer estender a eficácia do título extrajudicial à pessoa do cônjuge do executado ou, noutra perspectiva, formar contra este outro um novo título executivo.

Assim se harmonizou quanto aos títulos extrajudiciais somente subscritos por um dos cônjuges – de entre várias soluções previstas no direito estrangeiro, aí onde a solução portuguesa é singular – o *regime processual* (da efectivação da responsabilidade patrimonial) com o *regime substantivo* da responsabilidade dos cônjuges por dívidas apenas contraídas por um deles mas que, segundo esse regime material, podem responsabilizar os dois. É certo que permanecem algumas dúvidas e falta de harmonia na doutrina quanto à *necessidade de litisconsórcio* na acção executiva, seja derivado *da lei* ou *da natureza* da relação material controvertida.

A correspondência do regime processual das dívidas conjugais às directrizes do regime substantivo sobre a imputação da responsabilidade por dívidas conjugais foi, apesar de tudo, certeiramente lograda no novo CPC, satisfazendo os interesses da boa doutrina iniciada já em ALBERTO DOS REIS, no dealbar da década de 30 do século passado.

SIGLAS E ABREVIATURAS

ac. --- acórdão
CCom. --- Código Comercial
CC --- Código Civil
ed. --- edição
CPC --- Código de Processo Civil
ss. --- seguintes
STJ --- Supremo Tribunal de Justiça
Tb. --- também

Questões de constitucionalidade no novo Código de Processo Civil

CARLOS LOPES DO REGO
Juiz Conselheiro do Supremo Tribunal de Justiça. Membro da Comissão de Revisão do Processo Civil.

1. Na abordagem do tema que nos foi distribuído no âmbito do presente colóquio, iremos partir de uma sumária e esquemática enunciação dos vários **princípios constitucionais** com normal relevância para apreciação da constitucionalidade material de normas processuais civis.

1.1. E, assim, avulta, em primeiro lugar, o princípio estruturante da **reserva do juiz,** enquanto instrumento de **garantia da via judiciária**, ou seja, da plena possibilidade de *acesso ao processo* como forma de *tutela jurisdicional efectiva de quaisquer situações juridicamente protegidas* – o qual constitui impedimento a que possa ser cometida pelo direito infraconstitucional a tarefa de composição dos litígios de direito privado a quaisquer *entidades de natureza administrativa*, insusceptíveis de se configurarem, do ponto de vista constitucional, como verdadeiros ***tribunais***, por desprovidas das *características essenciais da independência e da imparcialidade* que caracterizam o núcleo essencial do exercício da *função jurisdicional.*

Tal princípio constitucional projecta-se, desde logo, na delimitação das *competências* legalmente atribuídas ao juiz, ao **secretário judicial** (por exemplo, em matéria de custas – vide Ac. 182/90 – ou no âmbito do procedimento de injunção – cfr. Ac. 508/95) e ao **agente de execução** no domínio da tramitação do processo executivo – sendo manifesto e incontroverso que a estes últimos não pode seguramente ser cometida qualquer competência material para a resolução do litígio sobre que versam os autos, através da interpretação e concretização do conteúdo das normas jurídicas relevantes.

Esta questão projecta-se identicamente – e muitas vezes em situações cuja análise envolve maior complexidade – a propósito da criação legislativa de **tribunais arbitrais necessários:** na verdade, admitindo há muito o TC que estes órgãos jurisdicionais, a que as partes necessariamente têm de aceder para ver solucionados determinados litígios, se podem configurar ainda como *tribunais*, já que a Lei Fundamental não circunscreve os órgãos jurisdicionais aos *tribunais estaduais* ou mesmo aos *tribunais arbitrais voluntários*, importa verificar cuidadosamente:

- por um lado, se estamos perante verdadeiros órgãos jurisdicionais, não merecendo obviamente tal qualificação entidades que se mostram desprovidas, nomeadamente pela forma de designação ou garantias estatutárias, das fundamentais notas de independência decisória e imparcialidade (veja-se, por exemplo, a situação dirimida no Ac. 52/92, analisada no nosso artigo *O Direito Fundamental do Acesso aos Tribunais e a Reforma do Processo Civil in Estudos em Homenagem a Cunha Rodrigues, 2001, pág. 739*);
- por outro lado, preenchidas embora tais notas fundamentais ao exercício da função jurisdicional, se o regime de funcionamento do tribunal arbitral necessário *contempla mecanismos que proporcionem aos tribunais estaduais, com suficiente abrangência para salvaguardar os valores constitucionais em presença, a última palavra na resolução dos litígios submetidos, em primeira linha, à jurisdição arbitral necessária, através da adequada e suficiente via do recurso*: veja-se a questão abordada nos recentes Acs. 781/2013 e 123/2015, proferidos a propósito, respectivamente, do *Tribunal Arbitral do Desporto* e da *Arbitragem Necessária instituída em sede de direitos de propriedade industrial quanto a medicamentos de referência ou genéricos* – tendo-se revelado decisiva para o diferente julgamento da questão de constitucionalidade, suscitada nesta sede, *o âmbito do recurso* consentido à parte vencida na arbitragem necessária para o tribunal estadual competente (não bastando, na jurisdição desportiva, o estabelecimento de mecanismo análogo ao da revista excepcional, mas sendo suficiente, no campo da propriedade industrial de patentes de medicamentos, a ampla garantia de acesso aos Tribunais da Relação).

1.2. Em segundo lugar, constitui obviamente padrão recorrente a utilizar no confronto com a Lei Fundamental das normas adjectivas o

direito fundamental de acesso à justiça, na dupla dimensão da **igualdade** (veja-se a aplicação deste princípio no recente Ac. 238/2014, a propósito da diferenciação entre sociedades comercias e outros sujeitos jurídicos quanto ao montante da taxa de justiça devida nos procedimentos por si iniciados, por via do disposto no art. 447º-A do anterior CPC) e do **contraditório**, incluindo o princípio da **proibição da indefesa**, e ainda do **direito à prova**, implicando a inviabilidade de o legislador infraconstitucional cercear, de modo desproporcionado, os meios de prova legalmente possíveis em determinada acção ou procedimento, banindo, por exemplo, o uso de prova testemunhal ou por declarações pela parte interessada, independentemente da real possibilidade de a parte dispor de outros meios probatórios como forma de demonstração dos factos que suportam a pretensão deduzida (veja-se, como exemplo, o recente Ac.759/2013, referente ao regime limitativo que constava do art. 146º-B do CPPT).

1.3. Em terceiro lugar, mostra-se decisivo o apelo à regra do **processo equitativo,** envolvendo o princípio da ***funcionalidade, adequação e proporcionalidade dos ónus, cominações e preclusões*** (veja-se o nosso estudo *O Direito de Acesso aos Tribunais na Jurisprudência Recente do TC in Estudos em Memória do Conselheiro Luís Nunes de Almeida, 2007, págs. 846 e segs.*).

Este princípio vem sendo aplicado reiteradamente, inclusive na recente jurisprudência do TC, nomeadamente ao fulminar com um juízo de inconstitucionalidade a imposição de desproporcionadas e irremediáveis cominações pelo não pagamento tempestivo da taxa de justiça no processo subsequente ao procedimento de injunção (Ac. 760/13) ou ao julgar inconstitucional a interpretação normativa, extraída do art. 721º-A do anterior CPC que, em sede de revista excepcional, criava para o recorrente o ónus de juntar logo, no momento da interposição do recurso, certidão (e não simples cópia) do acórdão fundamento, sob pena de este ser liminarmente rejeitado (Ac. 620/13).

De salientar que a alteração, introduzida na reforma de 2007 e mantida no actual CPC, no que toca ao agravamento do efeito preclusivo resultante da *falta de formulação de conclusões* da alegação do recorrente, tornando-o irremediável e insuprível, ao eliminar a possibilidade de formulação de um convite ao aperfeiçoamento – ditada pelo objectivo de frustrar manobras dilatórias e abusivas inadmissivelmente frequentes na prática – passou o teste da constitucionalidade no Ac. 536/11.

1.4. Em quarto lugar, releva naturalmente o **princípio da segurança jurídica e da protecção da confiança**, ínsitos no princípio fundamental do *Estado de direito democrático* e impeditivo da consagração, quer de *soluções legislativas*, quer da *interpretação judicial* de normas atinentes à tramitação processual, que *afectem, de modo intolerável, arbitrário e excessivamente oneroso expectativas fundadas dos interessados, sem que se vislumbre a necessidade de salvaguardar direitos ou interesses constitucionalmente protegidos e que devam considerar-se prevalecentes aos afectados desfavoravelmente.*

Como exemplos da prevalência do princípio da protecção da confiança, relativamente a *medidas legislativas* que – alterando inopinadamente a ordem jurídica – a afectam de modo tido por inadmissível, vejam-se o Ac. 287/90 (que teve por inconstitucional a aplicação das novas alçadas definidas pela Lei 38/87 às acções pendentes) e o recente Ac. 847/14, referente à imediata aplicabilidade da norma que *desgraduou* a generalidade dos documentos particulares como títulos executivos.

Relativamente à aplicação prática de um princípio da *confiança processual,* obstando a interpretações judiciais absolutamente surpreendentes e imprevisíveis, veja-se, por exemplo, o Ac. 213/12, em que se *julgou inconstitucional a norma transitória do art. 11º, nº 1, do DL 303/07, quando interpretada no sentido de que às acções executivas instauradas após o início da vigência desse diploma e que devam correr por apenso à anterior acção declarativa não se aplica o novo regime recursório.*

1. 5. Finalmente, como princípio padrão de aferição da constitucionalidade dos regimes que delimitam os *limites à penhorabilidade* dos bens em processo executivo, importa naturalmente referir o **direito fundamental a um mínimo de subsistência condigno**, que não pode ser afectado pela realização coerciva do direito do credor/exequente – e que conduziu à afirmação da regra da *intangibilidade do valor correspondente ao salário mínimo,* nos casos em que o devedor não tenha outros bens, salvo na hipótese das *execuções por alimentos,* em que tem funcionado como limite à penhorabilidade de rendimentos (nomeadamente pensões sociais) do vinculado a alimentos o valor base do *rendimento social de inserção,* assim se resolvendo o conflito entre direitos à sobrevivência económica de ambos os titulares da relação alimentícia (vejam-se sobre esta questão os Acs. 306/05, 312/07 e 394/14).

Por outro lado, o recente regime de perda de autonomia ou diluição dos *subsídios* de férias e de Natal no vencimento global auferido pelo executado suscitou problemas quanto à aplicação prática do princípio da intangibilidade do montante correspondente ao salário mínimo, abordadas e resolvidas por maioria no recente Ac. 770/14.

1.6. No que se refere ao **direito ao recurso,** constitui há muito conclusão, firmada em jurisprudência consolidada do TC, a inexistência em processo civil de um direito geral a um duplo – ou, por maioria de razão, triplo – grau de jurisdição, considerando-se que o direito à tutela jurisdicional não integra sucessivos graus de jurisdição, bastando-se com a apreciação jurisdicional do litígio – e dispondo, por isso, o legislador de uma ampla margem de discricionariedade legislativa para moldar os pressupostos da recorribilidade.

Deste modo, apenas lhe está vedado, atenta a imposição constitucional de uma hierarquia de tribunais, eliminar pura e simplesmente, de modo absoluto, a faculdade de recorrer, tendo ainda de respeitar nesta sede as exigências do *princípio da igualdade*: admitida em geral a recorribilidade de certa decisão, não pode limitar-se, de modo arbitrário, a possibilidade de uma parte determinada interpor recurso da decisão que lhe seja desfavorável (veja-se o nosso artigo *O Direito de Acesso aos Tribunais na Jurisprudência Recente do TC, in Estudos em Memória do Conselheiro Luís Nunes de Almeida, 2007, págs. 853 e segs.).*

E, nesta perspectiva, têm suportado facilmente o confronto com a Lei Fundamental os regimes que, instituindo mecanismos de filtragem no acesso ao STJ, limitam naturalmente a reapreciação por este da matéria litigiosa, em recurso que, como é típico da revista, só pode incidir sobre *matéria de direito* (não podendo por isso obviamente censurar-se a inviabilidade de o STJ se pronunciar sobre questões de facto, mesmo nos casos em que a Relação haja alterado substancialmente a base factual do litígio, ao exercer o duplo grau de jurisdição sobre a matéria de facto – cfr. Ac. 561/14).

Por outro lado, a ampla discricionariedade legislativa para delinear o regime dos recursos cíveis abrange a definição dos próprios mecanismos de uniformização da jurisprudência – não obedecendo, nomeadamente, a consagração do actual mecanismo do recurso extraordinário a um imperativo constitucional, emergente do estatuído no art. 20º (foi tido por constitucionalmente suficiente, até 2007, o mecanismo menos garantístico da revista ampliada). E daí que dependa obviamente da livre discricionariedade do legislador a definição dos pressupostos de admissibilidade de tal recurso extraordinário, nenhuma norma constitucional impondo, por exemplo, a sua admissibilidade perante a invocação de conflitos jurisprudenciais situados ao nível das Relações (Ac. 657/13).

A exacta articulação de competências no STJ e a propósito da *revista excepcional*, entre o relator e a *formação* encarregada de apreciar os pressupostos específicos da recorribilidade em tal recurso excepcional tem originado alguns problemas pontuais, particularmente decorrentes de divergências acerca da exacta caracterização da figura da *dupla conforme*, enquanto obstáculo à interposição de revista normal – podendo eventualmente acabar por ficarem precludidos ambos os meios recursórios em abstracto possíveis: veja-se a abordagem desta questão no recente Ac. 151/15, em que se julgou *não inconstitucional a norma constante do anterior art. 721º-A, nº 4, interpretada no sentido de que a definitividade da decisão da formação não implica caso julgado, quando decida pela inexistência de dupla conforme e determine a redistribuição do processo como revista regra, não se impondo, por isso, ao relator ou à conferência a que venha a caber a apreciação dos requisitos gerais de admissibilidade da revista.*

De salientar ainda que a orientação acolhida no recentíssimo Ac. 280/15 parece ampliar o âmbito *do direito ao recurso* constitucionalmente tutelado, ao admiti-lo necessariamente, independentemente do valor da causa, quando a decisão recorrida ***afectar direitos fundamentais*** da parte vencida, nomeadamente *direitos, liberdades e garantias*: daí que se tenha julgado inconstitucional, *por violação do direito ao recurso de decisões judiciais que diretamente afetam direitos, liberdades e garantias, decorrente do direito de acesso aos tribunais, consagrado no artigo 20º, nº 1, da Constituição, a norma extraída das disposições conjugadas do artigo 15º do CIRE, e artigos 304º, primeira parte, e 629º, nº 1, do CPC, interpretadas no sentido de que não cabe recurso de decisões proferidas no incidente de qualificação da insolvência cujo valor, determinado pelo ativo do devedor, seja inferior ao da alçada do tribunal de primeira instância.*

2. Tendo o novo CPC sido aprovado por Lei parlamentar, é evidente que está absolutamente excluída a suscitação, a propósito das normas dele constantes, de questões de *inconstitucionalidade orgânico-formal*, muitas vezes colocadas a propósito de insuficiências da lei de autorização legislativa quanto à previsão e densificação de regimes abrangidos pela *reserva de parlamento*.

Saliente-se, todavia, que a opção político-legislativa, consistente em remeter para a Assembleia da República a discussão e aprovação de todo o Código – ou seja, de diploma muito extenso e contendo regimes que carecem de um cuidado tratamento técnico jurídico – acabou por originar alguns inconvenientes, decorrentes da inserção, na fase final dos trabalhos, de regimes adjectivos inovatórios, discutíveis na sua razoabilidade, e sem que aparentemente tivesse havido o cuidado de os articular adequadamente com a globalidade das normas que integram o CPC.

2.1. É precisamente isto que poderá explicar que – num código essencialmente orientado, na filosofia subjacente aos trabalhos iniciais da comissão revisora, pela atenuação de efeitos cominatórios ou preclusivos desproporcionados, pelo reforço da busca da verdade material e pela flexibilização e adequação da tramitação processual – possam ainda, porventura, ocorrer situações concretas de flagrante violação da regra do contraditório ou do princípio da confiança processual.

O caso provavelmente mais notório é o decorrente da eliminação da possibilidade de réplica em todos os casos em que não tenha havido reconvenção, rigidificando desmesuradamente o processo, em consequência da absoluta eliminação das possibilidades de alteração do pedido e da causa de pedir – e criando inconvenientes dúvidas e incertezas acerca do modo como se deverá passar a responder às excepções deduzidas na contestação, eventualmente lesivas do princípio da confiança processual – além de que não curou minimamente de articular tal *amputação* dos articulados admissíveis com outros capítulos ou regimes do Código, nomeadamente em sede de tramitação dos incidentes de intervenção de terceiros.

Esta problemática opção legislativa é evidentemente susceptível de potenciar eventuais interpretações ou aplicações normativas que podem facilmente descambar para a violação da *regra do contraditório*: se não for integralmente facultado às partes o pleno e efectivo direito de resposta a quaisquer excepções, ao menos oralmente, no início da audiência prévia ou da final, é evidente que – perante o gravoso efeito cominatório que continua a estar associado à falta de resposta – se terá de considerar claramente violada a regra do contraditório...

2.2. No entanto, os mais relevantes julgamentos de inconstitucionalidade acerca de inovatórios regimes do CPC de 2013, surgiram, até agora, no domínio do *procedimento de injunção e da acção executiva;* assim:

- o Acórdão 264/15 ***declarou a inconstitucionalidade, com força obrigatória geral, da norma constante do artigo 857º, nº 1, do Código de Processo Civil, aprovado pela Lei nº 41/2013, de 26 de junho, quando interpretada "no sentido de limitar os fundamentos de oposição à execução instaurada com base em requerimentos de injunção à qual foi aposta a fórmula executória", por violação do princípio da proibição da indefesa, consagrado no artigo 20º, nº 1, da Constituição da República Portuguesa;***
- o Acórdão 847/14 ***julgou inconstitucional a norma resultante dos artigos 703º do CPC e 6º, nº 3 da Lei nº 41/2013 de 26 de junho, na interpretação de que aquele artigo 703º se aplica a documentos particulares emitidos em data anterior à da entrada em vigor do novo CPC e então exequíveis por força do artigo 46º, nº 1, alínea c), do CPC de 1961.***

2.3. No primeiro daqueles arestos, o TC manteve a orientação que já havia anteriormente conduzido à *declaração de inconstitucionalidade da norma constante do art. 814º, nº 2, do CPC*, na versão emergente da reforma operada em 2008 (Ac. 388/13), considerando materialmente inconstitucional, por violação do princípio da *proibição da indefesa*, a limitação dos fundamentos da oposição à execução consequente à aposição da fórmula executória, decorrente da remissão para os fundamentos típicos da oposição à execução de sentença.

Considerou, deste modo, o TC que a relativa ampliação da possibilidade de o requerido em anterior injunção invocar, na subsequente execução, determinados meios de defesa que não ficavam, assim, precludidos com a aposição da fórmula executória, decorrente do preceituado nos nºs 2 e 3 do art. 857º do actual CPC se revelava insuficiente para inflectir o anterior julgamento de inconstitucionalidade.

Desta decisão decorre inelutavelmente que um dos objectivos prosseguidos pelo legislador desde 2008 – consistente em evitar que a generalidade das execuções fundadas em título de injunção pudessem ser embargadas pelo executado, que pode guardar em carteira a sua defesa quanto à existência e exigibilidade da obrigação exequenda, mesmo que não superveniente, para a fase dos embargos de executado, ficando isento do efeito preclusivo que se pretendia ligar a não dedução de tais fundamentos de oposição no âmbito do procedimento de injunção – está irremediavelmente comprometido.

Note-se que – para este julgamento de inconstitucionalidade – pesou, de forma relevante, a circunstância de se não ter adequado o regime da *notificação ao requerido* no âmbito do procedimento de injunção a este *novo e gravoso efeito cominatório e preclusivo* – que, perante o disposto no art. 13º do Regime Anexo ao DL 269/98, não tem de ser explicitado ao notificando, advertindo-o claramente das consequências irremediáveis de deixar de deduzir oposição ao próprio pedido de injunção, não podendo reservar apenas para a fase dos embargos de executado os meios substantivos de defesa que não se mostrem supervenientes *(De salientar que a comissão revisora, na primeira fase dos trabalhos, ao reformular o regime constante do actual art. 857º, nº 1, tinha realçado que a possível conformidade deste regime à regra do contraditório pressupunha a revisão paralela e complementar da norma que regia acerca do conteúdo das notificações em processo de injunção, de modo a que a referida advertência expressa acerca do efeito preclusivo em causa fosse incluída no citado art. 13º – o que efectivamente, nas fases subsequentes da reforma, acabou por não ser concretizado legislativamente).*

2.4. O novo CPC operou uma redução relevante do elenco de **títulos executivos**, *eliminando os documentos particulares que não sejam títulos de crédito:* trata-se de opção político legislativa destinada a combater o número desproporcionado de execuções acumuladas – embora tenhamos dúvidas sobre se se justificaria inteiramente negar a natureza de título executivo a documentos particulares que contenham um reconhecimento *claro, inequívoco e categórico da própria dívida exequenda*, sendo certo que a fiabilidade e garantia de genuinidade da maioria dos títulos de credito não será seguramente muito superior.

No entendimento pessoal que temos manifestado, esta eliminação da exequibilidade da generalidade dos documentos particulares parece articular-se mal com a possibilidade – que se manteve – de invocação dos *títulos de crédito*, nomeadamente prescritos, como *meros quirógrafos*, assentando neste caso a execução em mera alegação no requerimento executivo de factos quanto à causa da dívida exequenda relativamente a um título que – não podendo valer como regular e próprio título de crédito – mais não é que um *vulgar e normal documento particular.*

Por outro lado, a crescente criação, em *diplomas avulsos,* de títulos executivos *especiais* – que mais não são, em muitos casos, do que simples documentos particulares – tornou, a nosso ver, o sistema incongruente, ao manter-se (sem qualquer específica reponderação ou reavaliação legislativa) a natureza de título executivo quanto a tais documentos por via da *remissão* contida na al. d) do art. 703º, nº 1 – apesar de, em muitos casos, tais títulos especiais não terem qualquer fiabilidade acrescida relativamente à atribuível a qualquer outro documento particular, sendo a previsão normativa especial que os contemplava mero reflexo do princípio, então vigente, de que qualquer documento particular podia perfeitamente servir de título executivo quanto à dívida por ele certificada...

A entrada em vigor deste regime – inovatório e fortemente restritivo quanto à exequibilidade do comum dos documentos particulares que não têm a natureza de títulos de crédito – feita sem qualquer cautela quanto à ponderação e ressalva de situações pendentes, em que o credor dispusesse de título dotado de força executiva perante as disposições do velho CPC, mas que ainda não houvesse dado à execução – implicando a norma transitória do nº 3 do art. 6º da Lei 41/13 a *imediata, automática e surpreendente* aplicação desta nova solução normativa, claramente restritiva face às opções legislativas que vinham sendo tomadas nas últimas décadas.

Saliente-se que este efeito de *imediatividade e surpresa* foi ainda acentuado pela circunstância de, na prática, a aplicação do novo CPC ter carecido de uma verdadeira *vacatio legis:* publicada a Lei 41/13 na véspera das férias judiciais, o novo CPC entrou em vigor logo no dia 1 de Setembro subsequente, dificultando assim que os credores que dispusessem de títulos executivos *antigos* pudessem ainda ter um prazo razoável para decidir se optavam ou não por instaurar a execução. Este aspecto é, aliás, realçado pelo TC no Ac. 847/14, onde se escreve: *Não se trata de exigir que a atribuição de força executiva a um documento particular por uma lei revogada tenha de ser garantida até à extinção da última execução baseada num desses títulos e ainda por instaurar. Na verdade, bastaria a previsão de um período de tempo após a publicação da nova lei durante o qual fosse permitido aos titulares de tais documentos instaurar execuções com base neles para assegurar a devida proteção da sua legítima confiança na estabilidade do ordenamento jurídico.*

Daí que, por considerar que era constitucionalmente imposta, por força do ***princípio da confiança***, *um regime transitório que graduasse temporalmente a aplicação do novo regime*, fortemente restritivo do elenco de títulos executivos, a 1ª Secção do TC tivesse emitido, por unanimidade, o juízo de inconstitucionalidade material atrás referido, na sequência, aliás, de alguma jurisprudência das Relações que vinha recusando a aplicação de tal norma – sendo manifesto que – a consolidar-se tal orientação jurisprudencial – o objectivo prosseguido pelo legislador (de reduzir drasticamente o número de execuções fundadas em títulos particulares) terá ficado parcialmente frustrado.

ÍNDICE

PREFÁCIO 5
PROGRAMA 7
ABERTURA DO COLÓQUIO 11

O contencioso entre o Estado e os cidadãos
JOÃO CORREIA 15

O princípio do inquisitório: um *poder-dever* ou um *poder discricionário* do juiz?
LUÍS LAMEIRAS 21

A inversão do contencioso no CPC de 2013
RUI DARLINDO 39

Gestão processual, princípio da cooperação e garantias das partes
JOSÉ LEBRE DE FREITAS 77

Ónus de alegação e de impugnação das partes e poderes de cognição do tribunal
PAULO PIMENTA 89

A caminho da sentença, facto a facto, no novo processo civil
NUNO DE LEMOS JORGE 125

Oposição à execução e à penhora: seus reflexos na acção executiva
LURDES MESQUITA 141

Juiz de execução e agente de execução: repartição de competências na fase introdutória da execução
VIRGÍNIO DA COSTA RIBEIRO 167

O regime da execução por dívidas conjugais no novo código de processo civil – Em particular o incidente de comunicabilidade de dívida conjugal
J. P. REMÉDIO MARQUES 191

Questões de constitucionalidade no novo Código de Processo Civil
CARLOS LOPES DO REGO 231